HISTOIRE

Collection dirigée

par

Michel Desgranges, Pierre Vidal-Naquet (†) et Alain Boureau

UNE JOURNÉE AU MOYEN ÂGE

ARSENIO & CHIARA FRUGONI

UNE JOURNÉE
AU MOYEN ÂGE

*Traduit de l'italien
par Lucien d'Azay*

Deuxième tirage

PARIS

LES BELLES LETTRES

2014

www.lesbelleslettres.com

Retrouvez Les Belles Lettres
sur Facebook et Twitter

Titre original :
Storia di un giorno in una città medievale

Copyright © 2004, Gius. Laterza & Figli, All rights reserved

© *2014, pour la traduction française,*
Société d'édition Les Belles Lettres,
95, bd Raspail, 75006 Paris.

Première édition 2013

ISBN : 978-2-251-38124-4

Un enfant courait derrière un train.
La vie – me criait-il – est sans frein.
Je le saluais, en riant, de la main
et calmement je tressaillais, de plus en plus loin.

Sandro Penna

À mon père,
maintenant que j'ai plus d'années qu'il n'en a eu

Introduction

par Arsenio Frugoni [1]

Sur la ligne continue des dix siècles que constitue en gros le Moyen Âge européen, essayons de choisir un point, une journée quelconque, à mi-course, ou guère plus tard, lorsque certaines formes de vie se sont répandues et cristallisées pour devenir caractéristiques ; entre le XIe et le XIIe siècle, mais avec quelques bonds en avant ou en arrière, s'il le faut. Une journée quelconque dans une de ces villes où toutes les maisons sont blotties les unes contre les autres, et dont on peut aisément trouver des exemples en Italie.

La ville, cette merveilleuse découverte de la renaissance médiévale après l'an Mille ! Combien de villes avaient disparu auparavant, à la suite de la destruction de l'Empire romain, dans l'épouvantable abandon qu'avaient causé les épidémies, les invasions, les incursions et la faim ! Davantage encore qu'à la violence du drame de l'incendie et de la dévastation ennemie, le sang se fige à l'idée de la mort lente des maisons vides où le temps n'a plus la mesure de l'homme, mais uniquement celle de la végétation qui s'empare de toutes choses, qui s'insinue, désagrège et égalise, inexorablement.

Les hommes, de moins en moins nombreux, s'étaient alors abrités pour la plupart dans le château ou l'abbaye, qui était souvent elle-même quasiment un château ; hommes privés de leur liberté, sans conversation humaine, réduits à cette vie mesquine, n'espérant plus que survivre de la sorte, sous l'emprise d'un maître puissant et prestigieux, à la famine et à l'assaut des barbares, des pillards et des brigands.

Par la suite, cette Europe tourmentée avait peu à peu connu une forme de stabilisation. Les descentes guerrières s'étaient lentement espacées. De nouvelles découvertes techniques, dans les domaines de l'agriculture et des transports – comme la découverte fondamentale de l'usage du cheval comme force motrice, en tirant parti de la puissance de son poitrail et en le ferrant pour lui permettre de soulever son fardeau avec plus d'assurance –, avaient prémuni les générations contre l'adversité et les avaient libérées de leur rendez-vous tragique et trop fréquent avec les famines ; et elles avaient modifié les rapports de la société des serfs et des maîtres, les émancipant du labeur physique, qui est en soi un véritable facteur de servitude. Et l'effet de ce bouleversement s'était manifesté par un extraordinaire essor démographique. Vers l'an 1000, de nouvelles forces sont partout en effervescence. On abat les forêts et l'on crée des champs, de nouveaux champs pour des hommes nouveaux, et de nouveaux rapports avec les maîtres, qui se transforment eux aussi. Le commerce acquiert alors ses caractéristiques déterminantes.

L'artisanat devient plus laborieux pour répondre aux besoins de l'essor de la population. En dehors de la ville, on crée des bourgs, habités par des *burgenses* entreprenants, qui stimulent la production par leurs négoces. Les villes remplissent la plupart des champs intermédiaires de maisons, et entourent de nouvelles enceintes de remparts ces bourgs très dynamiques.

Et de nouvelles villes surgissent autour des nœuds routiers de communications importantes : les maisons se multiplient autour des abbayes, des châteaux, des sanctuaires, et forment bientôt des villes, entourées elles aussi de remparts. Des remparts qui constituaient certes une défense militaire, mais qui engendraient par ailleurs un sentiment d'appartenance à une collectivité, comme l'a bien souligné Lewis Mumford : par rapport à eux, on se trouvait soit à l'intérieur, soit à l'extérieur de la ville ; on lui appartenait ou on ne lui appartenait pas. Quand, au crépuscule, on fermait les portes, la ville était isolée du monde extérieur[2]. Comme à bord d'un navire, les remparts contribuaient à la formation d'un sentiment d'unité entre les habitants : lors d'un siège ou d'une famine, la morale du naufrage se développait aussitôt. Mais dans l'enceinte des remparts, les habitants « privilégiés » ne vivaient pas toujours paisiblement. Les maisons des patriciens ou des nantis arboraient leurs tours, qui se détachaient au-dessus des toits. Les maisons et les églises exclusives s'enorgueillissaient de leurs corporations d'artisans. Les luttes étaient fréquentes pour le triomphe d'une faction sur une autre, laquelle, une fois vaincue, se voyait chassée du nid et bannie de la ville.

Mais quelle vigueur, quel orgueil de l'indépendance que défendaient ces villes qui furent bientôt érigées en communes par des règlements autonomes et par la participation à la vie politique de tous leurs habitants, comme les villes de la Grèce antique ! La ville médiévale est véritablement l'expression d'une grande époque de l'histoire italienne, qu'il s'agisse des villes maritimes, Venise, Gênes ou Pise, qui dominaient, grâce à leurs navires, les échanges en Méditerranée, et qui ne tardèrent pas à s'enrichir de domaines et de lointaines colonies commerciales, ou bien des grandes villes aux industries florissantes de la laine, de la soie, des armes, et aux banques très puissantes – la banque des Peruzzi, par exemple, comptait parmi ses créanciers les cours européennes pour des sommes fabuleuses –, ou encore des villes plus petites, mais toutes riches de somptueuses œuvres d'art.

Nous aimerions à présent, tout en ayant à l'esprit l'individualité qui confère à chaque ville sa physionomie particulière, souligner les caractéristiques de l'urbanisme médiéval telles qu'on peut les reconnaître dans les centres historiques, si nombreux en Italie, qui ont conservé cet aspect.

L'image pour ainsi dire idéale d'une ville italienne au Moyen Âge, comme chacun se la représente, consiste peut-être en une enceinte de remparts qui enclot de petites maisons adossées les unes aux autres, dominées par des tours de pierres sombres, pierres dont sont d'ailleurs faites les maisons, disposées d'une manière désordonnée et fantaisiste le long de rues tortueuses et étroites. Un adjectif exprime cette impression : pittoresque.

Commençons dès lors par rectifier certaines de ces données. À l'époque, les maisons n'avaient certes pas une couleur aussi sombre, leur noirceur n'étant que le résultat de l'oxydation du temps. Et elles n'étaient pas non plus si serrées à l'origine : leur concentration date le plus souvent de la fin du Moyen Âge, lorsque, en dépit de la vitalité qui suggérait, avec l'augmentation de la population, l'élargissement de la ceinture de remparts – il existe des villes qui reconstruisirent jusqu'à trois fois cette ceinture très coûteuse –, on préféra exploiter le terrain que l'on destinait auparavant à des cours et à des potagers pour y construire de nouvelles maisons. L'irrégularité des rues est parfois une adaptation à la dénivellation du terrain, mais aussi le fruit d'une réflexion, afin de briser la force du vent en hiver et de se défendre contre le soleil en été. Il ne faut pas oublier, remarquons-le tout de suite, l'importance de cette protection physique contre les intempéries : jusqu'au XVIIᵉ siècle au moins, aucune vitrine ne protégeait les étalages et les échoppes des marchands. L'essentiel de la vie active des citadins se passait dehors. La rue étroite et sans issue et la boutique non abritée sont par conséquent complémentaires : tant que la boutique n'était pas protégée par une plaque de verre, la rue ne pouvait être ouverte selon de nouvelles conceptions urbaines[3].

Cependant, dans certains cas, l'irrégularité peut être aussi le résultat d'éléments disparus ; un petit cours d'eau recouvert par la suite, un secteur bordé d'arbres qu'on a abattus, ou encore un potager ou une cour où l'on a construit des maisons. Mais si ce désordre pittoresque est illusoire, existe-t-il malgré tout un authentique urbanisme médiéval ?

Certainement, à condition que l'on garde tous ces faits à l'esprit.

La ville romaine primitive, au haut Moyen Âge, s'était réduite à une portion urbaine bien inférieure à celle de l'ancienne enceinte de remparts. Puis arriva la Renaissance : en tirant parti de toutes les sources possibles, on reconstruisit la ligne des anciens remparts sur le schéma en échiquier de la ville romaine. Les portes et les sentiers partirent alors en éventail des portes de la ville.

Lorsque les bourgs qui s'étaient développés sur ces routes en dehors des remparts furent circonscrits par la ligne des nouveaux remparts, le schéma de la ville prit la forme curieuse d'un échiquier romain rehaussé de rues disposées en éventail. C'est le cas de Bologne, où d'anciennes routes champêtres partent en éventail des pôles du décumanus antique. Mais un schéma géométrique a également pu se former dans les nouvelles villes qui s'étaient constituées le long d'une ligne de communication : les maisons y étant disposées à l'instar d'une arête de poisson, l'adjonction de rues parallèles à la rue principale finit par créer un schéma fort semblable à celui de l'échiquier romain.

La forme urbaine médiévale la plus caractéristique est toutefois la forme radioconcentrique. Autour de l'abbaye ou du château, ou bien sur l'esplanade du marché, les constructions se sont développées en spirale, et ce développement est souvent favorisé par la position élevée du centre qui a fait office d'élément générateur.

Pour justifier ce schéma radioconcentrique, caractéristique du Moyen Âge, on a dû recourir aux influences du campement circulaire des peuples barbares et de leurs villages, et aussi à l'influence des peuples orientaux, avec lesquels les relations furent surtout favorisées par les croisades. Mais il est possible que ce schéma radioconcentrique ait été l'expression naturelle d'une croissance vigoureuse autour du noyau central, élément générateur au sein d'une subordination générale, que le schéma géométrique en échiquier, constitué de lots de terrains égaux et interchangeables, ne pouvait certes satisfaire.

D'ailleurs, même lorsqu'il n'est pas radioconcentrique, le schéma de la ville médiévale exprime une volonté de s'insérer dans un environnement, de l'exploiter et non de se déployer en constructions banalement géométriques. Ainsi, dans la ville dont la forme est presque celle d'un échiquier, parce qu'elle a surgi le long d'une route, les lots ne sont pas réguliers, en sorte que la linéarité des rues se brise ; et lorsqu'elles sont disposées dans les méandres d'un fleuve, elles se plient en suivant ses courbes.

La société du Moyen Âge n'est pas égalitaire, mais fondamentalement hiérarchisée. Hiérarchie signifie détermination de dignités et de tâches. Cette détermination s'exprime fortement dans les villes. La spécialisation détermine la physionomie des rues et des quartiers. Le ghetto a une spécialisation de type ethnique : c'est là qu'habitent les juifs parce qu'ils souhaitent vivre selon leurs propres coutumes et aussi parce que les citadins souhaitent éviter l'ennui de la promiscuité religieuse (mais sans contrainte : l'astreinte à résidence dans un quartier fermé par des portes et une enceinte de murailles n'entrera en vigueur qu'au XVe siècle, à Turin) : il existe ainsi des rues où habitent des communautés serrées d'étrangers, rassemblées autour de leurs commerces et de leurs activités. D'autres rues ont une spécialisation de type

professionnel ; elles sont habitées par des artisans qui se consacrent
à un métier particulier, comme en témoigne aujourd'hui encore le
nom de certaines rues : via degli Orefici (rue des orfèvres), via
dei Calderari (rue des chaudronniers), via dei Funari (rue des
cordiers), via dei Mercanti (rue des marchands), via dei Pattari[4].
On trouvait aussi des quartiers résidentiels, sans boutiques, plus
isolés de la circulation et du tapage urbain.

Sur les places – admirables créations caractéristiques du Moyen
Âge –, s'exprime également l'esprit d'une franche spécialisation.
La ville médiévale possède en général trois places distinctes : la
place religieuse, la place politique et la place économique. La place
religieuse est la place de la cathédrale : elle a comme caractéristique d'être de grandeur modeste, mais les édifices qui l'entourent
sont de petite taille, en sorte que l'église se distingue nettement
par ses proportions. C'est une place où ne débouche triompha-
lement aucune rue à grande circulation ; les rues passent plutôt à
proximité, ou bien se greffent sur elle, mais jamais par rapport à
son axe. Souvent des places plus étroites s'étendent sur ses flancs
et l'isolent davantage. On trouve de nombreux exemples de cet
aménagement urbain dans les villes de l'Ombrie, du Latium, de la
Toscane et de la Lombardie, du moins là où des urbanistes icono-
clastes modernes n'ont pas cru pouvoir faire mieux en détruisant
cet environnement pour créer une place immense, comme la place
de la cathédrale à Milan. Sur la place de la cathédrale se déroulaient
les représentations sacrées et les processions auxquelles participait
le peuple, acteur plus que spectateur, ou bien spectateur engagé
dans le spectacle, l'observant de l'intérieur et non de l'extérieur,
comme nous le montrent les images de ce monde éloigné. Du haut
du clocher, les cloches invitaient les autres cloches de la ville à
synchroniser le travail, la prière et le sommeil des hommes.

La place politique est d'ordinaire plus vaste puisqu'elle est
destinée aux assemblées de tous les citoyens. Cette place est le

cœur des villes à plan radioconcentrique ; mais, dans ce cas aussi, les rues ne débouchent pas sur la place pour y canaliser la circulation : elles s'articulent plutôt à l'extérieur.

Fermée, dominée par le Palazzo Pubblico (hôtel de ville), elle est souvent ornée d'une grande fontaine ou de l'*Arengo*, la tribune où avaient lieu les harangues, ou bien de colonnes qui portaient les symboles du pouvoir, ou encore de hampes sur lesquelles flottaient les étendards de la ville.

La place économique ou place du marché se trouve souvent à côté de la place politique, à laquelle la relient de brefs tronçons de rues ou de petites places. Dans les villes qui se sont développées à partir de villes romaines, elle s'étend en général sur la ligne de jonction de la cité antique et de la cité médiévale.

Si la ville s'est développée autour d'une abbaye ou d'un château, cette place s'ouvre en revanche vis-à-vis de son centre générateur. Il arrive que plusieurs places servent au marché, permettant ainsi de répartir les types de marchandises : poissonnerie, place aux herbes, marché du bétail. Des fontaines pour laver les légumes, des bassins de pierre destinés à la viande et au poisson, ou bien des arcades qui forment presque un marché couvert témoignent aujourd'hui encore du soin que l'on mettait à organiser cet aspect de la vie urbaine ; les achats n'étant pas alors fractionnés comme aujourd'hui dans les magasins spécialisés de n'importe quelle rue, les habitants se réunissaient tous les jours pour faire leurs provisions dans cet unique centre. En dépit des réaménagements urbains modernes, on trouve aujourd'hui encore d'admirables exemples de ces trois types de places caractéristiques du Moyen Âge.

Engageons-nous à présent dans une rue au hasard. Si notre ville médiévale se dresse sur un terrain accidenté, il existe souvent un escalier ou une voie en gradins (*cordonata*) pour rendre l'ascension plus aisée et interrompre le réseau des rues, pas toujours pavées (les pavés pour les piétons ne furent introduits à Florence qu'en 1235). La rue est en tout cas toujours étroite, tortueuse et brisée par l'avancée soudaine d'une maison, si bien qu'on pense aussitôt aux difficultés que devaient rencontrer les chariots et les attelages pour passer. Il est vrai que la rue, dans la ville médiévale, est plutôt une ligne de communication qu'une voie destinée au transport. Communication réservée aux hommes qui se déplaçaient à pied pour leurs besoins et pour leurs affaires. Pour les abriter de la pluie, les rues étaient munies, dans certains cas, d'une série d'arcades, à moins que les toits fortement en saillie et peu inclinés comme dans la plupart des villes du bassin méditerranéen n'aient fait l'affaire : en Italie, les parapluies n'apparurent qu'au xvie siècle. L'étroitesse et la tortuosité des rues servaient à les abriter du soleil et du vent. Mais il n'y avait aucun remède contre l'obscurité de la nuit. Il n'existait aucune forme d'éclairage, à l'exception de petites flammes qui tremblaient devant les images sacrées – la piété ne fut donc pas seulement à l'origine de leur multiplication –, et elles éclairaient moins qu'elles n'orientaient le voyageur qui devait s'aventurer la nuit dans la ville déserte.

Mais le jour, la rue est on ne peut plus animée. Les artisans y exposent leurs objets manufacturés ; ils y travaillent même, s'il le faut : c'est là que se forment l'œil et le goût. Dans la rue, comme dans une cour à la campagne, on voit souvent errer des poules et même des cochons, lesquels font office d'éboueurs municipaux avec l'aide de la pluie. Les rues sont-elles sales ? Chacun prend soin de nettoyer devant chez soi ; c'est une affaire privée – d'ailleurs, cet usage est encore en vigueur dans les villages et parfois même dans les villes quand il neige.

On parcourt ainsi des rues « domestiques » et l'on fait peu à peu connaissance au sein de cette grande famille urbaine. Et voici soudain que la rue s'élargit pour déboucher sur une place où se dresse la fontaine. La fontaine, où l'on attendait son tour, était l'occasion de s'informer des faits divers de la ville, informations que les femmes ramenaient chez elles avec leurs seaux d'eau.

Mais si, après le XIᵉ siècle, la ville médiévale connaît une telle ferveur et une telle foi dans la vie, où nous reconnaissons bel et bien les signes de notre monde moderne, elle n'en a pas moins de nombreuses caractéristiques différentes et singulières, que nous souhaitons évoquer en racontant justement la vie d'une journée quelconque.

Entre chien et loup, juste avant que la nuit ne tombe, on aperçoit à grand-peine les ombres des murs, car, comme nous l'avons dit, il n'y a pas d'éclairage dans les villes au Moyen Âge. Quand il fait nuit, au couvre-feu, les femmes mettent des cendres sur les braises pour les retrouver le matin et prévenir les incendies. Les maisons, aux poutres en chêne, sont toutes prêtes à s'embraser, comme des chevaliers à participer à des joutes ! De sorte que seules les petites lampes à huile restent allumées la nuit devant les images pieuses. D'ailleurs, pourquoi les rues devraient-elles être éclairées ? On a fermé le soir les grilles des quartiers malfamés. On a tendu des chaînes à travers la rivière pour éviter d'être surpris par des pillards barbaresques qui remontent le courant. On a fermé les portes des remparts. La ville est pareille à une grande maison verrouillée de partout.

Si les rues sont indéniablement pittoresques le jour, elles paraissent encore plus étroites et tortueuses la nuit. Elles ont pris cette forme parce qu'elles sont circonscrites par les remparts que l'on ne peut élargir. Les remparts coûtent trop cher, tant ils sont épais et élevés, et pourvus de portes aussi solides que des ponts-levis. Si la population augmente rapidement à l'intérieur, les maisons se resserrent et s'agrippent les unes aux autres, comme elles le peuvent, construites à la diable par les maçons. Et, bien sûr, on ne dégage jamais ce qui s'y trouvait auparavant, à moins que ne s'en charge un incendie ou la colère des factions.

Elles sont petites, ces maisons. Au rez-de-chaussée, une longue pièce : le devant est occupé par la boutique, si un artisan y habite, tandis que l'arrière-salle comporte la cuisine et la salle à manger parce qu'on y trouve l'âtre, le grand feu pour cuisiner et se réchauffer, auprès duquel on peut toujours jeter un coup d'œil à la boutique. La vie domestique et le travail étaient intimement liés, de sorte que les ouvriers et le maître de maison prenaient leurs repas ensemble, à la même table, travaillaient dans la même pièce, dormaient dans le même dortoir, participaient aux prières en famille et aux loisirs en commun. La maison médiévale a la caractéristique suivante : l'espace différencié n'existe pas, ni les fonctions différenciées. Même dans la chambre à coucher, à l'étage supérieur de la maison, il n'y avait pas d'intimité, si ce n'est peut-être pour la haute société ; on ne commença à souhaiter une telle intimité qu'avec le temps, puisqu'au XVIIe siècle, les domestiques dormaient encore souvent sur des lits de camp au pied du lit de leurs maîtres, et les chambres d'auberges pouvaient accueillir une demi-douzaine de personnes qui ne se connais-saient pas forcément. Parfois, cependant, la salle à manger est au premier étage (et l'on y accède à l'extérieur par une échelle), et alors les chambres se trouvent au second (accessibles par une échelle à l'intérieur). Quant aux lieux d'aisances, de nombreuses maisons sont pourvues de petits balcons en encorbellement où l'on a placé un siège qui s'ouvre directement sur le canal, et s'il n'y a pas de canal, sur un fossé recouvert régulièrement de cendres, ou encore sur une grosse cuve. Faute de quoi, on utilise des pots que l'on vide dans la rue. Les pluies emportent l'essen-tiel. Et puis, le jour, le nettoyage est l'œuvre, nous l'avons vu, des poules, des chiens et des cochons. Du reste, chacun prend soin de nettoyer devant sa maison, ou du moins les jours de fête, quand on fait le grand nettoyage et qu'on recouvre chaque façade de belles étoffes.

À l'intérieur des maisons, le mobilier est solide, taillé sans lésiner sur la dépense dans de grosses planches saines et robustes. Il n'y a toutefois guère que le coffre et le lit qui soient des meubles élaborés. Dans le coffre sont rangés les vêtements, étroitement enroulés – tel était l'usage –, le linge parfumé d'herbes odoriférantes, les parchemins de la maison et l'argent dans une bourse en cuir, même si l'argent et les bijoux sont plus souvent conservés dans un bahut ferré et bien fermé, sous le lit. Le lit peut être prodigieusement grand; souvent y dorment une demi-douzaine de personnes : moelleux, il est constitué d'une paillasse et d'édredons de plumes. Les pauvres, en revanche, doivent se contenter d'une caisse remplie de foin et d'un oreiller de paille. La paille remplace d'ailleurs souvent les chaises et les bancs à l'intérieur des maisons. Naturellement, si l'on veut faire honneur à celui qui s'y assied, on la recouvre d'une étoffe. Ce type de siège est au demeurant très apprécié, surtout quand il fait froid.

Il est temps désormais d'animer cette ville et ses maisons.

Voilà que retentit soudain dans l'air une cloche, à laquelle répondent d'autres cloches, paisibles et lointaines. C'est le début d'une journée comme les autres. Une journée dont les cloches scanderont encore le rythme, celui de la vie du monastère : à minuit, les matines, puis, à trois heures d'intervalle, les laudes, la prime, la tierce, la sexte (à midi, sixième heure du jour; de là l'expression : « faire la sieste »), et enfin la none, les vêpres et les complies. Toutes les trois heures, avons-nous dit. Mais qu'on y prenne garde : au Moyen Âge, ces trois heures ne constituent pas une période uniforme. Les douze heures de la nuit et les douze heures du jour ne recouvrent pas toujours en effet le même espace de temps parce qu'elles ne sont pas divisées par des instruments mécaniques : il s'agit de douze fractions du jour et de la nuit qui augmentent et diminuent en fonction des saisons, selon la révolution annuelle de la Terre autour du soleil, et par conséquent de la longueur du jour et de la nuit. De sorte que l'été, par exemple, les heures diurnes durent beaucoup plus longtemps qu'en hiver. Une anecdote que Marc Bloch, le grand médiévaliste, rapporte d'après une chronique met admirablement en lumière cette sorte de perpétuel flottement du temps :

> À Mons, un duel judiciaire doit avoir lieu. Un seul champion se présente, dès l'aube ; une fois arrivée la neuvième heure, qui marque le terme de l'attente prescrite par la coutume, il demande que soit constatée la défaillance de son adversaire. Sur le point de droit, pas de doute. Mais est-il vraiment l'heure voulue ? Les juges du comté délibèrent, regardent le soleil, interrogent les clercs que la pratique de la liturgie a pliés à une plus sûre connaissance du rythme horaire et dont les cloches le scandent, plus ou moins approximativement, au profit du commun des hommes. Décidément, prononce la cour, l'heure de « none » est passée. De notre civilisation, habituée à ne vivre que les yeux constamment fixés sur la montre, combien elle nous paraît loin, cette société où un tribunal devait discuter et enquêter pour savoir le moment du jour[5] !

Au Moyen Âge, les gens se lèvent excessivement tôt. On crie au scandale à l'idée de ces étudiants dormeurs et fainéants qui s'inscrivaient de préférence au cours des commentateurs du *Décret* de Gratien, qui n'avait lieu qu'à la tierce, c'est-à-dire en gros à neuf heures, lorsque de nombreux employés zélés commencent aujourd'hui sans remords leur journée.

Oui, on se lève tôt au Moyen Âge. Un triple signe de croix en l'honneur de la Trinité, avant de s'habiller de pied en cap. La mode, passagère à l'époque comme de nos jours, nous dispense d'entrer dans les détails descriptifs : qu'il nous suffise de dire que les artifices et les sacrifices étaient acceptés alors comme aujourd'hui par les dames que préoccupait leur apparence et qui connaissaient les teintures pour les cheveux, le lissage, les crèmes dépilatoires, les onguents et les parfums à n'en plus finir.

Une fois habillé, on lavait les parties du corps qui restaient à découvert : les mains et le visage. En l'absence d'un cabinet de toilette séparé de la chambre à coucher, celle-ci était toujours bondée, comme nous l'avons dit. Mais on ne prenait pas de bain ? Bien sûr que si. Après un long voyage ou si l'on s'était sali dans des circonstances particulières. Alors on utilisait le baquet pour le linge. Mais il existait également des bains publics, avec de l'eau chaude. Le matin, quand l'eau était bien chaude, les « crieurs », pour ainsi dire, parcouraient les rues pour annoncer la nouvelle. À Paris, en 1292, il y avait vingt-six bains publics pour deux cent mille habitants, ouverts tous les jours, à l'exception des jours fériés. Mais l'on ne peut guère insister pour autant sur la grande propreté du Moyen Âge !

Le soleil n'est pas encore levé quand les gens sortent pour se rendre à la messe. Tous ceux qui peuvent et en ont le temps assistent à la cérémonie. Le peuple du Moyen Âge est un peuple de croyants par antonomase. En vérité, tout le monde se retrouvait dans la vision des destins de l'homme et de l'univers que proposait le christianisme. On n'envisageait pas le surnaturel séparément de la vie terrestre comme on le fait de nos jours : celle-ci glisse sur ses rails, avec des intérêts qui trouvent leur raison en eux-mêmes, tandis que l'au-delà concerne la vie après la mort, dont il faut tenir compte pour ne pas compromettre l'avenir, l'avenir infini de l'éternité, mais qui n'en reste pas moins distinct. Au Moyen Âge, le surnaturel et la vie terrestre s'interpénètrent. Et même, pour celui qui est capable de réfléchir, le monde sensible n'apparaît plus que comme une espèce

de masque, derrière lequel se produisent toutes les choses véritablement importantes. Ou bien tout ce qui a lieu ici-bas n'est que
le signe d'une réalité plus profonde. L'homme au Moyen Âge a
ainsi la sensation que la nature n'est qu'une croûte sous laquelle
s'agitent des puissances divines, et il a la sensation de ne jouer
qu'un rôle dans l'histoire auprès d'autres acteurs invisibles et
très importants. « Qui ignore, écrivait le prêtre Helmold, que les
guerres, les ouragans, les pestes et tous les maux en vérité qui
s'abattent sur le genre humain sont l'œuvre des démons[6] ? » D'où
la nécessité de recourir à des moyens d'action plus efficaces que
l'effort humain. Un pèlerinage pour un roi est un acte tout à fait
valable pour conjurer une guerre ou conclure une alliance. Pour
un simple mortel, une messe est un acte non moins valable pour
conjurer une maladie ou conclure une affaire, tout autant en tout
cas, sinon davantage, qu'un remède ou un voyage.

Avec cette mentalité si caractéristique du Moyen Âge, tout
empreinte d'une imagination vigoureuse, et qui sentait un lien
pour ainsi dire physique entre la cité terrestre et la cité invisible,
la première étant habitée tout à la fois par les hommes et les anges,
les démons et les saints, on ne doit pas s'étonner que le principal
souci d'un politique cynique comme le fut Renaud de Dassel,
chancelier de Frédéric Barberousse, fût de s'emparer des reliques
milanaises des Rois mages pour sa propre église. Ces reliques
signifiaient l'authentique présence active des saints influents : le
reliquaire était le palais où logeait la force du saint, prêt à intervenir
contre les ennemis et les démons, qui se confondaient toujours,
naturellement. Et ainsi, à la faveur du libre pouvoir de l'imagination, on pouvait concevoir que la présence active du saint avait du
poids, autrement dit de la pesanteur. J'évoquerai certains langes
que l'on pesait avant de les descendre dans un trou et de les placer
pendant toute une nuit à côté du sépulcre où reposait le martyr, et
que, le matin, avant de les remettre comme des reliques au pèlerin

dévoué, on pesait de nouveau pour contrôler leur gain de poids, imprégnés qu'ils étaient par la grâce[7].

Qu'on ne sourie pas : la réalité surnaturelle était une réalité et une réalité substantielle, et elle était plus vraie que la réalité naturelle même. Et pour donner un sens à cette expérience, où le divin se glissait dans les affaires humaines, avec naturel et stricte efficacité, il suffirait de rappeler un jugement de Dieu, non pas un miracle mais une intervention certaine et tranchante de Dieu même.

Quand l'homme du Moyen Âge se repliait par conséquent pour méditer sur la réalité, le sens de la vie, il retrouvait toute la violence de son sentiment religieux, peuplé d'anges et de démons, d'enfer et de paradis, de Jugement dernier surtout : le sentiment médiéval par excellence.

« *Dies irae dies illa, solvet saeculum in favilla* » : le jour de la colère, ce jour où le monde s'enflammera, comme disent David et la Sibylle, quand le tremblement nous saisira, quand viendra le Juge[8].

Quand ? Saint Paul avait dit (I Thess., 5, 2) : « Le Seigneur prendra les hommes par surprise comme un voleur dans la nuit. » Et la surprise devait être prochaine ; pour les hommes du Moyen Âge, les guerres, les troubles, les épidémies annonçaient l'imminence de la fin des temps. On peut vraiment dire que le Jugement dernier fut l'obsession du Moyen Âge. Mais une obsession qui, pour être intense, n'était pas toujours présente. Les hommes le retrouvaient devant eux chaque fois qu'un événement ou un coup du sort leur rappelait le rendez-vous fatal. Comme la mort. Ce qui ne veut pas dire qu'ils ne jouissaient pas également de la vie dans toute sa plénitude. Mais par à-coups, en tressaillant par intermittence, bref, avec une émotivité empreinte d'exaltation et de désespoir, de joies et de larmes – que de pleurs dans les chroniques médiévales ! –, une émotivité qui dérive également de cette adhésion, totale, entière, absolue, à une réalité terrestre qui toutefois, comme un voile qui se déchire à l'improviste, s'avère différente, surnaturelle. Qu'on appelle le médecin pour chasser la maladie, et la maladie est aussi le démon. Qu'on fasse la guerre pour conquérir ou pour se défendre, et la guerre est aussi le signe de la fin prochaine du monde. Le bien-être que l'on se procure par son travail, pour sa joie personnelle et celle des siens, peut être un péché, une damnation. D'où cette instabilité déconcertante : ces larmes pendant l'homélie après avoir ri grassement à table ; ces rois pour qui la trahison alterne avec la charité ; ces conversations soudaines, fulgurantes, sans préhistoire ; ce Moyen Âge agité, en somme, où les hommes sont capables d'une violence inouïe, de cruauté, de débauches, de sacrifices, de mortification, d'abstinence. Avant d'apprendre ce sens harmonieux de la vie, où la foi elle-même devient la certitude d'une béatitude, différente après le bien-être de la vie ici-bas, qu'on la consacre à faire le bien, ou seulement à faire quelque chose.

La messe est finie. Enfin commence la journée, mais il n'est guère que six heures du matin. Après le petit déjeuner – on prendra une seconde collation vers neuf heures –, chacun se met au travail. Les artisans ouvrent leur boutique ; les médecins, vêtus de leurs gants rouges et de leur cape caractéristique d'un rouge tirant sur le violet, commencent leur tournée ; les « crieurs » s'affairent autour de la charrette du colporteur ; les maraîchers débarquent de la campagne, et les animaux domestiques encombrent les rues, qui s'animent soudain.

À l'intérieur de la maison, la ménagère donne des ordres à ses servantes et à ses filles pour la cuisine et le linge, selon son expérience et sa doctrine. L'art des recettes ! En voici deux, fort pratiques : « Si une couverture est infestée de puces, enroule-la bien, fourre-la dans un sac et serre ce sac dans un autre sac tout aussi serré ; et ainsi, privées d'air et de lumière, les puces ne tarderont pas à mourir[9]. » Et celle-ci, infaillible, si un chien a la rage : « Prends un croûton de pain et écris-y : *"Bestera, bestianai, rigonai, dictera, sagragan, es domina, fiat fiat fiat"*, trois fois de suite… cela devrait suffire[10]. »

Pendant ce temps, les enfants vont à l'école, du moins ceux qui en ont l'âge, les plus petits batifolant à la maison et les plus grands étant déjà à l'œuvre dans la boutique. Voulez-vous les y surprendre ? Un charmant manuel, écrit pour une école épiscopale sous forme de questions et réponses, comme un catéchisme, nous permet de le faire : comme par miracle, il ressuscite les voix du maître et de l'écolier qui a appris par cœur ses réponses[11].

M. *Es tu scolaris ?* C'est toi, l'élève ?

É. Oui, c'est moi.

M. Qu'est-ce qu'un élève ?

É. Celui qui apprend les vertus avec empressement.

M. Où te trouves-tu, élève ?

É. Ici et partout et dans tous les lieux honnêtes.

M. Quels sont les lieux honnêtes ?

É. Il y en a quatre : l'église, l'école, la maison des parents et le banquet des sages.

M. Pourquoi es-tu élève ?

É. Parce que je vais souvent à l'école et que j'apprends à lire.

M. Combien de tâches incombent à l'élève ?

É. Six.

M. Lesquelles ?

É. Se lever le matin, s'habiller sur-le-champ, puis se peigner, se laver les mains, adorer Dieu et aller volontiers à l'école.

M. Qui t'a créé ?

É. Dieu, à partir de rien.

M. Qui t'a engendré ?

É. Ma mère.

M. Et comment t'a-t-elle engendré ?

É. Nu et dans le péché originel.

Mais les réponses n'étaient pas toujours aussi promptes que dans le manuel. Et alors l'élève recevait des coups, que le maître lui assénait, sans parcimonie, avec les verges maudites ; si bien qu'un jour, en 937, exaspérés, les élèves mirent le feu au monastère de San Gallo, avec ces verges justement que les maîtres leur avaient imprudemment demandé d'aller chercher sous le toit[12].

Le reste du temps, les élèves étaient doux comme des agneaux. Le maître leur dictait de petites compositions de ce genre (extraites du manuel que j'ai cité précédemment) : « Maître révéré, mes parents m'ont recommandé à votre dignité pour vous prier de déjeuner demain avec eux. » Ou encore : « Vénérable maître, mes parents vous honorent de ce petit cadeau et vous offrent ce petit tonneau de vin[13]. » Malin, ce maître ! Mais fermons les cahiers pour revenir à la maison car c'est l'heure du déjeuner.

Que mangeait-on au Moyen Âge ?

Étant donné la difficulté des transports, on consomme partout des produits pour la plupart régionaux. Et la différence de menu est certes beaucoup plus grande qu'aujourd'hui entre les classes dirigeantes et le reste de la population. L'impression que l'on a en parcourant certaines listes de repas officiels, c'est qu'on servait une grande quantité de viande, de gibier surtout ; le tout assaisonné avec des sauces épaisses et épicées, accompagné de fruits confits, de gâteaux pimentés, sans qu'un plat plus léger n'accorde jamais le moindre répit.

Et ces repas nous paraissent d'autant plus lourds que nos ancêtres mangeaient sans assiettes, ni fourchettes, ni serviettes. Ils se servaient de grandes tranches de pain sur lesquelles ils posaient la viande avec sa sauce, avant de l'y déguster morceau par morceau, on imagine avec quelle grâce. La tranche de pain, ou ce qu'il en restait, ils la jetaient dans un récipient au centre de la table : aumône pour les pauvres. S'il y avait une nappe, ils y essuyaient leurs doigts, en sorte qu'il fallait la changer à plusieurs reprises pendant le repas, bien qu'on se versât aussi de l'eau pour se rincer la bouche et les mains. Au dessert, mais pas avant, on apportait le vin.

Naturellement, le commun des mortels mangeait plus simplement. Pour le menu peuple, la nourriture traditionnelle de tous les jours, c'était la soupe, où l'on faisait cuire un morceau de lard, à savoir du porc fumé, sauf les jours maigres.

Lard ou gibier épicé, il n'en reste pas moins qu'on mangeait beaucoup. Pour s'en faire une idée par rapport à nos goûts sobres et diététiques, il suffira d'évoquer la ration que recevaient les ouvriers de corvée à l'abbaye de Montebourg : elle consistait en « un gros pain, une soupe aux fèves, six œufs et autant de boissons qu'il en faudra ». Pendant le carême, par pénitence, les œufs sont remplacés par « trois harengs et des noix ». Après le repas, on faisait la sieste. C'est l'heure des plaisanteries et des divertissements, car après avoir mangé, disait Boccace, il était licite à chacun de faire tout ce qu'il lui plaisait[14]. L'artisan bavardait ainsi avec ses voisins sur le seuil de son échoppe. Alors on donnait libre cours à ce penchant jovial, mais grossier, de la farce, parfois cruelle, caractéristique du Moyen Âge. À titre d'exemple, je rapporterai une seule histoire, qui devait beaucoup plaire, tant elle est répandue. On la raconte à peu près en ces termes : un marchand partit pour un voyage qui dura deux ans. Quand il rentra chez lui, il découvrit que son épouse, la malheureuse, avait eu un fils. Pour se justifier, la femme lui dit qu'un jour, sur les collines, ayant grand soif, elle avait mangé de la neige. L'enfant en était le résultat. Le marchand attendit. Au bout de cinq ans, il repartit en voyage et emmena avec lui le jeune garçon qu'il vendit comme un esclave de l'autre côté de la mer en échange de cent livres.

Une fois de retour, sa femme lui demandant où était son fils, il répondit : « Là-bas, le soleil tapait si dur que cet enfant, qui était né de la neige, se liquéfia[15]. »

Ce genre de plaisanterie faisait rire les gens au Moyen Âge, alors qu'elle nous paraît atrocement inhumaine aujourd'hui. Chaque époque a son humour. Dans notre ville, le soir approche à présent. On travaille encore, on prend un dernier repas, mais plus léger, car la nuit le Malin rôde comme un lion rugissant, cherchant qui il pourra dévorer[16]. Un livret d'or de cette époque disait : « Mangez peu le soir et libérez-vous de toute pensée terrestre et mondaine, et ne pensez plus à rien sinon que demain, de bon matin, vous irez écouter votre messe[17]. »

Hormis la petite bande d'étourneaux querelleurs et farceurs qui faisaient la tournée des tavernes et jouaient aux dés, les habitants désertaient les rues et se préparaient à dormir aussi naturellement que les poules, les chiens et les cochons regagnaient au crépuscule leurs abris.

Ils jetaient leurs vêtements sur une perche horizontale pour les protéger des animaux domestiques, chiens ou souris. À l'exception de la chemise. La chemise, on l'ôtait une fois couché, parce qu'on dormait nu, et on l'enfilait aussitôt le matin au réveil. Puis on s'endormait.

À intervalles réguliers, pour protéger les dormeurs, les moines se levaient au milieu de la nuit, aux matines et aux laudes.

La nuit, quand il faisait beau, des myriades d'étoiles brillaient dans le ciel. Jusqu'au chant des coqs, qui annonçaient le début d'une autre journée comme les autres.

Chapitre I

LE TEMPS DU LABEUR, LE TEMPS DE LA MÉMOIRE

La première miniature qui figure dans un manuscrit (1445-1450)[1] du *Livre des propriétés des choses*, composé au XIIIe siècle par Barthélemy l'Anglais (Bartholomeus Anglicus), se trouve au début du livre IX, qui traite « Du temps et de ses parties » : Barthélemy y médite sur le ciel, les solstices et les équinoxes, le soleil et la lune, l'aube et le coucher du soleil, les saisons, les mois et les jours. Ce fut à un artiste inconnu et génial du nord de la France qu'incomba la tâche délicate de concevoir, sans modèles antérieurs, un titre visuel efficace aux pages disposées pour la lecture. Voyons-le à l'œuvre (fig. 1).

À l'intérieur du cadre carré et doré, un tourbillon de petits nuages délicats, signe discret du temps atmosphérique et de ses rythmes immenses, tourne autour du cercle de la Terre, divisée idéalement en quatre quartiers, chacun étant occupé par un paysan à la campagne, absorbé par les travaux saisonniers. Au centre, dans la maison en bois robuste, pour nous qui l'observons providentiellement à rideaux tirés, un homme bien habillé – on aperçoit une doublure en fourrure – et pensif lève un pied devant

Fig. 1. *Les occupations agricoles tout au long de l'année,* miniature, 1445-1450, extraite du *Livre des propriétés des choses* (*Liber de proprietatibus rerum*) de Barthélemy l'Anglais, Paris, Bibliothèque nationale de France, ms. Fr. 135, f. 327.

la flamme crépitante d'un brasero mobile à quatre roues. On a fait son portrait à un moment de repos, à côté de la table mise ; sur la nappe blanche ont été posés un pichet de vin et du pain : le fruit symbolique d'une année entière de travaux pénibles.

Les quatre paysans appartiennent à quatre âges différents : le plus jeune, encore enfant ou presque, en haut à gauche, cueille des grappes de raisin à des vignes disposées en palissade, et en remplit un panier à ses pieds. Ensuite, dans le sens des aiguilles d'une montre, on distingue le jeune moissonneur : les épis de blé, tous de la même taille, tombent à ses pieds au rythme régulier de la faucille. Figure alors un homme adulte qui fauche l'herbe à grands coups ; il porte à la ceinture une corne creuse remplie d'eau où se trouve une pierre à aiguiser pour rendre de temps à autre sa lame plus tranchante. Enfin, voici un vieil homme, lourdement vêtu pour se protéger du froid piquant ; il prend dans la poche de son tablier les grains de blé qu'il sème le long des sillons que la charrue a préparés.

Si, pour ce qui concerne les âges, notre regard suit le sens des aiguilles d'une montre, il doit aller en revanche dans l'autre sens, avec l'aide de la disposition des figures, pour comprendre la succession des saisons à partir de l'hiver : l'homme sème, puis fauche, moissonne et vendange. Par l'artifice des parcours opposés de lecture qu'il propose, le miniaturiste a tenu à ce que le protagoniste ne soit pas l'écoulement du temps, mais le travail de l'homme au cours de l'année, et que le labeur du paysan soit le sujet principal ; le regard de celui-ci n'est d'ailleurs jamais tourné vers nous, tant il est occupé par le travail sur lequel il se penche, pour se procurer à tout moment de quoi vivre et survivre, selon la condamnation divine : « Maudit soit le sol à cause de toi ! À force de peines, tu en tireras subsistance tous les jours de ta vie[2]. »

En raison de la perspective légèrement inversée, il n'y a pas de place pour le ciel, mais seulement pour la terre : champs en fleurs, verdoyants ou arides. L'air céleste pénètre en revanche par la minuscule fenêtre de la maison où l'homme s'assied, enfin calme, à l'abri des intempéries et de la faim, pivot de toutes les activités du paysan.

L'égrènement cyclique des travaux agricoles, d'efforts toujours égaux et immuables, avait déjà été admirablement exprimé entre 1281 et 1284 par une miniature (fig. 2) – malheureusement inachevée – qui illustre un miracle raconté dans l'une des *Cantigas* d'Alphonse X le Sage[3]. À Pâques, les moines d'un monastère anglais se trouvaient réunis dans une église pour y célébrer la messe quand soudain la terre s'ouvrit et le monastère et tous les champs qui l'environnaient disparurent, engloutis par le gouffre. Cependant la Vierge, pour laquelle les moines avaient une grande dévotion, les protégea : aucun d'eux ne se fit mal et la vie continua sous terre comme à la surface, parce qu'en s'effondrant tout était resté intact, « l'église, le cloître, le dortoir, la salle capitulaire, le réfectoire, la cuisine, le parloir, l'infirmerie, la cave, avec les vins et tous les accessoires, les jardins potagers et les moulins ». Au bout d'un an, à Pâques, en même temps que le Christ, les moines « ressuscitèrent » par le truchement de la Sainte Vierge qui fit également revenir à leur place d'origine les champs et les édifices, « tels qu'ils étaient auparavant ».

Le miniaturiste a divisé la page en six compartiments. Dans le premier figurent l'intérieur de l'église, le prêtre officiant, les moines en train de prier, et avec eux l'extérieur de l'abbaye avec ses bâtiments, une vigne abondante, les champs et un beau moulin à eau. Dans le second compartiment, pour indiquer la catastrophe, un pré parsemé de petites fleurs rouges et bleues entoure l'abbaye, recouvrant jusqu'à son toit ; l'observateur doit en déduire qu'il va la submerger. Dans le troisième compartiment, la scène est fort semblable à la précédente, y compris le pré fleuri. Nous distinguons toutefois un paysan qui taille les vignes, dépouillées de

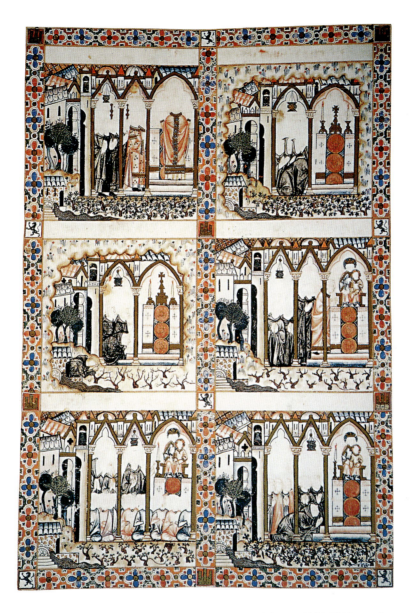

Fig. 2. *Miracle du monastère englouti et réapparu,* miniature, 1281-1284, extraite des *Cantigas de Santa María* d'Alphonse X le Sage, Florence, Bibliothèque nationale centrale, ms. B. R. 20, f. 15r.

leurs feuilles à présent : avec la permission du Ciel, la vie continue sous terre et l'homme accompagne par son travail le cours des saisons. Dans le quatrième compartiment, les vignes portent de timides bourgeons et les moines commencent à implorer la Vierge (qui est apparue sur l'autel, avec l'Enfant sur un trône doré) pour qu'elle accomplisse le miracle (nous avons compris à présent où nous sommes et il est inutile de reproduire le pré fleuri). Le temps passe et nous voici au cinquième compartiment : la prière devient de plus en plus pressante et expressive et les vignes sont déjà pourvues de nombreuses feuilles. Dans le sixième compartiment, le miracle a eu lieu : les moines se prosternent pour remercier la Vierge et les vignes sont aussi luxuriantes qu'au début. Le cycle religieux annuel, chaque année pareil à lui-même, coïncide avec celui du travail humain qui se renouvelle dans l'ordre des saisons d'une manière tout aussi immuable. Le paysan poursuit la tâche d'Adam après le péché originel ; l'activité agricole a une valeur profondément religieuse, et l'Église la montre du doigt comme une condamnation biblique, mais aussi comme un moyen de rachat. Dans cette *Cantiga*, il ne me semble pas fortuit que, avec la résurrection du Christ venu libérer Adam et sa descendance, les champs et les hommes qui y travaillent ressuscitent également.

Observons à présent une image des saisons, mais selon une perspective différente, dans une miniature qui illustre le chapitre qui leur est consacré dans un manuscrit du *Secret des secrets*, copié et illustré vers 1490-1495 (fig. 3). L'artiste a dessiné un cadre afin de suggérer une fenêtre ouverte sur une vue surprenante : quatre bandes superposées les unes au-dessus des autres, chacune étant en soi un paysage achevé et lointain. La première bande, qui part du haut, figure de douces collines traversées par une rivière, des champs ordonnés et fertiles, quelques arbres, de lointains châteaux dans un ciel serein. À ce paysage printanier et harmonieux succède le paysage estival : au premier plan, une forêt touffue d'épis mûrs

Fig. 3. *Les quatre saisons,* miniature, 1490-1495, extraite du *Secretum secretorum* du Pseudo-Aristote, Paris, Bibliothèque nationale de France, ms. Nouvelle Acq. Fr. 18145, f. 50r.

et de gerbes déjà alignées entre les arbres aux feuilles abondantes. Voici l'automne, nous dit la troisième bande : les feuilles sont tombées, les branches sont dépouillées et les arbustes tout secs. Le dernier paysage représenté est celui de l'hiver : à la place de l'eau, on aperçoit une plaque de glace ; la terre est désormais aride et blanchâtre, les arbres se détachent avec leurs silhouettes noires et tordues. Quelques forteresses menaçantes s'accordent bien à l'aspect sombre d'une nature devenue immobile et silencieuse.

L'auteur a peut-être voulu représenter dans ce paysage insolite les âges de la vie humaine : de la joyeuse jeunesse du printemps au triste déclin de l'hiver. L'homme est absent, ainsi que toute activité agricole ; l'espace dans le temps est incontestablement devenu le protagoniste[4]. Cependant, entre le temps comme représentation cyclique du labeur des hommes, du paysan plié en deux et soumis à la nature et à ses rythmes immuables – ainsi que le conçoit le miniaturiste génial du *Livre des propriétés des choses* – et la représentation de la nature comme un cadran d'horloge qui tourne sans se demander pour qui – d'après le miniaturiste du *Secret des secrets* –, il existe un troisième temps, celui de la ville, du paysage exclusivement humain.

En ville, l'horizon a beau être toujours religieux, de Pâques à Noël, et de Noël à Pâques, en passant par toutes les fêtes des saints, la construction et la destruction des édifices passent au premier plan, selon le bon vouloir des hommes, qui rythment les années. Au lieu d'un temps atmosphérique qui revient circulairement, pareil à lui-même, avec la succession des mois et des saisons (fig. 3), au lieu du travail agricole qui contraint l'homme à suivre le temps, comme s'il s'agissait de son ombre (fig. 2), l'obligeant à tailler chaque année les vignes au printemps, tous les printemps de la vie, en ville, ce sont les actions de l'homme, le travail diversifié, spécialisé, innovateur, qui construisent un temps différent, le temps de la mémoire.

Chapitre II

LA ROUTE QUI CONDUIT À LA VILLE

Au Moyen Âge, au temps des communes, les habitants étaient fiers de la beauté des remparts de la ville où ils habitaient, comme s'il s'était agi de la façade de leur maison. À propos de Florence en 1324, Giovanni Villani écrit : « On ordonna que toutes les deux cents brasses[1] de mur fût construite une tour de soixante brasses de hauteur et quatorze brasses de largeur, pour fortifier et embellir ladite ville[2]. » Dino Compagni regrettait sincèrement la destruction des remparts de Pistoia par les Florentins : « Les beaux remparts de la ville furent abattus[3]. » Conscience de la valeur esthétique de ces remparts, mais aussi du rôle indispensable qu'ils jouaient pour la survie de la ville[4]. Raban Maur l'affirmait déjà à la moitié du IXe siècle dans son *De l'Univers*, quoique par l'intermédiaire d'une métaphore : « Les remparts de la ville signifient la fermeté inexpugnable de la foi, de l'espérance et de la charité[5]. » *Foi, Espérance* et *Charité*, les trois vertus théologales, deviennent dans le plein épanouissement des communes, les vertus civiques par excellence, qui assurent le bon gouvernement parce que l'amour de la patrie s'enracine dans la charité, selon la définition de Ptolémée de Lucques, et les actions de la justice sont vivifiées par la foi et par l'espérance dans le guide divin[6]. Ce sont justement ces vertus qui planent autour du personnage du *Bien commun* dans la célèbre fresque d'Ambrogio Lorenzetti, connue sous le nom du *Bon gouvernement*, peinte entre 1338 et 1339, dans la *Sala della Pace* (salle de la Paix) à l'intérieur du Palazzo Pubblico de Sienne (fig. 4). Il me semble que les mots de Raban Maur peuvent parfaitement commenter une tablette peinte de la Biccherna[7] de 1480 de Neroccio di Bartolomeo di Benedetto de' Landi (fig. 5[8]) où la Vierge agenouillée recommande Sienne à Jésus. La Madone entoure avec une corde une image idéalisée mais tout à fait reconnaissable de Sienne, défendue par ses remparts de briques compactes. L'étymologie que l'on attribuait au mot « *concordia* », de « *cum chorda* », explique la présence de la corde, symbole de la concorde civique qu'assure l'intervention de la Vierge, d'autant plus que Marie affirme dans le cartouche qu'elle tient à la main : « Ceci est ma ville » (*Hec est civitas mea*). La maquette de Sienne repose (« fermeté inexpugnable ») sur trois colonnes de marbre de couleurs différentes : blanc, vert foncé et rouge foncé, les couleurs traditionnelles de la *Foi*, de l'*Espérance* et de la *Charité*[9].

Les remparts et les portes de la ville protègent comme les murs et les portes de l'habitation personnelle ; ils inspirent un sentiment de sécurité[10]. Pour souligner comment le Christ avait dès sa naissance partagé la condition des laissés-pour-compte et des faibles, le prédicateur dominicain Giordano da Pisa rappelait que Jésus était né « dans une infâme citadelle ; *et encore, il ne naquit pas à l'intérieur* [de cette citadelle]*, mais à l'extérieur*[11] ». En revanche, celui qui se trouve par hasard exclu de cette protection rassurante est en proie à la terreur ; et ce malheur est tel que seul un miracle peut le dissiper, à en croire le récit d'une autre *Cantiga*, la CCXLVI, d'Alphonse X le Sage, à laquelle se rapporte, comme

Fig. 4. Ambrogio Lorenzetti, *Foi, Espérance et Charité autour du Bien commun*, détail du *Bon gouvernement,* fresque, 1338-1339, Sienne, Palazzo Pubblico, Sala della Pace.

Fig. 5. Neroccio di Bartolomeo di Benedetto de' Landi, *La Vierge recommande Sienne à Jésus,* tablette de la Biccherna, 1480, Sienne, Archivio di Stato.

dans l'ensemble du manuscrit, l'illustration respective en pleine page[12] (fig. 6).

Une brave femme d'Alcazar, qui avait une grande dévotion pour la Vierge, quittait la ville tous les samedis pour se rendre à l'église de Santa Maria dei Martiri, où elle priait et déposait d'ordinaire une offrande. Un jour, retenue par les tâches ménagères, elle arriva au coucher du soleil et trouva la porte de l'église déjà fermée. À peine eut-elle formulé son repentir pour son retard coupable qu'elle se rendit compte avec stupéfaction que la porte s'était mystérieusement ouverte – et que celle-ci se refermerait ensuite, à sa sortie, tout aussi mystérieusement. Après ses prières, la brave femme se mit d'un bon pas en chemin pour regagner la ville, mais, la nuit étant tombée, elle trouva les portes des remparts barricadées. Quel découragement et quelle peur ! Il ne lui restait plus qu'à se recommander à la Sainte Vierge. Apparut alors une belle et noble dame qui, ayant pris la main de la retardataire, la reconduisit en ville jusque devant chez elle. « Qui suis-je, madame, pour que vous fassiez tant de bien à une malheureuse ? » La dame lui répondit avec plaisir : « Je suis celle qui vient au secours des malheurs pour lesquels mon intervention est nécessaire ; je suis celle que Dieu a choisie pour s'incarner. »

Une intervention non disproportionnée, en l'occurrence, parce qu'elle répond à une émotion profonde. Marie a compris l'angoisse de l'obscurité, de la solitude et surtout de l'exclusion de la pauvre femme en dehors de la ville avant même d'être exclue de chez elle.

Le miniaturiste a divisé la feuille, selon un module fixe, en six scènes : dans la première, nous voyons la femme déçue devant les verrous de la porte de l'église, puis étonnée de voir s'ouvrir devant elle l'obscurité de l'intérieur, faiblement éclairé par une lampe à huile et un candélabre ; et ensuite de nouveau en proie à l'émerveillement devant la même porte, qui s'est refermée toute

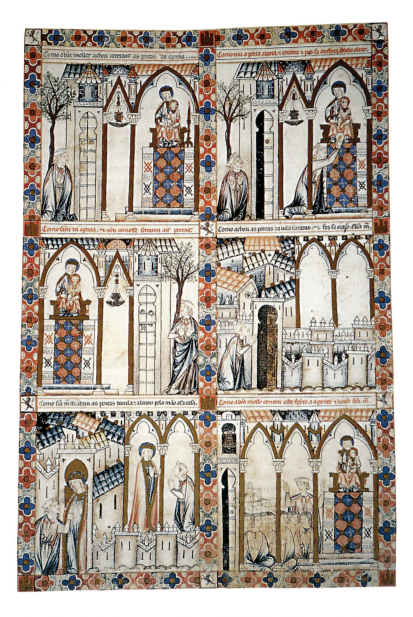

Fig. 6. *Le miracle des portes*, miniature, 1281-1284, extraite des *Cantigas de Santa María* d'Alphonse X le Sage, Florence, Bibliothèque nationale centrale, ms. B. R. 20, f. 2r.

seule, verrous compris. La statue de la Vierge sur un trône avec l'Enfant que l'on a posée sur l'autel n'est toutefois pas demeurée immobile ; la Madone a suivi avec bienveillance, en bougeant la tête, tous les gestes de la femme qui lui est dévouée, dont elle a silencieusement accueilli la prière, l'offrande et les remords.

Nous assistons ensuite au désarroi de la malheureuse, à genoux devant la porte fermée des remparts tandis qu'elle invoque, mains jointes, l'aide céleste. Et voici la merveilleuse apparition de la « Dame » sur le seuil ; voici la femme désormais sauvée qui s'entretient dans la dévotion avec la reine céleste à l'intérieur de la ville, et enfin le récit-prêche de la miraculée à toute la population, pieusement recueillie devant la Vierge, capable d'être à ce point à l'écoute de ses fidèles. Cette église n'est cependant pas celle où le miracle a eu lieu puisqu'elle se trouve au sein des remparts. D'autre part, le groupe des sculptures a changé ; la Sainte Vierge, rigidement de front, lève désormais la main et tient peut-être une fleur ; l'Enfant serre le globe ; dans l'église de Santa Maria dei Martiri, la Vierge avait en revanche la main abandonnée sur son sein et l'attribut de l'Enfant était un livre. Le miniaturiste nous permet de suivre les allers et retours – l'entrée de la femme dans l'église de Santa Maria dei Martiri et sa sortie – en déplaçant la position de l'arbre près de la façade ; il sait habilement doser, par le biais des couleurs, la montée de la peur et de l'effroi, que dissipe ensuite l'intervention miraculeuse. De fait, la porte de l'église est blanche ; seule une demi-bande noire suggère l'ouverture d'un battant ; et elle redevient blanche quand la femme quitte l'édifice. La porte de la ville fermée est en revanche toute sombre et menaçante, mais elle prend une teinte dorée en devenant la toile de fond sur laquelle apparaît providentiellement la Vierge. Marie soulève sa protégée avec le geste du *Christ aux enfers* au moment où il libère Adam en le prenant par le poignet. Une iconographie présente à la mémoire du spectateur médiéval, iconographie dont le souvenir chargeait d'une intensité toute particulière la rencontre avec le miracle.

Dans la dernière scène, une grosse cloche est apparue dans la tour de la ville, superposée, par un effet de la contraction de la perspective, à l'église dont la porte est à demi ouverte : ses coups impérieux ont annoncé dans toutes les maisons, dans toutes les rues, la nouvelle qu'un grand événement vient d'avoir lieu. Nous sommes, comme je l'ai dit, dans une église au sein des remparts de la ville : là seulement, le miracle peut être répandu et fêté comme il se doit.

Au Moyen Âge, tout le monde n'avait pas la chance d'avoir un logement en ville. Les maisons des derniers arrivés, des marchands dans l'attente d'un meilleur sort, des artisans, des paysans et des petits revendeurs en étaient exclues ; à l'intérieur de l'anneau rigide de pierre, l'espace était thésaurisé et vaillamment défendu. De même que les poussins se blottissent contre la poule, les maisons s'adossaient alors à l'extérieur des remparts pour former les faubourgs, d'ordinaire des rangées d'édifices qui s'étaient développés de part et d'autre des voies radiales de sortie par les portes de la ville (fig. 7 et 8). Puis, lorsque trop d'hommes et de richesses encombraient celle-ci, on construisait une nouvelle enceinte de remparts, plus grande que la précédente, qui englobait les nouveaux habitats : à Sienne, par exemple, on démolit en 1256 les remparts de la première enceinte et les faubourgs furent inclus dans la ville[13].

On estimait néanmoins que les hommes et les pierres ne constituaient pas une défense suffisante ; pour toutes les actions humaines, le soutien céleste était considéré comme capital au Moyen Âge. « Si le Seigneur ne garde la ville, c'est en vain que veillent les gardes », dit le second verset du psaume 126. C'est précisément ce que dit encore l'inscription qui figure sur la tour municipale de Volterra[14]. On faisait appel à la cour céleste pour une protection visible : souvent, au-dessus des portes de la ville, étaient représentés les saints éponymes, comme à Florence, au-dessus de la porte San Giorgio (construite en 1324), où se dressait le groupe sculptural de saint Georges à cheval, conservé jusqu'à nos jours[15]. Les saints patrons de la ville étaient très efficaces, et aussi saint Pierre, gardien de la ville céleste, avec l'attribut opportun des clefs du paradis, et naturellement la Vierge. Dans les statuts les plus anciens de Vérone, qui remontent à 1228, on ordonne que : « Sur toutes les portes de la commune de Vérone, sur celles qui sont déjà ouvertes comme sur celles qui le seront très bientôt, soient peints, en souvenir de Dieu et de sa très sainte mère Marie, un portrait ou plusieurs portraits de Marie glorieuse mère de Dieu et perpétuellement Vierge, avec dans ses bras son Fils très clément, le bienheureux Christophe et saint Zénon, nos protecteurs, et saint Pierre, les clefs à la main[16] » (fig. 9). On peut lire une disposition de la même teneur dans les statuts de Città di Castello de 1261 : sur chacune des cinq portes de la ville doivent être peints, « le plus tôt possible », la Vierge et l'Enfant, ainsi que saint Christophe portant l'Enfant Jésus sur son épaule. On recommande de réaliser des fresques de bonne qualité afin qu'elles durent et restent belles, et de bien les abriter, une fois achevées, pour qu'elles ne soient pas endommagées par la pluie[17]. Les prieurs du peuple de Foligno devaient en revanche veiller à ce qu'on allumât tous les soirs la lampe à huile qui se trouvait devant les images de la Vierge et de saint Christophe au pied de l'escalier de leur propre Palais et qu'il y eût toujours assez d'huile (fournie aux frais de la commune) en sorte que la bougie brûlât tout au long de la nuit[18]. À Osimo, dans les Marches, à l'initiative des autorités communales, il devint obligatoire de peindre sur les portes de la ville la Vierge, « saint » Bienvenu (mort en 1282, mais qui, en dépit d'un nom de bon augure et approprié aux entrées, ne fut jamais canonisé) et saint Christophe ; au chapitre 43 du statut, on précise même l'utilité de la position : « à n'importe quelle porte » (*in quaslibet portas*), à l'endroit où le passage est le plus fréquent, afin que les passants redoublent d'oraisons jaculatoires à la louange de Marie et de ces saints (*ut ipsis a transeuntibus laudes inferantur*[19]).

Le fait de regarder l'image de saint Christophe protégeait contre la *mala morte*, la mort subite, l'obsession du bon chrétien médiéval, parce qu'une fin soudaine l'aurait directement conduit en enfer, sans lui donner le temps de se libérer du poids de ses péchés par le repentir, la confession et les pénitences.

La *Passion* de saint Christophe est une suite d'événements improbables et d'horribles tortures, toujours surmontées victorieusement[20]. Au cours d'un interrogatoire, Christophe avait déclaré que son nom était Réprouvé, qui s'était changé ensuite, après le baptême, en Christophe, c'est-à-dire : celui qui porte le Christ. C'est à partir de ce jeu de mots, qui attribue le nom à des termes réels et non spirituels (comme le prévoyait le « porter (*phorein*)-Christ (*Kristos*) » du grec[21]), que fut construite la légende de la conversion. Christophe était un Cananéen au terrible visage et à la taille gigantesque. Ayant décidé de ne servir que le prince le plus puissant du monde, il passa successivement du service du roi du pays à celui du diable, jusqu'à ce que celui-ci lui révèle qu'il existait un autre maître beaucoup plus puissant, le Christ. Il partit dès lors à sa recherche. Pour être apprécié de lui et pour anticiper la rencontre, Christophe, conseillé par un ermite, commença par aider les voyageurs à traverser une grande rivière qui se trouvait aux environs de la cabane de l'ermite. S'appuyant sur un tronc d'arbre en guise de perche, Christophe franchit plusieurs fois la rivière dans les deux sens. Jusqu'au jour où il fit monter sur ses épaules un enfant, mais au cours de la traversée, les eaux de la rivière se mirent à monter, de plus en plus menaçantes, alors que

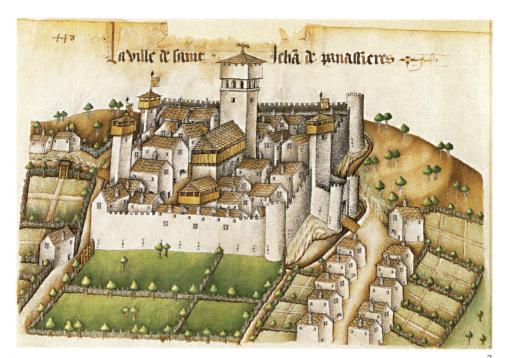

La ville de sainct Jehã de penastieres

7

8

9

Fig. 7. *Vue de Panissières, les faubourgs près des remparts* (Loire), dessin, extrait d'*Armorial* de Guillaume Revel, xvᵉ siècle, Paris, Bibliothèque nationale de France, ms. Fr. 22297, f. 448.

Fig. 8. Beato Angelico, *Les faubourgs près des remparts,* détail du *Retable de la Sainte Trinité,* détrempe sur bois, 1437-1440 environ, Florence, Musée de San Marco.

Fig. 9. *Saint Zénon, saint patron de la ville de Vérone,* sculpture, xiiᵉ siècle, Vérone, église de San Zeno, lunette du portail.

Fig. 10. Taddeo di Bartolo, *Saint Christophe,* fresque, 1414 environ, Sienne, Palazzo Pubblico, Anticoncistoro.

10

l'enfant devenait de plus en plus lourd. Après de pénibles efforts, Christophe rejoignit tout de même l'autre rive et reçut l'explication consolante de toutes ces difficultés : il avait porté l'Enfant Jésus sur ses épaules.

Saint Christophe garantissait le salut de l'âme au simple coup d'œil : il suffisait en effet de fixer le regard sur son image dès le réveil pour être sûr d'être à l'abri de la mort subite tout au long de la journée[22]. Il fallait par conséquent que son image soit visible de loin : c'est pourquoi les fresques qui représentent saint Christophe ont d'ordinaire de grandes dimensions, que favorise au demeurant la taille imposante du Cananéen plein de bonne volonté. À Sienne, dans le Palazzo Pubblico, sur le mur extérieur de la Cappella Nova, dans l'embrasure de l'Anticoncistoro, on peut voir une peinture de Taddeo di Bartolo où se dresse la figure magistrale de cinq mètres de haut de Christophe, dont les jambes ne permettent le passage de la porte que parce qu'elles sont dissimulées par les vagues[23] (fig. 10). Une liste certes un peu sèche mais à tout le moins statistiquement éloquente de tous les saints Christophe peints dans le Palais de la commune de Sienne nous confirme à quel point le besoin d'une protection sacrée était impérieux. Le premier témoignage remonte à 1296 : l'auteur est Bindo di Diotisalvi[24] ; huit ans plus tard, un certain maître Mino est de nouveau à l'œuvre sur le même sujet[25] ; en 1320, on signale Lippo Memmi[26] et en 1323 Simone Martini[27]. Le saint Christophe de Taddeo di Bartolo, la seule fresque conservée parmi celles que nous venons d'évoquer, appartient au cycle important que le peintre réalisa de 1408 à 1414 sur tous les murs de l'Anticoncistoro. Le saint géant est toutefois le seul à être cité par son nom dans l'inscription qui accompagne l'œuvre, puisque cette image était censée conjurer le mauvais sort : « Taddeo di Bartolo de Sienne peignit dans cette chapelle en 1407 la figure de saint Christophe ainsi que ces autres figures[28]. » Le saint n'est d'ailleurs pas dévolu qu'à la jouissance collective, sur les édifices publics ou les murs des églises, souvent sur les façades ou sur les portes des remparts de la ville. Dans une perspective qui le met singulièrement en valeur – mais on pourrait en multiplier à volonté les exemples –, il vous saute aux yeux quand on monte l'escalier raide du palais Davanzati (Davizzi à l'origine) dans une fresque du XVe siècle[29], et quand on ne le transforme pas tout bonnement en amulette, il est cousu sur les vêtements ou peint sur les objets les plus divers[30]. Étant donné son emploi, saint Christophe devint le saint patron des passeurs, et par extension, il fut aussi celui des voyageurs, des pèlerins et des marchands. *S(anctus) Chri(st) oforus merchatorum*, comme l'indique l'inscription d'un panneau de 1377 de Giovanni da Bologna, signé et daté, commandé par la Confrérie des marchands de Venise[31]. Dans les estampes populaires du XVe siècle, l'image du saint est d'ordinaire accompagnée d'une inscription en latin, une espèce de maxime, avec en général des assonances ou des rimes pleines de bonne volonté ; en voici une poignée : « Vois Christophe et tu seras à l'abri » ; « Saint Christophe, tes vertus sont nombreuses » ; « Celui qui te voit le matin rit la nuit » ; « Celui qui voit l'image du saint se prémunit, un jour du moins, contre la mort[32] ». Une inscription de ce type, mais au ton plus humble, puisqu'on se déclare satisfait de ne pas tomber malade ce jour-là au moins, figure au pied du passeur dans un panneau de Niccolò di Tommaso de la seconde moitié du XIVe siècle, conservé aujourd'hui à la Walters Art Gallery de Baltimore[33]. Même lorsqu'il est compris dans les dimensions d'une miniature, Christophe conserve sa taille gigantesque ; il dépasse les tours les plus hautes d'une ville, qui paraissent fragiles entre ses mains, tandis que ses pieds occupent toute l'embrasure des portes grandes ouvertes des remparts. Le miniaturiste, qui se souvient du visage terrible que la légende attribue au saint, lui a donné la gueule d'un lion féroce, mais les habitants de la ville qui, par toutes les fenêtres, debout sur les rebords, sortent par bandes, lui adressent, sans le craindre le moins du monde, des gestes de salut confiant. Et l'on peut lire sur l'inscription : « *Sanctus Christophorus Chananeus* » (fig. 11).

Outre Christophe, un autre saint puissant protégeait les voyageurs, Julien (fig. 12) : il importe peu que son existence soit parfaitement légendaire. En proie à la jalousie, croyant trouver dans le lit conjugal sa femme et son amant, Julien avait tué les deux dormeurs, alors qu'il s'agissait en réalité de ses propres parents, qui lui avaient rendu visite à l'improviste et que l'épouse de Julien avait fait dormir dans son lit à sa place et à celle de son mari. Par pénitence, Julien et sa femme (qui se retrouve entraînée dans la pénitence en tant qu'épouse !) construisirent un hospice pour accueillir les voyageurs, se consacrant à eux avec miséricorde et abnégation. Un soir, pendant un orage, Julien sauva un lépreux qui risquait de se noyer, et le soigna en l'installant dans son propre lit. Ce lépreux était en réalité le Christ ; une fois guéri, il disparut soudainement en annonçant aux époux qu'ils seraient bientôt récompensés de leur dévotion.

Julien est le fil conducteur des propos que tiennent les trois faux marchands, « brigands et hommes de méchante vie et condition », qui accompagnent l'imprudent Renauld d'Asti, sur le chemin du retour, dans la nouvelle que raconte Boccace avec grand plaisir, utile « spécialement à ceux qui voyagent à travers les pays peu sûrs de l'amour, où quiconque n'a pas dit la patenôtre de saint Julien est bien souvent mal logé, encore qu'il ait bon lit[34] ». Les quatre voyageurs,

> [ainsi] cheminant, et passant, comme il advient dans les conversations, d'une chose à une autre, [ils] en vinrent à parler des prières que les hommes adressent à Dieu, et l'un des brigands — ils étaient trois — dit à Renauld : « Et vous, mon gentilhomme, quelle oraison avez-vous

Fig. 11 (ci-dessous). *Saint Christophe à visage non humain*, miniature, extraite d'un *Martyrologe* du XIIᵉ siècle, Stuttgart, Landesbibliothek, ms. Hist. fol. 415, f. 50r.

Fig. 12 (à droite). Assistant de Bernardo Daddi, *Saint Julien*, compartiment de polyptyque, XIVᵉ siècle, Barga (Lucques), Conservatoire de Santa Elisabetta.

l'habitude de dire en voyageant ? » À quoi Renauld répondit : « De vrai, je suis un homme matériel et grossier, et j'ai peu d'oraisons en main ; je vis à l'antique […]. Mais néanmoins, j'ai toujours eu l'habitude en voyageant de dire, le matin quand je quitte l'auberge, une patenôtre et un ave Maria pour l'âme du père et de la mère de saint Julien ; après quoi, je prie Dieu et saint Julien de me donner bon logis pour la nuit suivante. Et très souvent déjà, pendant ma vie, je me suis trouvé dans mes voyages en de grands périls ; non seulement j'en ai toujours échappé, mais la nuit d'après j'ai trouvé bon gîte et bonne auberge. Parce que j'ai la ferme croyance que saint Julien, en l'honneur de qui je dis cette oraison, m'a obtenu cette grâce de Dieu. Et il ne me semblerait pas que la journée pût se bien passer, ni qu'il pût m'advenir heureusement pour la nuit d'après, si je ne l'avais pas dite le matin. » À quoi celui qui avait posé la question dit : « Et ce matin, l'avez-vous dite ? » À quoi Renauld répondit : « Oui bien[35]. »

Laissons Renauld à ses péripéties (fig. 13), qui se termineront bien parce qu'une dame, veuve et belle, interviendra pour redonner des forces au pauvre voyageur dévoué à saint Julien, dérobé par ses méchants compagnons de route, à l'abandon, tremblant de froid, pieds nus et vêtu seulement de sa chemise.

Le voyageur, celui qui se déplaçait pour son commerce ou pour aller en pèlerinage, faisait sans cesse l'expérience de la précarité, exposé comme il l'était aux attaques des loups, des chiens errants, parfois même des ours, mais surtout des brigands, et dès lors à des combats imprévisibles contre des bandits armés, entraînés par les guerres et les guérillas perpétuelles[36]. Et même dans l'extraordinaire chevauchée de l'*Adoration des mages* de Gentile da Fabriano (fig. 14), qui s'articule dans le retable du même nom en un cortège fastueux et interminable de cavaliers, de serviteurs et d'animaux de toutes sortes, de singes et de guépards domestiques, la violence et la mort ont leur place. La parade des costumes exotiques, des garnitures d'or, le tourbillonnement des

Fig. 13. *Renauld d'Asti est agressé dans le bois par de faux marchands*, miniature, fin du XIVe siècle, d'après le *Décaméron* de Boccace, II, 2, Vienne, Österreichische Nationalbibliothek, ms. 2561, f. 49r.

Fig. 14. Gentile da Fabriano, *Adoration des Mages,* détrempe
sur bois, 1423, Florence, Galerie des Offices.

Fig. 15. Gentile da Fabriano, *Un meurtre*, détail de la précédente
Adoration des Mages, détrempe sur bois, 1423, Florence, Galerie
des Offices.

couleurs, des brocarts précieux et des curieux chapeaux empanachés se déploie sur la toile de fond de villes occidentales familières aux remparts crénelés et munis de tours. Ce fabuleux parcours recèle toutefois un petit épisode de vie quotidienne : deux soldats ont surpris un malchanceux, à pied et tout seul, en dehors des remparts de la ville et sont en train de l'achever à coups de poignard (fig. 15).

Des images de guerres, de mort, de destruction, en ville comme à la campagne, dans les petits villages, occupent l'ensemble de la fresque du *Mauvais gouvernement* d'Ambrogio Lorenzetti, à Sienne, et reflètent une angoisse bien connue, que résume l'épée de *Timor*, la « Peur » (fig. 16), une vieille femme squelettique et ricanante qui survole les vastes espaces de la *Tyrannie*, dans un ciel brun et menaçant, éclairé par les flammes des villages incendiés. La paix, la justice et la concorde ne règnent que dans l'idéologie des Neuf – la magistrature qui gouvernait alors Sienne[37] et qui commanda à Lorenzetti cette fresque dont elle fit son manifeste public. La jolie silhouette aérienne de *Securitas* (fig. 18) au-dessus de la campagne riante du *Bon gouvernement* affirme avec résolution, dans son cartouche : « Que chacun marche sans peur / et qu'en travaillant chacun sème la paix / car tant que la cité / maintiendra cette femme [la Justice] au pouvoir / elle [la cité] ne sera plus à la merci des méchants. » *Securitas* montre en même temps une potence éloquente avec un pendu pour rappeler que les Neuf sauront, si nécessaire, agir sans pitié. Les débauchés et les bandits seront punis de manière exemplaire[38]. Un avertissement semblable figure dans le *Gonfanon de Saint Bernardin* de 1465, où le peintre, Benedetto Bonfigli, a représenté un petit garçon qui vole des cierges à l'instigation du diable qui, pour rassurer le spectateur, le condamne en même temps. Il lui dit en effet : « *Fura che serai apeso* (Vole donc et tu seras pendu !) » (fig. 17).

Fig. 16. Ambrogio Lorenzetti, *Timor*, détail du *Mauvais gouvernement. Les effets en ville*, fresque, 1338-1339, Sienne, Palazzo Pubblico, Sala della Pace.

Fig. 17. Benedetto Bonfigli, *Un enfant vole un cierge à l'instigation du diable*, détail du *Gonfanon de Saint Bernardin de Sienne*, détrempe sur toile, 1465, Pérouse, Galerie nationale de l'Ombrie.

Fig. 18. Ambrogio Lorenzetti, *Securitas*, détail du *Bon gouvernement. Les effets à la campagne,* fresque, 1338-1339, Sienne, Palazzo Pubblico, Sala della Pace.

Perdu dans la campagne blonde de blé mûr, il y a du moins un homme (fig. 19) qui ne croit pas à la proclamation de *Securitas* : il s'agit d'un mercier ambulant, un sac sur l'épaule et une caisse portative en bandoulière, sur laquelle il a étalé, pour la plus grande joie du spectateur plutôt que pour un client improbable, sa marchandise : colliers, ceintures, rubans colorés. Attaché à sa ceinture, on distingue nettement un poignard pointu : si maigres que soient ses gains, ils ne le mettent pas à l'abri du danger des mauvaises rencontres. Ce personnage, on le remarque à peine ; c'est précisément pourquoi il pourrait s'agir d'une initiative de Lorenzetti, ayant ainsi dérogé à la commande des Neuf, qui lui ont enjoint de concentrer exclusivement les meurtres, les vols et les dévastations sur le mur du *Mauvais gouvernement*, dans la ville en ruine et dans les campagnes arides et incultes, où les paroles de *Timor* se réalisent avec exactitude : « La justice a dû se rendre à Tyrannia / et donc nul ne passera par cette route sans périr. »

Aussi bien *Securitas* que *Timor* parlent avec insistance de routes parce qu'on estimait indispensable à la vie urbaine l'efficacité du réseau de communication, porteur de richesse et de vie, et qui devait donc être entretenu en parfait état et dégagé de tout danger, du moins dans la peinture et les règles statutaires. La commune tirait en effet un double profit de la circulation des marchandises, à travers le paiement de l'octroi et la disponibilité des marchandises en tant que telles. Les routes étaient indispensables à l'approvisionnement de la ville en denrées alimentaires et au ravitaillement de son marché. Les sources insistent tout particulièrement sur ce dernier point : la population, amassée dans l'espace restreint des remparts, jugeait l'accessibilité du réseau routier essentielle à sa propre survie. En l'absence de techniques de conservation, pour les grandes quantités de vivres, il était nécessaire que celles-ci affluent tous les jours des campagnes,

Fig. 19. Ambrogio Lorenzetti, *Le mercier ambulant,* détail du *Bon gouvernement. Les effets à la campagne,* fresque, 1338-1339, Sienne, Palazzo Pubblico, Sala della Pace.

Fig. 20. Ambrogio Lorenzetti, détail du *Bon gouvernement. Les effets à la campagne,* fresque, 1338-1339, Sienne, Palazzo Pubblico, Sala della Pace.

à toutes les saisons et indépendamment du temps qu'il faisait, malgré le froid ou la pluie. Les flaques se transformaient vite en étangs et la terre battue en un lit de boue infranchissable !

En 1290, on couvrit de briques toutes les rues de Sienne parce que les voies secondaires non carrelées déversaient de la saleté et de la boue (*sozzura et lutum*[39]) sur les voies principales, déjà « pavées » ou plutôt carrelées en briques[40]. Sur la fresque de Lorenzetti, nous voyons dans la partie des *Effets du bon gouvernement à la campagne*, de larges routes bien entretenues (fig. 20) qui divisent les champs et les collines comme un échiquier sinueux, exactement comme le prescrivait la magistrature de la voirie pour la ville de Sienne et pour la campagne qui l'environnait[41]. Au premier plan, une imposante caravane d'hommes et de mules, chargés de ballots de laine et d'étoffes, passe sur un joli pont en briques (fig. 21), à trois arches (il n'y avait donc pas que de simples constructions précaires en bois), et l'on aperçoit au loin d'autres ponts du même genre. La route qui conduit à la ville (fig. 22) est pavée et soutenue par un muret en pierres sèches aux abords des remparts ; des personnes et des animaux la parcourent dans les deux sens : des nobles qui se rendent à cheval à la campagne (à la chasse au faucon) et des paysans qui apportent en ville leurs marchandises (parmi lesquelles on remarque un porcelet à la bande de poil blanc, caractéristique de la race siennoise qu'on nomme aujourd'hui *cinta senese*). Ils marchent seuls, ou par petits groupes, conversant paisiblement, derrière des mules et des ânes dont les bâts sont chargés de sacs de farine ou de blé, alors qu'un mendiant aveugle, accroupi au bord de la route, montre ses orbites creuses et attend.

Le paysage est partout éclairé par le soleil : la ville de Sienne est joyeuse et pleine de lumière, c'est la ville du *Bon gouvernement*, de même que la vaste campagne est riante, rendue fertile par l'effort des travaux agricoles.

21

22

Fig. 21. Ambrogio Lorenzetti, *La caravane d'hommes et de mules passe sur un pont en briques,* détail du *Bon gouvernement. Les effets à la campagne,* fresque, 1338-1339, Sienne, Palazzo Pubblico, Sala della Pace.

Fig. 22. Ambrogio Lorenzetti, *La route pavée près des remparts de la ville,* détail du *Bon gouvernement. Les effets à la campagne,* fresque, 1338-1339, Sienne, Palazzo Pubblico, Sala della Pace.

Fig. 23. Beato Angelico, *Martyre de saint Marc pendant une violente averse de grêle,* détail du *Tabernacle des Linaioli,* détrempe sur bois, 1433, Florence, Musée de San Marco.

Fig. 24. *Pluie d'éclairs,* miniature, 1281-1284, détail des *Cantigas de Santa María* d'Alphonse X le Sage, Florence, Bibliothèque nationale centrale, ms. B. R. 20, f. 101r.

Travaux d'une année entière, qu'une seule averse de grêle pouvait mettre en péril, sinon détruire. La pluie de grains de glace (fig. 23) passait pour l'œuvre des démons, qui, avec cette arme, parmi les coups de tonnerre et les éclairs, donnaient libre cours à leur rancœur d'anges rebelles et vaincus. (La Vierge interrompit une fois, dans le temps indéterminé du miracle, une éruption de l'Etna, éruption que le miniaturiste a représentée comme une pluie d'éclairs, fig. 24[42].)

La demeure des diables est au ciel, à environ trois milles de la Terre, dans une couche d'air intermédiaire entre la couche limpide et tiède, voisine de la Terre, et la couche très chaude, la plus proche du soleil, expliquait le dominicain Giordano da Pisa dans un sermon inspiré par ce verset de la Genèse : « Au commencement, Dieu créa le ciel et la terre. »

> L'air du milieu, dit-on, est très froid, et sombre, et il est si froid que celui qui s'y trouverait ne pourrait d'aucune façon le supporter [...]. Et c'est là le lieu, à en croire les Sages, où sont engendrées les grêles et les neiges, et aussi les pluies [...]. Les saints disent que l'enfer des démons, leur domaine, se trouve dans cet air froid et ténébreux. C'est pourquoi une grande partie d'entre eux, disent les saints, se trouvent dans cet air-là, puisqu'il leur convient, n'étant pas dignes d'être dans l'air de la lumière, mais dans celui des ténèbres, car ils sont ténébreux ; et de même pour le froid, puisqu'ils sont tous laissés froids par l'amour de Dieu[43].

Contre le danger toujours menaçant d'orages et d'averses de grêle, on recourait aux amulettes pieuses. Le chroniqueur Opicinus de Canistris raconte, dans son apologie de Pavie de 1330, que le jour de la Sainte-Agathe, le 5 février, pendant la messe, et précisément à la lecture de l'Évangile : « Les petits garçons écrivent des brèves[44] où figurent les mots qu'écrivit l'ange de Dieu sur la tablette de marbre du sépulcre de cette vierge : "Esprit saint, spontané, honneur de Dieu et libération de la patrie." Ils déposent ces brèves dans les champs et dans les vignes pour les libérer du danger des tempêtes et de la grêle[45]. » Un an après la mort d'Agathe, une importante irruption volcanique, qui « descendait sur la ville [de Catane] comme un torrent impétueux qui faisait fondre les rochers et la terre[46] », fut miraculeusement arrêtée par le voile qui recouvrait le sépulcre de la martyre. C'est pour cette raison que sainte Agathe était un rempart efficace contre les forces incontrôlables de la nature. Dans une fresque anonyme de la fin du XIVe ou du début du XVe siècle du Palazzo Comunale de Lucignano[47] (fig. 25), Agathe tient dans une main une coupe qui contient ses seins coupés, attributs qui caractérisent son martyre, et dans l'autre un cartouche où se déploient les mots de l'ange.

L'épigraphe du messager céleste figurait souvent plus d'une fois sur les cloches. À titre d'exemple, la « brève » avait été gravée sur la cloche de 1239 du clocher de la basilique supé-rieure d'Assise[48], comme sur celle de 1438 de Foligno[49]. Les coups de cloche sacrés (fig. 26) provenant de la maison de Dieu auraient déjà dû à eux seuls mettre en fuite l'armée invisible des démons ; les cloches renforcées par les mots gravés sur le bronze se changeaient en amulettes invincibles. De fait, assurait et expliquait Guglielmo Durante[50] : « On sonne et l'on bénit les cloches afin qu'elles repoussent au loin les armées hostiles et tous les pièges de l'Adversaire, pour éloigner le fracas de la grêle, la trombe des ouragans, la violence des tempêtes et des éclairs, les coups de tonnerre menaçants, pour interrompre les tourbillons du vent, mettre en déroute et vaincre les esprits des tempêtes et les Puissances de l'air. » De même qu'un tyran est saisi par la crainte quand il entend la trompette de l'armée du puissant roi ennemi, conclut Guglielmo Durante, de même, les diables s'enfuient, en proie à la terreur, quand ils entendent sonner les trompettes de l'Église militante, c'est-à-dire les cloches[51].

Fig. 25. Anonyme, *Sainte Agathe et ses attributs,* fresque, xvᵉ siècle (?), Lucignano (Arezzo), Palazzo Comunale, Sala dell'Udienza.

Fig. 26. *Un mariage*, dessin colorié, xvᵉ siècle, extrait d'*Ésope en langue vulgaire*, Florence, Bibliothèque nationale centrale, ms. II, II, 85, c. 9r.

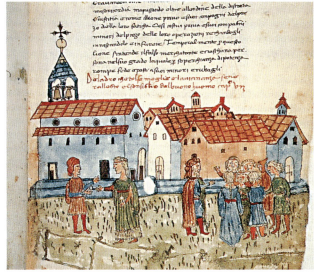

Chapitre III

À L'INTÉRIEUR DE LA VILLE

Vendre et acheter

Aujourd'hui aussi, les villes sont caractérisées par leurs bruits et leurs odeurs, les uns et les autres étant essentiellement le résultat de la circulation et de la pollution générale. On n'entend presque plus en revanche les voix des hommes ; personne ne chante plus, à moins d'être un peu désaxé ou excentrique ; et même les artisans qui, il y a quelque temps encore, sifflotaient ou chantonnaient en accompagnant leur travail, se taisent à présent, préférant écouter les voix et les musiques des autres, déjà gravées ; dans le meilleur des cas, c'est l'impatience qui les conduit à s'exclamer. Aucun poète n'entend aujourd'hui ses vers chantés dans la rue, comme Dante en fit plusieurs fois l'expérience. Un jour, à Florence, alors qu'il sortait de chez lui après le déjeuner et qu'il « passait par la porte San Pietro, [il entendit] un forgeron qui battait le fer sur l'enclume en train de chanter [ses sonnets] comme on chante une chanson, et [celui-ci] dénaturait ses vers, les estropiant et chan- geant la mesure, au point que Dante se crut profondément offensé par cet homme ». Sans dire un mot, le poète entra dans l'atelier, s'empara des tenailles, du marteau, des balances et de tous les outils et les jeta dans la rue. Aux vifs reproches du forgeron, qui se voyait soudain privé de ses instruments et frustré dans son métier, Dante répliqua : « "Toi, tu chantes mes sonnets et ne les dis pas comme je les ai faits ; moi, je n'ai pas d'autre métier et tu me le gâtes." Bouffi d'orgueil, ne sachant quoi répondre, le forgeron ramassa ses affaires et reprit son travail ; et lorsqu'il eut envie de chanter, il chanta [les légendes] de Tristan et de Lancelot, et laissa tomber Dante[1]. » Les représentations de ces deux derniers héros ne manquent pas au Moyen Âge : au musée du palais Davanzati, à Florence, se trouve une couverture (fig. 27) de fabrication sicilienne, de la fin du XIVe siècle, où sont brodées huit histoires de Tristan[2] ; et une miniature de Lancelot en train de se battre en duel est conservée, par exemple, dans un codex de la fin du XIIIe siècle, transcrit en Italie[3] (fig. 28).

Nous retrouvons une autre fois Dante à Florence, affublé de vêtements qui nous paraissent insolites bien que parfaitement conformes à la vie agitée de la ville, et bardé d'armes : « Portant le gorgerin[4] et le brassard d'armure, comme c'était alors l'usage », le poète aperçut un ânier qui transportait des ordures, « lequel marchait derrière son âne en chantant les sonnets de Dante, et quand il avait achevé un certain nombre de stances, il frappait son âne et disait : "Arri[5] !" » Dante vint à sa rencontre et lui flanqua sur les épaules un grand coup de brassard, en s'écriant : "Cet Arri-là, je ne l'ai pas mis dans mes vers" ». Un échange des plus vifs s'ensuivit, l'ânier tirant la langue et faisant des gestes obscènes, et Dante le couvrant de quolibets[6]. Le pauvre forgeron réprimandé et réduit à chanter uniquement « [les légendes] de Tristan et de Lancelot » témoigne de la diffusion des romans d'aventure non seulement dans les précieux manuscrits, souvent enluminés, mais encore dans les chansonniers des poètes ou dans de

Fig. 27. *Histoires de Tristan*, couverture brodée, XIVe siècle, Florence, Musée du palais Davanzati.

Fig. 28. *Le duel de Lancelot*, miniature, fin du XIIIe siècle, extraite du *Roman du roi Artus* de Rustichello de Pise, Paris, Bibliothèque nationale de France, 1463, f. 60v.

simples chansons, ce qui explique pourquoi ces héros aboutirent dans les fresques des riches maisons bourgeoises. À Florence, l'histoire de Tristan et Iseult avait été peinte dans la maison du XIVᵉ siècle des Teri[7]; l'« histoire de la Dame de Virzir [*sic*] et de messire Guillaume », traduite en rimes florentines au XIVᵉ siècle d'après le roman français de *La Châtelaine de Vergy*[8], fut peinte dans la chambre à coucher de l'actuel palais Davanzati – où elle est encore conservée – pour le mariage de Francesco Tommaso Davizzi avec Catalana degli Alberti en 1395 (fig. 29).

Il n'est pas jusqu'aux cris des merciers ambulants qui n'aient disparu de nos villes, avec leurs marchandises dont raffolaient les femmes, et aussi les hommes pour les offrir à leurs bien-aimées : « La mercière avec son tamis fait sonner ses grelots et va trimbalant ses bijoux, ses bagues et ses broches ; elle crie : "Des serviettes de toilette, en voulez-vous ? Achetez ces nappes[9] !" » Jean Ruiz, archiprêtre de Hita, qui décrit cette femme, devait bien la connaître et compter parmi ses fidèles clients : il promet à une bergère un médaillon, une broche et un sac en lapin ; à une « monta-gnarde », comme cadeau de mariage improbable, un mouchoir en drap vermeil, un joli tambourin, six anneaux en étain, des penden-tifs, une boucle en cuivre et un voile jaune. Pour conquérir de grandes dames, des présents plus précieux étaient nécessaires et par conséquent « pas de draps ni de ceintures, pas de chapelets d'ave Maria ni de colliers, pas de bagues ni de gants[10] ».

Converser et discuter

On passait beaucoup de temps dans la rue, entre voisins. Un vieux mari parisien nous fournit une description de ce genre de vie. Pour instruire sa jeune épouse, il lui expose le modèle exem-plaire de vertu conjugale de Lucrèce, la dame romaine, et pour

Fig. 29. *L'épouse du duc Guernieri joue aux échecs avec le chevalier Guillaume et tente de le séduire,* détail des fresques du cycle de la *Châtelaine de Vergy,* fin du XIVe siècle, Florence, Musée du palais Davanzati.

rendre son récit plus vif et plus piquant, il lui raconte le retour imprévu de Rome de son mari Collatin et de ses compagnons, qui avaient été retenus jusqu'alors au loin par le siège d'une ville. Ces hommes de l'Antiquité évoluent dans une réalité parfaitement médiévale : à leur arrivée, ils trouvèrent leurs femmes en train de bavarder ou bien de jouer aux cartes ou à d'autres passe-temps, ou encore occupées à badiner avec leurs voisines. « Celles qui avaient dîné ensemble chantaient ou racontaient des fables et des histoires, ou bien elles s'amusaient en jouant de petites comédies. D'autres encore étaient dans la rue, à bavarder avec leurs voisines, jouant à colin-maillard et à d'autres jeux encore. Seule Lucrèce restait chez elle, dans le coin le plus secret de sa demeure, une grande pièce éloignée de la rue, en compagnie de femmes qui travaillaient la laine. Seule, elle était assise à l'écart, à une certaine distance des ouvrières, tenant son livre avec dévotion. Le visage baissé, elle récitait les Heures, pieuse et très humble[11]. »

Les commerçants et les artisans possédaient pour la plupart une boutique dans la maison où ils habitaient, au rez-de-chaussée, et ils exposaient leurs produits dans la rue, sur des comptoirs, en bois ou en maçonnerie, qui faisaient corps avec la maison. Afin d'utiliser au maximum l'espace disponible, la boutique était elle-même pourvue d'échafaudages pour emmagasiner les marchandises, déposer les outils, ou même, parfois, faire dormir les apprentis.

Dans une nouvelle animée de Sacchetti, on voit bien la contiguïté de la maison et de la boutique, ainsi que la manière de travailler en série des peintres, dont les œuvres, dans une salle de musée ou dans l'atmosphère recueillie d'une église, semblent aujourd'hui, aux yeux du visiteur ou du dévot, uniques et particulièrement inspirées. Un peintre siennois, Mino, était trompé par sa femme. Un jour, son travail le retient en dehors de la ville pour la nuit, et l'amant en profite. Un proche parent du peintre, au courant de la liaison, veut aussitôt prévenir la victime, mais il n'était guère facile de sortir de la ville dans l'obscurité : le parent en question doit assurer les gardes qu'il aura tôt fait de regagner la ville et les convaincre de laisser le « guichet » (la porte la plus petite) ouvert. Mino rentre en ville et, une fois chez lui, se met à chercher partout sa femme et son amant, mais celle-ci avait trouvé une cachette très spéciale.

> Mino était surtout peintre de crucifix, spécialement de crucifix sculptés en ronde-bosse ; et il en avait toujours chez lui, tantôt quatre, tantôt six, les uns achevés, les autres en train (fig. 30). Il les mettait, comme font tous les peintres, sur une table ou plutôt un établi très long, dans sa boutique, appuyés l'un à côté de l'autre et couverts chacun d'un grand torchon ou de tout autre linge. En ce moment il en avait six, quatre taillés et sculptés, deux peints à plat ; tous étaient sur un établi haut de deux brasses, appuyés l'un à côté de l'autre au mur, et chacun couvert d'un grand torchon ou d'un linge de toile[12].

L'amant devient ainsi le septième crucifix, vivant, couvert par le linge de toile : il peut espérer passer inaperçu puisque les artisans du XIVe siècle avaient coutume d'être à la fois peintres et sculpteurs ; et il y avait tant de poussière dans la boutique, à force de scier, de sculpter et de marcher sur les couleurs, qu'il fallait redoubler de précautions pour protéger les travaux en cours. Cette nuit-là, Mino ne trouva pas sa proie, mais l'amant resta prisonnier dans la pièce. « Cette boutique avait sur la rue une porte que l'on fermait à clef de l'extérieur et qu'un garçon, qui travaillait avec ledit Mino, ouvrait le matin, comme toutes les autres boutiques ; du côté de la maison se trouvait une petite porte, par où entrait Mino ; et quand il en sortait et rentrait chez lui, il la fermait à clef[13]. » L'amant ne pouvait donc s'échapper parce que la porte qui donnait sur la rue avait été fermée de l'extérieur par l'apprenti ; il ne pouvait non plus entrer dans la maison parce que Mino, qui

Fig. 30. *Artiste dans son atelier*, miniature, 1470 environ, d'après Boccace, *Des clères et nobles femmes*, New York, New York Public Library, Spencer Collection, ms. 33, f. 37v.

Fig. 31. Agnolo Gaddi, *Femmes au balcon parmi des vases et des herbes odoriférantes*, fresque, seconde moitié du XVe siècle, d'après *La légende de la Sainte Ceinture*, Prato, Duomo, chapelle du Sacro Cingolo.

était sorti de la boutique par la petite porte intérieure permettant d'accéder à la maison, l'avait fermé à clef derrière lui[14].

Le manque d'espace à l'intérieur incitait les habitants à s'étaler à l'extérieur ; les rues se faisaient de plus en plus étroites et de plus en plus animées, car devant les étals, les chalands, hommes et femmes, s'arrêtaient pour acheter, marchander, discuter ou même interpeller un cousin ou un voisin qui montrait la tête à la fenêtre d'un étage supérieur. On pourrait dire que les hommes et les choses cherchaient désespérément dehors de l'espace et de la lumière. Les femmes aimaient se mettre à la fenêtre ou au balcon (fig. 31), ou bien s'asseoir dans les loggias, pour travailler à leur ouvrage ou s'occuper de leur chevelure[15]. Le linge séchait sur la façade, attaché aux barres des portes et des fenêtres ; sur ces mêmes barres extérieures voletaient les rideaux destinés à abriter les chambres du soleil (pour économiser l'espace, on ne les accrochait pas comme aujourd'hui à l'intérieur). Pendant la journée, la cage à oiseaux était suspendue à un clou dans l'embrasure de la fenêtre, et quantité d'autres objets ou denrées pendaient, accrochés à des traverses, des crochets et des chaînes, toujours sur les murs extérieurs (fig. 32). On posait des vases et des pots de fleurs et d'herbes odoriférantes sur les corniches et sur les rebords des fenêtres, sur les terrasses et même sur les toits de tuiles en pente ; certains vases, en équilibre pour le moins précaire, d'autres calés sur des étagères ingénieuses aux pieds mobiles, comme de petits jardins potagers aériens (fig. 33). Dans la fresque du *Bon gouvernement* de Lorenzetti, outre nombre des détails que nous venons d'évoquer – on voit même un chat se déplacer d'une pièce à l'autre, préférant se promener le long d'une barre extérieure –, figurent les deux étals d'un aubergiste-charcutier et l'établi d'un cordonnier[16] (fig. 34). Le premier a suspendu des saucisses et de la viande séchée, bien salées et qui donnent soif, à une barre qui repose sur deux consoles fixées à la façade ; sur l'étagère, on

Fig. 32. *Maisons à plusieurs étages pourvues de barres aux fenêtres*, détail de *La résurrection de Tabitha et la guérison du paralytique* de Masolino et Masaccio, fresque, fin du XVe siècle, Florence, Santa Maria del Carmine, chapelle Brancacci.

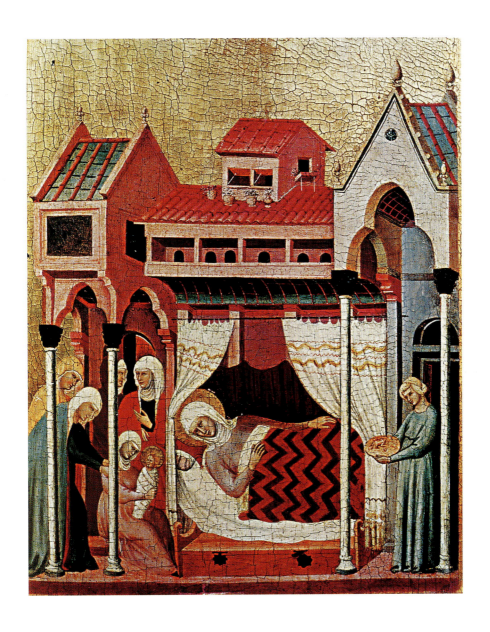

Fig. 33. Maestro della Madonna Cini, *Nativité de la Vierge*, huile sur bois, XIVᵉ siècle, Lausanne, Musée cantonal des Beaux-Arts.

distingue des pichets, des verres, des bouteilles et un tonneau ; le second a en revanche posé sur la même barre des chaussettes à semelles[17] alors que des souliers, certains montés sur des formes, d'autres en phase de fabrication, ainsi que les instruments du métier, sont éparpillés sur l'établi. On voit encore aujourd'hui des boutiques médiévales de ce type à Spoleto[18] (fig. 35).

Dans la rue, on pouvait acheter du poisson, que l'on conservait vivant dans des bacs spéciaux (fig. 36), de la viande (fig. 37), des légumes et du pain, mais on y proposait aussi des meubles, des ustensiles de cuisine et des étoffes, bref, un peu n'importe quoi. Dans la célèbre miniature (fig. 38), du début du XVe siècle, qui représente le marché de Porta Ravegnana à Bologne, on aperçoit un riche assortiment de marchandises. De haut en bas, par terre et sur les étals, sont éparpillés des marmites et des poêles, des étoffes, des coffres, des seaux et des baquets, une chaise percée assez élaborée, des chenets de cuisine, une petite grille et un chaudron pour le feu, d'autres étoffes, des vêtements déjà confectionnés, des couvre-chefs de diverses formes, des piles de peaux tannées et des tonneaux.

Comme il était très difficile de conserver la nourriture, on devait l'acheter en petite quantité et tous les jours. Un flux quotidien de marchandises et de personnes animait la ville. Si l'on était fatigué, on pouvait s'asseoir sur les bancs de pierre conçus à cet effet, à l'abri des maisons (fig. 40). Une évocation de l'harmonie de la vie urbaine anime la nouvelle de Boccace dont le protagoniste est Cisti, que « la fortune avait fait boulanger, bien qu'il fût doué d'une âme très haute » (fig. 41). Cisti voyait passer tous les jours devant sa boutique des personnalités de haut rang, dont « messer Geri et les ambassadeurs du pape ; et la chaleur étant extrême, il pensa que ce serait une grande courtoisie de leur donner à boire de son bon vin blanc ». Cisti n'ose pas le leur proposer explicitement, étant donné la différence de classe sociale, mais il fait en sorte que ce soient les nobles passants qui demandent eux-mêmes qu'on étanche leur soif. « Ayant endossé une veste parfaitement blanche, et mis devant lui un tablier sortant de la lessive, qui lui donnaient plutôt l'air d'un meunier que d'un boulanger, il se faisait porter devant sa porte, tous les matins à l'heure où il savait que messer Geri et les ambassadeurs devaient passer, un seau tout neuf plein d'eau fraîche, et un pichet bolonais, neuf aussi, de son bon vin blanc, ainsi que deux verres qui semblaient d'argent tant ils étaient brillants. » S'étant assis, il commençait à boire quand enfin messer Geri, à qui l'envie était venue, demanda à goûter, avec ses amis, ce vin qui paraissait si bon. Cisti, « ayant fait sur-le-champ apporter un beau banc hors de la boutique, les pria de s'asseoir » ; puis, « ayant lavé lui-même quatre beaux verres tout neufs, et ayant fait venir un petit pichet de son bon vin, il s'empressa de verser à boire à Messer Geri et à ses compagnons[19] ».

Les hommes aimaient rester dans la rue et sur les places, pour parler affaires, faire des achats, converser et discuter. Et il pouvait arriver qu'un simple rat mette la pagaille, comme le constata à ses dépens Matteo di Cantino Cavalcanti un jour de juillet à Florence. Il faisait si chaud que cet homme gras et vieux avait descendu ses bas jusqu'aux genoux et il portait une large culotte « à l'antique, aux jambes en forme de cloche », c'est-à-dire dont le bas allait en s'évasant. « Alors qu'un cercle de gentilshommes et de marchands s'était formé sur la place du Nouveau Marché pour écouter des nouvelles, et que ledit Matteo se trouvait dans ce cercle, une bande de jeunes gens, de ceux qui servent de commis auprès de banquiers, vint à passer par hasard, avec un piège où un rat avait été pris ; et, avec leur cage à la main, ils s'arrêtèrent au milieu de la place. » Ces jeunes garçons, qui ne sont déjà plus libres de jouer puisque des agents de change les emploient, veulent s'amuser un instant à poursuivre le rat ; ils ouvrent la cage et l'animal, terrorisé, se réfugie dans le pantalon

Fig. 34 (en haut). Ambrogio Lorenzetti, *Artisans qui exposent leurs marchandises sur des étals*, détail du *Bon gouvernement. Les effets en ville*, fresque, 1338-1339, Sienne, Palazzo Pubblico, Sala della Pace.

Fig. 35 (à gauche). *Boutiques médiévales de la « Stradetta » à Spolète,* Spolète, via del Palazzo dei Duchi.

Fig. 36. *La vente du poisson*, miniature, fin du XIVe siècle, d'après le *Décaméron* de Boccace, IX, 8, Vienne, Österreichische Nationalbibliothek, ms. 2561, f. 340v.

Fig. 37. *La boutique du boucher,* miniature, fin XIVe siècle, extraite du *Tacuinum Sanitatis*, Rome, bibliothèque Casanatense, ms. 4182, f. CXXXVIII.

Fig. 38 (page suivante). *Le marché de Porta Ravegnana à Bologne*, miniature du début du XVe siècle, extraite du *Matricolae Societatis Draperorum*, n° 93, Bologne, Musée municipal.

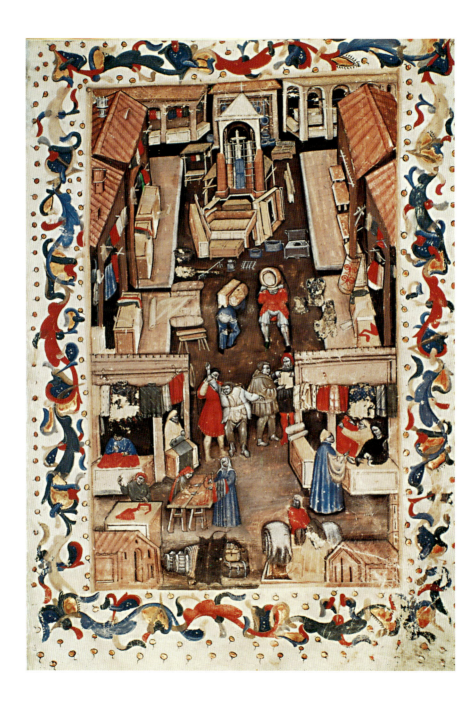

de Matteo, semant le désordre. Sacchetti déclare alors qu'il suffit d'un rien pour effrayer un homme, si fier et distingué qu'il se veuille ; « il descendra sa culotte à cause des puces, et qu'un rat l'assaille et le voilà hors de soi[20] » : les puces et un rat, détails qui troublent l'image de « gentilshommes et marchands » assis convenablement pour discuter de choses sérieuses !

Ce qui réunissait aussi les hommes, si souvent éloignés de leur ville pour affaire ou parce qu'on les en avait bannis, c'était la nostalgie : « Comme j'étais, moi qui parle, dans la cité de Gênes, il y a quelques années, je me trouvai sur la place du Marché au milieu d'une réunion de braves gens de tous pays ; il y avait là messire Giovanni dell'Agnello et quelqu'un de ses parents, des Florentins bannis de Florence, des Lucquois qui ne pouvaient rentrer à Lucques, des Siennois à qui il était défendu de demeurer à Sienne ; il y avait aussi quelques Génois. On se mit à parler de ces choses dont le plus souvent se repaissent à vide ceux qui sont exilés de chez eux, c'est-à-dire de nouvelles, de bourdes, d'espérances et enfin d'astrologie[21]. »

Cloches et « clameur »

Aujourd'hui, dans les villes, les enfants ne jouent plus au grand air, et l'on n'entend presque plus leurs cris ni leurs pleurs dans les rues. Les cloches (fig. 39) aussi se taisent, et elles ne retentissent plus guère que le dimanche, mais au loin.

Au Moyen Âge, en revanche, les cloches étaient essentielles à la vie urbaine ; elles scandaient de leurs coups le jour et la nuit, annonçaient les assemblées politiques et les fêtes : un « grand concert de cloches et de trompettes », remarque, content de sa formule, Marchionne di Coppo Stefani dans sa *Chronique florentine*[22]. Mais elles signalaient également le danger immédiat d'un incendie ou d'une émeute : pendant la période agitée de la révolte des Ciompi, une bande de Siennois se rendit à cheval à Figline (Florence), mais trouvant la porte de la ville close, « fit demi-tour ; et, les uns serrés contre les autres, saisis par la peur, ils passèrent par les bois pour regagner Gaiuole [Sienne]. Mais il eût suffi qu'une cloche retentisse derrière eux pour qu'ils meurent sur-le-champ », commente sarcastiquement le même Marchionne[23]. À Florence, en 1307, la Commune punit les moines de la Badia Fiorentina[24] en démolissant leur clocher à partir de ses fondations (« et destruction de près de la moitié de la partie supérieure ») « parce qu'ils avaient sonné les cloches » et fait accourir en leur faveur le « *popolo minuto* » et des « brigands », déclenchant une bagarre « des plus furieuses[25] ». Pendant la « Guerre des Huit saints », en 1377, la ville de Macerata avait été assaillie plus d'une fois par les troupes de Lutz von Landau, un condottiere allemand. Une nuit, un terrible orage boucha les égouts et inonda les maisons. Prise soudain au piège des eaux qui allaient la submerger, une femme se mit à crier : « Qu'un homme vienne à mon secours ! » Cet appel à l'aide fut à l'origine d'une panique générale, les habitants, mobilisés par le son des cloches, s'étant persuadés de l'arrivée imminente de l'ennemi. C'est le sujet d'une nouvelle de Sacchetti ; il nous importe peu de savoir si cet épisode est authentique : tout le monde faisait alors l'expérience de l'alarme dans une ville.

> À cette clameur, le mari accourut pour aider sa femme ; la lumière s'éteignit et il se retrouva dans l'eau, et une fois dans l'eau, il se mit à crier : « Qu'un homme vienne à mon secours ! » Les voisins, entendant cette clameur, descendirent l'escalier pour voir de qui il s'agissait, mais une fois sur le seuil de leur porte, ils ne purent sortir, tant il y avait d'eau dans les rues et dans les maisons. De sorte qu'ils se mirent à leur tour à crier, croyant qu'il s'agissait du déluge. Le gardien qui se trouvait là commença à appeler les gardes ; quand il

Fig. 40. *L'escalade de l'amant* : on remarquera les bancs de pierre près du portail, miniature, fin du XIVᵉ siècle, d'après le *Décaméron* de Boccace, III, 3, Paris, Bibliothèque de l'Arsenal, ms. 5070, f. 103v.

Fig. 39. *Le sonneur à l'œuvre*, miniature, moitié du XIIIᵉ siècle, extraite de la *Vie de saint Auban* de Matthew Paris, Dublin, Trinity College, ms. 177, fol. 63.

Fig. 41. *L'amabilité de Cisti le boulanger*, miniature, fin du XIVᵉ siècle, d'après le *Décaméron* de Boccace, VI, 2, Paris, Bibliothèque de l'Arsenal, ms. 5070, f. 223v.

entendit la clameur, il appela le chancelier et les prieurs, et leur dit qu'à la porte de San Salvador, on criait « Alerte, alerte ! » Et les prieurs disaient : « Mais entendez-vous ce qu'il dit ? » Et le gardien leur dit : « Ils crient que l'ennemi est dans la ville. » Les prieurs répondirent : « Sonne, carillonneur, sonne l'alarme ; tire la cloche ! » Le sonneur commença à sonner l'alarme. Les gardes, qui se trouvaient sur la place, donnèrent l'alarme, et se rendirent aux entrées des rues qui donnaient sur la place, y attachant les chaînes, en criant : « Alerte, alerte ! » Au son des cloches, tous les habitants sortirent armés dans la rue, croyant que le comte Lutz les assaillait ; et une fois sur la place, ils découvrirent que les gardes étaient en train de tendre les chaînes ; lesquels criaient : « Qui va là ? Qui va là ? » ; et certains criaient : « Vive messire Ridolfo ! » ; et d'autres répliquaient : « Nous sommes des amis, des amis ! » ; et la clameur était telle que l'on ne s'entendait plus, toute la population étant réunie avec ses armes sur la place, attendant que l'ennemi surgisse d'un instant à l'autre, même si beaucoup disaient que l'ennemi était déjà là, qu'il était à la hauteur d'une église qui s'appelle San Giorgio, laquelle est à mi-chemin de la porte à la place.

Les auteurs de cette « clameur » et de la pagaille générale qui s'ensuivit n'étaient autres que le sonneur et ses cloches qui sonnaient l'alarme et mettaient les habitants sens dessus dessous, « comme abasourdis et ivres[26] ».

Mais le métier de sonneur n'était pas si simple. À Florence, pendant dix-sept ans, personne n'était parvenu à faire sonner à toute volée « la grande cloche du peuple de Florence », bien qu'une douzaine d'hommes eussent mis leurs forces en commun pour la tirer. Heureusement, en 1322, arriva « un subtil maître sonneur de Sienne », qui y parvint ; et même, grâce à son « subtil et excellent artifice », deux hommes suffirent pour mettre la cloche en branle et un seul pour la faire sonner à toute volée, malgré son poids : « plus de XVII^M livres[27] ».

Les cloches établissaient avant tout la fin de la journée : à Città di Castello, le « *tintinabulum* » sonnait le soir sur l'ordre du capitaine du peuple « pour dissiper le doute qu'on fût le jour ou la nuit [...] ; et après qu'il eut sonné, on savait que c'était la nuit, et avant, on était sûr que c'était le jour[28] ». La cloche du soir devait sonner trois fois et suffisamment longtemps pour que chaque habitant puisse rentrer chez lui, quel que fût l'endroit où il se trouvait dans la ville ; après le troisième coup, il fallait qu'elle sonne encore trois fois, et alors personne ne pouvait plus circuler dans la ville ou être hors de chez soi. Quand la grosse cloche de la commune avait sonné ensuite cinq fois à coups de marteau, il fallait couvrir soigneusement le feu à domicile ou bien l'éteindre[29], afin d'éviter les incendies qu'une autre cloche aurait annoncés, en cas de nécessité : la cloche du Palais du Podestat, qui sonnait à toute volée[30]. Non qu'on pût y faire grand-chose, avec la meilleure volonté du monde : sur cette miniature qui représente la ville de Berne dévorée par les flammes (fig. 42), l'empilement des échelles les unes sur les autres, la faible capacité des seaux, les rares baquets et la désorganisation frénétique des hommes qui se gênent à tour de rôle montrent bien, en dépit de la proximité de la rivière, que le feu est indomptable[31] et qu'il va l'emporter. Plutôt que sur les forces humaines, il fallait compter, à supposer que cela fût possible, sur l'aide des saints, comme le montre un détail du retable de sainte Fine, victorieuse contre les flammes qui détruisent sa maison (fig. 43).

Le langage des cloches était rigoureusement codifié. Le glas, par exemple, sonnait lugubrement pour annoncer l'agonie d'une personne « de sorte que le peuple, en entendant ces coups, se recueille pour prier[32] » : s'il s'agissait d'une femme, il sonnait deux fois, pour un homme trois fois, et pour un clerc « autant de fois qu'il avait eu d'ordres au cours de sa vie ». Des oraisons, mais aussi des commentaires sur les mérites et les démérites du

O man von der gepurt cristi zalt ᷓͤ
ᷓͤᷓᷓᷓᷓᷓᷓᷓᷓᷓ vͤ Jar Jst die Statt Bernn
aber verbrunnen von der Crützgassen
vntz an den stalden / damit emp sich aber
not vnd arbeit / das arm lüte widerumb morchten
gebuwen

Fig. 42. *L'incendie de Berne*, miniature, 1480-1485, extraite de la *Spiezer Bilder Chronik* de Diebold Schilling, Berne, Burgerbibliothek, ms. hist. Helv. I, 16, f. 136.

moribond se mêlaient sans doute aux pensées adressées à ceux qui restaient, à l'émotion que suscitait l'arrivée imminente du jugement divin auquel allait être soumis le mourant, et que tout le monde connaîtrait tôt ou tard : la solidarité de la vie urbaine ne cessait pas pour autant au moment où l'on est le plus seul.

Les derniers instants étaient décisifs, quand le diable et l'ange luttaient à côté du lit pour saisir l'âme qui sortait de la bouche de l'agonisant avec son dernier souffle. « Je suis désolé parce qu'il ne m'appartient pas » (*Doleo quia non est meus*), murmure le diable vaincu devant Michel aux grandes ailes déployées, voyant que la balance ne penche pas de son côté et que le vainqueur est saint Pierre, descendu pour « dénouer », puisqu'il en a le pouvoir, la corde des poignets de l'homme étendu sur son lit de mort, comme on le voit sur un carreau de la façade de l'église de San Pietro à Spoleto (fig. 44). Sur le carreau qui se trouve juste au-dessous (fig. 45), le Malin est vainqueur, afin que le fidèle ne se départe pas de la crainte salutaire du sort qui lui est réservé. Michel s'enfuit, la balance penche du côté des péchés, un diable s'est assis à califourchon sur le mourant ; le prisonnier, dont les poignets sont étroitement liés par la corde, oppose une résistance désespérée au second démon qui, avec un plaisir manifeste, le tire, lui attrapant les cheveux dressés par l'effroi. À côté, la conclusion inéluctable : le puits infernal[33] engloutit le damné, expédié en bas la tête la première et dont on n'aperçoit plus désormais que le frétillement des jambes[34].

Le temps que scandaient les cloches était celui de l'à-peu-près ; mais même lorsqu'elles furent remplacées par la grande horloge hissée sur la tour du Palazzo Comunale – à Sienne en 1359[35] –, la division des heures ne se fit pas plus régulière pour autant : les statuts mentionnent sans cesse la nécessité de « tempérer l'horloge » pour essayer de régler ces heures toujours trop rapides ou trop lentes, que sonnent parfois des automates, pour l'admiration

Fig. 43. Lorenzo di Niccolò di Pietro Gerini, *Sainte Fine éteint un incendie*, détail du *Retable de sainte Fine*, 1402, San Gimignano, Musée municipal.

Fig. 44-45. *La mort de l'homme bon et la mort du pécheur,* sculptures, dernier quart du XIIᵉ siècle, Spolète, église de San Pietro.

du public ; mais à Brescia, aujourd'hui encore, on appelle ceux de la Tour de l'Horloge : « *I matti delle ore* » (les fous des heures). Toujours à titre d'exemple, en 1460, les statuts de Corciano stipulent qu'il est obligatoire de : « faire venir un maître sonneur, lequel doit prendre tout particulièrement soin de ladite horloge, bien et soigneusement s'en occuper et la tempérer[36] ».

Les cochons éboueurs

Une fois franchie la porte des remparts de notre ville médiévale, diverses odeurs nous saisissent au nez, certaines franchement désagréables ; nous entendons des cris d'animaux, des charrettes qui bringuebalent, des chevaux qui piaffent, des cloches qui sonnent et les voix des habitants : les bruits et les odeurs ne sont pas les mêmes selon les places, les jours ouvrables ou fériés.

On passait alors, nous l'avons dit, une grande partie du temps au grand air, étant donné l'étroitesse des maisons et des boutiques : tout le monde se connaissait, et le repos alternait avec les conversations sur le banc de pierre, devant la porte (fig. 40), théâtre des confidences paisibles ou des boutades piquantes ; une coutume que connaissait bien Sacchetti : « Après avoir dîné, une fois dehors, comme ledit Salvestro avait une femme tout aussi aimable que lui, qui s'appelait Friolana, et que celle-ci se trouvait ce soir-là à sa fenêtre, et comme de nombreux voisins se trouvaient sur un banc au bas de chez lui, selon la coutume, et que certains étaient bien rassasiés, et comme je me trouvais, moi, écrivain, parmi eux, on se mit à discuter[37]… » Dehors, on écoutait les sermons et les nouvelles ; on assistait aux spectacles des jongleurs et des animaux dressés, aux punitions des coupables, souvent atroces.

Pour faire circuler les nouvelles, il existait plusieurs catégories de « professionnels de la voix ». À commencer par les hérauts de la commune qui mettaient à exécution, dès qu'ils les proclamaient, les mesures que prenait la commune : bans contre les rebelles et contre les habitants indignes, condamnés à l'exil, sentences et condamnations. Le héraut à cheval appelait l'attention des habitants au son de la corne ou de la trompette[38]. Il y avait ensuite les coursiers de la commune qui transmettaient les communications des magistratures à tous les habitants, ou qui, en échange d'une rétribution, se chargeaient de remettre la correspondance entre particuliers : comme les rues n'avaient pas d'adresse, pour envoyer une lettre, il fallait à chaque fois recourir à un homme qui fût un expert des lieux où celle-ci devait être remise[39]. Il y avait aussi les « crieurs » et les messagers ordinaires ; ceux-ci n'étaient pas préposés aux bureaux, mais on pouvait les trouver dans la rue ou dans les tavernes à la disposition du public. Il s'agissait souvent d'hommes de condition misérable, qui vivaient d'expédients, aimant boire et jouer. Dans son excellent ouvrage du début du XIVe siècle, *Le Livre du jeu d'échecs* (*De ludis scacchorum*), métaphore du monde et des classes sociales, le moine dominicain Jacques de Cessoles imagine le pion qui représente les ribauds et les joueurs comme un homme « à la chevelure hirsute et ébouriffée ; il tient dans la main droite quelques pièces de monnaie, dans la gauche trois dés ; attaché à une corde qui lui tient lieu de ceinture, un sac plein de lettres » (fig. 46). Le petit nombre de pièces et la « *corda pro cingulo* » sont censés rappeler que le vice du jeu conduit à la pauvreté et incite au vol. Les dés évoquent la mauvaise compagnie et une vie pleine de péchés ; ces joueurs sont en effet, selon notre moine dominicain, des escrocs et des amateurs de prostituées. À ces joueurs, messagers et vagabonds, le moine recommande de ne pas boire de vin ni de manger avec excès, de ne pas être trop curieux quand ils arrivent dans une ville qui leur est inconnue. Le temps n'est plus seulement le temps de l'Église, le temps gratuit du Seigneur, mais le temps précieux du marchand[40] : de fait, une lettre qui n'arrive pas à temps peut faire perdre ce qu'elle aurait pu rapporter (« *lucrum in mercatura* ») ou être à l'origine de retards catastrophiques[41].

À Sienne, sur la piazza del Campo, à côté de la « *baratteria* », c'est-à-dire du tripot public[42] et du marché au poisson, on trouvait le service de la Propreté publique. Celui qui remportait l'adjudication de la gabelle relative à ce service avait également le droit de devenir crieur officiel. Nous lisons que le 9 octobre 1296, le concours pour l'adjudication de la gabelle en question avait été « *publice preconicçata* », autrement dit annoncé publiquement, par un héraut de la commune, trois fois de suite et trois jours différents dans toute la ville. Le plus offrant, et par conséquent le vainqueur de l'adjudication, reçut de la part de la commune de Sienne le droit de collecter, pendant un an environ, « toutes les ordures, le fumier et les déchets de la piazza del Campo et des rues adjacentes à cette même place » ; il obtenait en outre, pour la même durée, « le droit de crier et de mettre en vente des ânes et des chevaux », d'énumérer les choses égarées, les jours de fête et les bailliages, les noms des magistrats et des médecins ; et enfin le droit d'avoir, sur cette même piazza del Campo, toujours pour la durée d'un an, « une truie et quatre petits cochons afin qu'ils ramassent et mangent tous les déchets susmentionnés[43] ». Cette disposition nous donne tout de suite une vive idée de l'état des places et des rues où passaient des vaches, des chevaux, des ânes et des mules, mais aussi des troupeaux de moutons et de chèvres, y laissant leurs déjections fumantes, que piétinaient les poules et les oies. Quant aux porcs qui faisaient office d'éboueurs, élevés gratuitement puisqu'ils se goinfraient des ordures du marché, ils ne manquèrent pas de laisser à leur tour des souvenirs tangibles. Mais il n'y avait pas que les cochons qui déambulaient en toute liberté (fig. 47). Les « cochons de saint Antoine », comme on les appelait, jouissaient ainsi d'une condition privilégiée et ils étaient libres de se promener à leur gré en ville[44]. La dévotion à saint Antoine tenait sans doute au fait que, à la fin du XIe siècle, dans la France méridionale, la guérison d'un des nombreux cas d'ergotisme fut attribuée aux reliques du saint qu'on y avait apportées environ un demi-siècle auparavant. L'ergotisme, dont les symptômes sont convulsifs, et qu'on nommait alors « feu sacré », « mal des ardents » ou « feu de saint Antoine » (à ne pas confondre avec la maladie à laquelle on attribue aujourd'hui communément le même nom, à savoir le zona, dû au virus de l'*herpes zoster*), était provoqué par la consommation de seigle « ergoté », c'est-à-dire contaminé par un champignon vénéneux[45]. On invoquait également saint Antoine contre la peste, en même temps que saint Roch, qui avait lui-même été victime de la peste, et de saint Sébastien. Les lésions sur le corps des malades rappelaient en effet les nombreuses blessures du corps de Sébastien, condamné, dans l'une des phases de son supplice, à être transpercé de flèches (fig. 48). Qu'il ait survécu miraculeusement faisait espérer aux malades que le saint leur viendrait en aide, s'ils l'invoquaient, pour résister à l'assaut de la maladie. Le lien entre saint Sébastien et la peste est renforcé par l'autorité des Saintes Écritures. Tout au long du Moyen Âge, la propagation de l'épidémie fut vécue comme le déchaînement de la colère de Dieu, que l'on comparait à des flèches décochées par un arc (Psaume 7, 13). Dans l'*Apocalypse* (6, 1-8), l'un des quatre cavaliers est muni d'un arc et de flèches : guerre, disette, épidémie et mort sont leurs fléaux. La présence de saint Antoine, de saint Roch et de saint Sébastien nous signale que l'endroit où ces images furent réalisées avait été touché par l'ergotisme et la peste, et nous permet ainsi de lire l'histoire des maladies qui frappaient le plus souvent les hommes dépourvus d'un remède aussi puissant que leur foi.

Fig. 46. *Le courrier joueur*, miniature, 1458, extraite de *De ludis scacchorum* de Jacques de Cessoles, Rome, Bibliothèque vaticane, Pal. Lat. 961, f. 51v.

Fig. 47. *Un troupeau de moutons et un cochon entrent à Paris*, miniature, 1317, extraite de *Vie et martyre de Saint-Denis* d'Yves, moine de Saint-Denis, Paris, Bibliothèque nationale de France, ms. Fr. 2091, f. 1.

Fig. 48. Giovanni del Biondo,
Le supplice de saint Sébastien,
détrempe sur bois,
seconde moitié
du XIVᵉ siècle,
Florence,
Musée de l'Œuvre
de la cathédrale.

Les « cochons de saint Antoine » figurent dans deux nouvelles de Sacchetti :

> Ceux qui connaissent Florence savent que le premier dimanche de chaque mois, on se rend à San Gallo ; et les hommes et les femmes y vont de concert avec plaisir plutôt que pour s'y faire pardonner. C'est ainsi qu'un de ces dimanches, Giotto se mit en route en joyeuse compagnie ; s'étant arrêté un instant dans la via del Cocomero pour y raconter une histoire, des cochons de saint Antoine vinrent à passer et l'un d'eux, qui courait en toute hâte, passa entre les jambes de Giotto de telle sorte qu'il le fit tomber par terre. Lequel, une fois relevé avec l'aide de ses camarades, épousseta ses habits, mais ne fit aucun reproche aux cochons, ni ne leur lança la moindre imprécation ; mais il se tourna vers ses camarades et leur dit avec un demi-sourire : « Eh bien, n'ont-ils pas raison ? Car j'ai gagné avec leurs poils des milliers de lires, et ne leur ai jamais offert la moindre écuelle de bouillon[46]. »

Un voisin de Sacchetti, gourmet et goutteux, alité à cause de sa maladie, mais non résolu pour autant à renoncer aux banquets et à faire bonne chère, eut une réaction fort différente. « Il se trouva par hasard que deux superbes cochons de saint Antoine, qui entraient presque tous les jours par la porte donnant sur la rue, entrèrent soudain ce jour-là » dans la chambre où était allongé le malade : nous voyons au passage que la présence des cochons à domicile, surprenante aujourd'hui, était alors quotidienne. Bien qu'un ami l'exhorte à ne pas plaisanter avec saint Antoine, le malade gourmand ordonne à un valet de prendre la cognée et d'en administrer un coup à l'une des bêtes. Ce qui provoque une pagaille indescriptible, les cochons blessés mordant le valet et le malade, à telle enseigne que les cris et les mugissements font accourir les gardes et leur capitaine ; les coups d'épée font déborder le sang qui jaillissait des blessures, redoublant les cris et le désordre. Finalement, les cochons parviennent à s'enfuir, le valet estropié risque de perdre la jambe et le malade souffre des mois durant, presque à l'article de la mort ; « saint Antoine fit [alors] un miracle, mais lui dit : "Amuse-toi avec tes valets et laisse les saints en paix[47]" ».

Deux autres cochons circulant librement dans les rues de Florence pendant la peste de 1348 font horreur à Boccace, témoin involontaire de la propagation de l'épidémie : « De quoi mes yeux, comme je l'ai dit plus haut, eurent un jour, entre autres faits du même genre, la preuve suivante : les haillons d'un pauvre homme mort de la peste ayant été jetés sur la voie publique, deux porcs étaient survenus et, selon leur habitude, avaient pris ces haillons dans leur gueule et les avaient déchirés du groin et des dents. Au bout d'une heure à peine, après avoir tourné sur eux-mêmes comme s'ils avaient pris du poison, ils tombèrent morts tous les deux sur les haillons qu'ils avaient malencontreusement mis en pièces[48]. »

Quittons le silence insolite de cette ville où règne la mort ; la quantité de cadavres abandonnés dans les maisons et dans les rues était telle qu'il fallut creuser des fosses communes et les y jeter couche par couche, recouvrant chacune de terre, « comme quand on prépare des lasagnes avec des couches de fromage », écrit crûment Marchionne di Coppo Stefani[49] (fig. 49).

Les marginaux et les exclus

Même les jours ordinaires, les spectacles impressionnants ne manquaient pas. À commencer par les pauvres, sales, le corps défiguré, couvert de plaies, dégageant la mauvaise odeur caractéristique de ceux qui sont contraints de vagabonder sans jamais pouvoir se permettre de changer leurs vêtements, ni jouir du réconfort d'un bain[50]. Dans le *Triomphe de la Mort* du Camposanto de Pise, qui est une copie de la fresque réalisée par Andrea Orcagna dans l'église de Santa Croce à Florence (fig. 50),

Fig. 49. *Annales. Sépultures des victimes de la peste de Tournai de 1349*, miniature, XIVe siècle, d'après Gilles le Muisit, Bruxelles, Bibliothèque royale de Belgique, ms. 13076-77, f. 24v.

Fig. 50. Andrea Orcagna, *Les laissés-pour-compte invoquent la Mort*, fragment de la fresque du *Triomphe de la Mort*, moitié du XIVe siècle, Florence, Musée de Santa Croce.

un groupe compact de mendiants, ravagés par la lèpre, aveugles ou bien aux membres amputés et contractés, crient leur désespoir par le truchement d'un cartouche : « Puisque la fortune nous a abandonnés / Ô Mort, remède à toutes les peines, / Viens nous donner notre dernier repas[51] ! »

Dans la fresque pisane, réalisée par Buffalmacco entre 1336 et 1342 environ (de même que dans la fresque florentine), les indigents, vieux et malades, ne désirent rejoindre l'outre-tombe que parce qu'ils ne peuvent plus jouir du sort des personnes en bonne santé, sans la moindre pensée chrétienne ni l'envie d'accéder au ciel des élus. Leur imploration se referme sur un horizon purement humain, un banquet manqué, indiqué par un jeu de mots blasphématoire[52], qui tourne le sacrement de l'Eucharistie en dérision.

Il était facile d'être ou de devenir pauvre : il suffisait d'une mauvaise récolte, d'une maladie et, pour une femme ou un enfant, la mort du mari ou du père : c'était souvent les paysans, les journaliers et les personnes seules et malades qui devenaient pauvres. Il suffisait de ne pas parvenir à rembourser une somme d'argent à échéance ; il suffisait d'une émeute, d'une maison incendiée ou d'un bras cassé pour tomber dans la misère : oui, il suffisait d'une simple fracture – on ne faisait pas de radiographie ni ne mettait de plâtre à l'époque ! – pour faire partie, puisqu'on ne pouvait plus travailler, de la catégorie des estropiés qui demandent la charité. Il aurait fallu de perpétuelles interventions célestes pour éviter les conséquences tragiques des accidents du travail (fig. 51). Un maçon, qui avait réussi en tombant à s'agripper au mur, fut heureusement aidé par les anges qui lui soutinrent les pieds « pendant une bonne partie de la journée », tant il fallut de temps à ses camarades pour venir prendre la relève[53] (fig. 52). Les déments et les fous, qu'on qualifiait d'une manière expéditive de « possédés », étaient également pauvres et contraints de venir grossir les rangs d'une foule crasseuse et en haillons (fig. 53). L'Église exhortait

Fig. 51. Lorenzo di Niccolò di Pietro Gerini, *Sainte Fine sauve un charpentier qui vient de tomber d'un échafaudage,* détail du *Retable de sainte Fine*, 1402, San Gimignano, Musée municipal.

Fig. 52 (page suivante). *Le maçon miraculeusement sauvé*, miniature, 1281-1284, extraite des *Cantigas de Santa María* d'Alphonse X le Sage, Florence, Bibliothèque nationale centrale, ms. B. R. 20, fol. 88r.

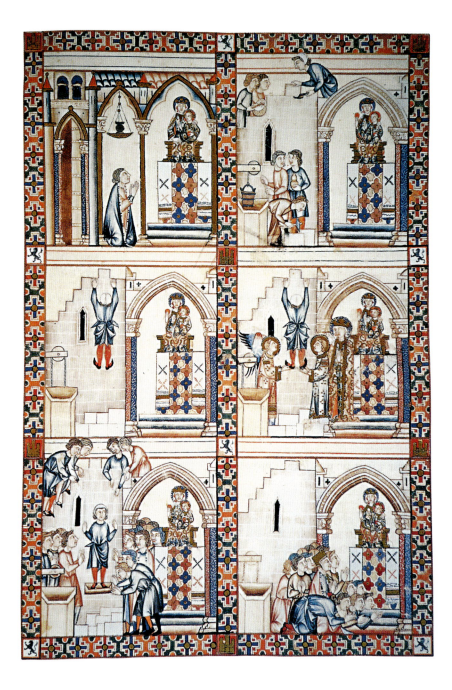

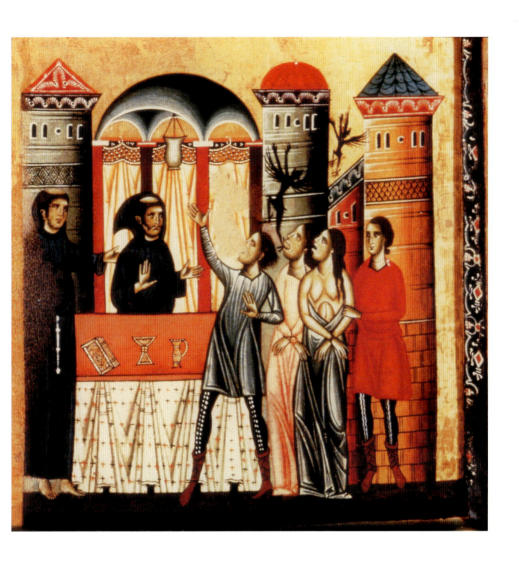

Fig. 53. Bonaventura Berlinghieri, *Guérison des possédés,* détail du retable des *Scènes de la vie de saint François et miracles post-mortem*, détrempe sur bois, 1235, Pescia, église de San Francesco.

les fidèles à secourir les indigents sans s'interroger toutefois sur les causes sociales de la pauvreté, ni chercher à les éradiquer, mais au contraire en justifiant l'existence du pauvre, instrument nécessaire au salut du riche, qui ne peut racheter ses nombreux péchés que s'il lui est loisible de faire le bien. Giordano da Pisa prêchait un auditoire docile et dévot :

> Pourquoi Dieu a-t-il créé une telle variété dans le monde, les riches, les pauvres, les forts, les faibles, bien qu'il prenne soin de toutes les âmes ? Parce que si tout le monde était roi, qui ferait le pain ? qui travaillerait la terre ? Dieu a ordonné qu'il y ait des riches et des pauvres, afin que les riches soient servis par les pauvres, et les pauvres secourus par les riches ; tel est le régime ordinaire qui incombe à chacun. À quoi servent les pauvres ? À ce que les riches méritent, grâce à eux, la vie éternelle[54].

Ce même prédicateur expliquait, à l'aide d'une belle métaphore rassurante, que :

> Le feu s'accroît grâce au bois, et plus on en met, plus il deviendra grand. Ainsi, sur le plan spirituel, le bois, ce sont les pauvres, les misérables, les affligés, les nécessiteux ; le feu est l'amour et la pitié du Saint qui, en constatant la misère de son prochain, est touché de compassion, et lui fait du bien comme il se doit. De sorte que son bien s'accroît grâce au mal de la peine du monde, à l'instar du feu grâce au bois […]. Vous voyez donc pourquoi les pauvres et les affligés sont nécessaires ! Si tous ces maux n'avaient pas été créés par Dieu, les biens, qui sont aussi nombreux et si bons, n'existeraient pas ; s'il n'y avait pas de pauvres, il n'y aurait personne pour faire l'aumône, et il n'y aurait pas de piété ni de miséricorde[55].

L'Église encourageait la charité par les exemples frappants des saints. Les épisodes de la légende du martyre de saint Laurent se rapportent au IVe siècle, mais les peintres du Moyen Âge les situent dans le cadre urbain qui leur est contemporain. Dans deux scènes de la vie du martyr, peintes par Ambrogio di Baldese vers 1380 (*Laurent distribue les trésors de son église aux pauvres, Laurent incarcéré baptise le gardien de prison et guérit les infirmes* : fig. 54-55), nous remarquons que seul le saint est vêtu à l'antique, une ample toge drapant ses épaules. Partout ailleurs, le peintre a représenté ce qu'il a sans doute vu à maintes reprises de ses propres yeux : parmi les pauvres, on aperçoit même une vieille dame et une jeune femme avec son enfant ; les infirmes correspondent aux mendiants sur la liste habituelle des estropiés et des aveugles. Mais, derrière saint Laurent qui fait don des biens de son église, figure un homme vêtu à la mode du XIVe siècle qui ne semble pas partager l'élan de générosité du saint.

La pitié envers les indigents et les marginaux a une ligne de faîte très fragile et elle se change aisément en indifférence ou, pis encore, en une guerre ouverte si la communauté ne parvient plus à supporter la charge des personnes en difficulté, devenues soudain trop nombreuses. « Les enfants abandonnés par leurs mères dans la misère seront recueillis, mais pas tous, pour éviter que les mères, encouragées par cet espoir, n'exposent leurs enfants. Le supérieur en décidera d'après son jugement », stipulent les statuts de l'hospice de Saint-Jean de Bruxelles en 1211. Dans une lettre patente (1403-1461) adressée à l'hôpital du Saint-Esprit de Paris, le roi Charles VII souligne que si l'on accueillait aveuglément tous les enfants illégitimes, il pourrait y en avoir une telle quantité que les hôpitaux ne seraient plus en mesure de les assister ni d'en supporter la charge, puisque « moult gens feroient moins de difficultés de eux abandonner à pescher quand ils verroient que les enfants bastards seroient nourris et qu'ils n'auroient ni la charge première ni la sollicitude de tels enfants[56] ». À Florence, si quelqu'un souhaitait abandonner un enfant tout en lui laissant un petit espoir de survie, il l'apportait sous la Loggia del Bigallo.

Fig. 54. Ambrogio di Baldese, *Saint Laurent distribue ses biens aux pauvres*, détail des *Scènes de la vie de saint Laurent*, peinture sur bois, vers 1380, Avignon, Musée du Petit Palais.

Fig. 55. Ambrogio di Baldese, *Les pauvres se pressent devant la prison*, détail des *Scènes de la vie de saint Laurent*, peinture sur bois, vers 1380, Avignon, Musée du Petit Palais.

La Compagnie de Sainte-Marie de la Miséricorde qui occupait cet édifice recueillait et exposait les enfants trouvés, espérant les confier à des femmes disposées à leur tenir lieu de mères. On peut encore voir une grande partie de la fresque que Niccolò di Pietro Gerini et Ambrogio di Baldese réalisèrent sur la façade extérieure de cette loggia où est illustrée, d'une manière très optimiste, l'œuvre de bienfaisance[57] (fig. 56).

La charité diminue au point de disparaître complètement au cours des fréquentes périodes de pénurie qui brisent l'équilibre social. À Sienne, par exemple, en 1329, après que les Neuf décidèrent de ne plus entretenir les pauvres de la ville en leur prodiguant de la nourriture, de violentes émeutes éclatèrent.

> Et ainsi, dépourvus de provisions, ces innombrables pauvres se précipitèrent au grand palais[58] où l'on prenait ces mesures, et se mirent à crier à tue-tête, qui « Miséricorde ! », qui « Au bûcher ! », qui « À mort ! », au point que toute la ville accourut à ce vacarme, et ceux qui le pouvaient s'armaient pour se protéger. Des soldats armés sortirent du palais pour contrecarrer la clameur des pauvres, mais en vain ; car les pauvres se mirent à faire ce que les soldats déclarèrent avoir l'intention de faire : frappant à coups de pierres et de bâtons, ils prirent d'assaut le palais, repoussant à l'intérieur les soldats, qui redoutaient sans doute un plus grand dommage[59].

Une fois l'émeute étouffée, une dure répression s'ensuivit, assortie d'arrestations, de bannissements, de tortures, de pendaisons, avant qu'on ne décide de chasser tous les pauvres hors de l'enceinte de la ville. Dans le *Libro del Biadaiolo*[60], d'où est extrait le passage que je viens de citer, le récit de l'expulsion – précédée, comme c'était l'usage, du son de la trompette et mise à exécution trois jours après avoir été annoncée – est fidèlement représenté par la miniature qui l'illustre (fig. 57). « Et toutes les familles [les gardes] allaient durement frapper [les pauvres] avec

Fig. 56 (en face). Niccolò di Pietro Gerini et Ambrogio di Baldese, *Les capitaines de la Miséricorde confient aux « mères » les enfants abandonnés*, fresque incomplète, 1386, Florence, Musée del Bigallo.

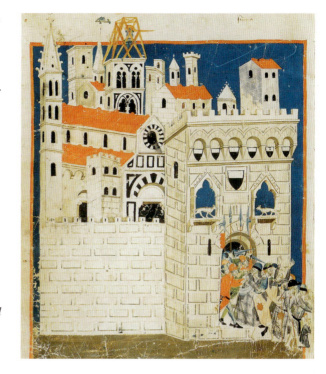

Fig. 57. *Les pauvres chassés de Sienne*, miniature, première moitié du XIVe siècle, extraite du *Libro del Biadaiolo*, Florence, Bibliothèque Laurentienne, ms. Tempi 3, f. 57v.

Fig. 58. *Saint François soigne les lépreux*, détail du tableau « Bardi », *Scènes de la vie de saint François et miracles post-mortem*, peinture sur bois, second quart du XIIIe siècle, Florence, Santa Croce, chapelle Bardi.

des bâtons et des pierres pour les chasser hors de la porte, qu'il se fût agi d'enfants ou d'adultes, d'hommes ou de femmes, que celles-ci fussent enceintes ou non[61]. »

Quant aux lépreux, ils étaient exclus depuis toujours de la ville et contraints d'agiter, lors de leurs déplacements, des espèces de castagnettes, ou bien une clochette, afin que tout le monde eût le temps de s'enfuir pour ne pas voir leurs visages ravagés ni sentir la puanteur de leurs plaies. C'est précisément pour cette raison que saint François commence son *Testament* en évoquant sa rencontre avec les lépreux, qui changea radicalement le cours de sa vie : « Voici comment le Seigneur me donna, à moi frère François, la grâce de commencer à faire pénitence. Au temps où j'étais encore dans les péchés, la vue des lépreux m'était insupportable. Mais le Seigneur lui-même me conduisit parmi eux ; je les soignai de tout mon cœur ; et au retour, ce qui m'avait semblé si amer s'était changé pour moi en douceur pour l'esprit et pour le corps. Ensuite, j'attendis peu, et je dis adieu au monde[62] » (fig. 58).

L'aspect des lépreux était particulièrement désagréable, mais l'horreur qu'ils suscitaient était amplifiée par le fait qu'on croyait en général que leur maladie était un châtiment de Dieu pour les péchés qu'ils avaient commis. Sacchetti, par exemple, est très heureux de pouvoir conclure qu'un moine « hypocrite, un ribaud plutôt qu'un religieux », a été à juste titre puni par cette maladie : « Il devint lépreux et si horriblement qu'il lui fallut quitter et le couvent et le pays. Il vécut encore plusieurs années avec cette infirmité dégoûtante, puis mourut, comme il le méritait. Ce fut un de ces miracles que fait notre Seigneur, car ce moine hypocrite et vicieux montrait, sous le couvert de saint François, les dehors d'une vie sainte, il était convenable de faire apparaître sur son corps, sous forme de lèpre, le vice ou plutôt la lèpre qu'il cachait[63]. »

Les côtés âpres de la vie

Un autre triste spectacle était celui du châtiment public des condamnés, exposés, dans le meilleur des cas, à la risée et aux insultes de l'assistance, mais souvent condamnés à des peines très dures, comme les coupables d'adultère (fig. 59), qui se voyaient atrocement torturés, parfois jusqu'à ce que mort s'ensuive, afin que leurs cris et leurs affres s'impriment bien dans les esprits des habitants, avertissement éloquent à ceux qui oseraient adopter une conduite différente. On condamnait les sodomites au bûcher ; on fouettait les voleurs, avant de les mettre au pilori, où l'on marquait leurs joues au fer rouge et les laissait exposés pendant des heures[64] ; on fouettait les blasphémateurs et les traînait ensuite par la langue, avec une tenaille, à travers la ville[65] ; et l'on traînait également ainsi les meurtriers, attachés à la queue d'un âne ou d'un cheval, avant de les pendre[66], et de même les traîtres et les fauteurs de troubles : dans ce dernier cas, pendus la tête en bas, pour prolonger le supplice[67].

Il y avait constamment des guerres, mais aussi des guérillas ; aux franciscains qui le saluaient en lui disant « Que Dieu vous accorde la paix ! », Jean Haccoude, le célèbre condottiere, répondait en ces termes : « Comment croyez-vous me bénir, vous qui demandez à Dieu de me faire mourir de faim ? Ignorez-vous que je vis grâce à la guerre et que la paix me détruirait[68] ? » Ces guerres et ces guérillas laissaient longtemps derrière elles un climat de haine et de vengeance qui remplissait les esprits d'amertume et rendait ordinaire la violence de la vie quotidienne. Afin de punir, par exemple, le château de Torniella, dans la Val di Merse, qui s'était révolté contre Sienne, le Consiglio della Campana du 30 août 1255 délibéra longuement des mesures à prendre. Tout le monde s'accordait pour détruire le village, mais comment punir

Fig. 59. *Châtiment des coupables d'adultère*, miniature, XIIᵉ siècle, Agen, Bibliothèque municipale, ms. 42, f. 42v.

Fig. 60. *L'exécution de Tebaldo Brusato lors du siège de Brescia de 1311*, miniature, 1340-1350 environ, extraite du *Codex Balduini Trevirensis*, Koblenz, Landeshauptarchiv, 1C1, f. 13r.

Fig. 61. Lorenzo di Niccolò di Pietro Gerini, *Le diable tente saint Éloi au travail*, détail des *Scènes de la vie de saint Éloi*, peinture sur bois, 1390 environ, Avignon, Musée du Petit Palais.

ses habitants ? Certains voulaient leur crever les yeux, d'autres un œil seulement, d'autres encore leur couper les mains et les pieds, ou bien une seule main et un seul pied, et d'autres enfin, pour qu'on en parle plus, les pendre tous[69]. En 1338, toujours à Sienne, Agniolo di Ghino del Favilla fut frappé d'une terrible peine pour avoir mis le feu à la porte de San Marco à l'instigation des Florentins : « On l'attrapa et l'attacha à une charrette et on lui brûla les mains devant ladite porte, puis on l'écartela et l'on exposa chacune de ses quatre parties à chacune des portes[70]. »

Je n'ai pas l'intention de faire étalage d'un riche assortiment d'atrocités ; je me contenterai, pour récapituler, de la représentation, effroyablement expressive, du dernier voyage du capitaine de Brescia Tebaldo Brusato, qui s'était révolté en 1311 contre l'empereur Henri VII[71] (fig. 60). Je voudrais comparer le supplice de Tebaldo à celui que l'on inflige – pour apporter un peu de réconfort parce que le coupable est ici le diable et que personne ne se soucie de sa douleur – à ceux qui mettent un saint en colère, saint Éloi en l'occurrence. La scène a été représentée par Niccolò di Pietro Gerini dans une prédelle de 1390 environ (fig. 61). Éloi, qui vécut au VIIe siècle, avait été forgeron avant de devenir évêque ; notre peintre, comme à son habitude, nous fait donc voir un atelier médiéval. Au mur sont attachés divers outils et des fers à cheval (le fer était si précieux au Moyen Âge que les fers à cheval pouvaient également devenir l'élément décoratif de la porte d'une église, comme à Chablis par exemple, fig. 62). Le soufflet qui attise le feu est actionné par des leviers, et le saint, un tablier impeccable à la taille et le marteau à la main, est penché sur l'enclume. On distingue toutefois d'autres détails surprenants, tirés de deux épisodes de la vie d'Éloi. Un jour, pour ferrer un cheval impétueux, le saint forgeron lui coupa la patte, la déposa sur l'enclume, travailla le sabot à son aise, et une fois le ferrage achevé, rattacha la patte à la bête. La soudure se fit miraculeusement, sans que l'animal n'éprouve aucune douleur. Mais, dans l'exercice quotidien de son métier, Éloi ne devait pas seulement éviter les coups de pied des chevaux. Le diable aussi venait le tourmenter sans arrêt, déguisé en jolie fille. La patience ne devait pas être une des vertus de saint Éloi, car un jour, las de devoir supporter toutes ces provocations, il prit des tenailles incandescentes avec lesquelles il serra le nez de la tentatrice. Un châtiment auquel le spectateur avait pu assister dans la vie quotidienne, et qu'il voyait ici infligé, avec un plaisir manifeste, au diable en personne, à ce diable qui sur les murs peints à fresque des églises se déchaînait en faisant subir une liste pour le moins variée de martyres aux damnés : ses futurs compagnons de supplice, peut-être, se disait ce même spectateur épouvanté.

Punir dans l'au-delà

Si nous considérons aujourd'hui une représentation de l'*Enfer* où les damnés sont pendus par leurs organes génitaux, contraints d'avaler du plomb en fusion, empalés, sciés en deux, éviscérés, embrochés et coupés en morceaux, nous sommes certes frappés de stupeur, mais ces tortures appartiennent à nos yeux à un monde irréel qui nous semble issu de l'imagination du peintre ou de l'Église qui le lui a commandé. En revanche, la réaction d'un contemporain de Giotto, qui se serait arrêté par exemple devant le *Jugement dernier* de la chapelle des Scrovegni à Padoue, aurait été beaucoup plus profonde et violente parce qu'il y voyait représentée une réalité que tous les habitants d'une ville connaissaient ou dont lui auraient parlé ses proches ou ses voisins. Mais cette réalité lui apparaissait alors projetée dans un temps infini ; dans un temps tout aussi vrai que celui dont ce spectateur habitué à rapporter tous les actes de la vie à l'horizon religieux de la volonté divine avait déjà fait l'expérience. À ses yeux, les images peintes avaient par conséquent un extraordinaire potentiel d'agressivité. L'effroi augmentait à l'idée que les tortures physiques, insupportables, mais du moins limitées à l'arrivée de la mort, n'auraient jamais cessé en enfer, sans le moindre répit.

« Ô pécheur, toi qui es dans la vie d'ici-bas / Préoccupé par les affaires du monde, / Considère un instant ces affligeantes figures / Exposées aux malheurs dans cet enfer obscur. / *Tu seras un jour comme elles sont à présent*, / Si tu ne te repens pas du mal que tu as fait[72] », pouvait-on lire sur l'un des cartouches qui commentaient, avec beaucoup d'autres, la fresque de l'*Enfer* de Buffalmacco du Camposanto de Pise, représenté pour la première fois comme un thème autonome et non plus comme une partie du *Jugement*[73].

Afin que l'effet des images fût durable et profitable, on avait ajouté, à Pise, ces inscriptions rimées qui se présentaient, pour qu'on puisse se les rappeler aisément, à la fois comme des mémentos et comme les notes de prêches familiers, en sorte que chacun rapportât chez lui et gardât toujours en mémoire la signification de cette fabuleuse homélie picturale. De leur chaire, les prêtres dominicains et franciscains invectivaient contre le vice avec véhémence, et souvent s'inspiraient des fresques, refermant ainsi chez le fidèle le cercle de ses craintes. En 1424, par exemple, Bernardin de Sienne s'exclamait en ces termes dans l'église de Santa Croce à Florence : « Et toi, femme, qui coupe la soubreveste en queue de serpent, comme le prophétisa Merlin[74], que viendrait le temps où les femmes porteraient la queue de serpent, et que nous serions alors exposés à un grand danger, et il me semble, comme je vous le dis, que cette époque a déjà commencé [...]. Et toi, le mari, c'est à cause de toi que la femme fait une queue à sa soubreveste et que le couturier lui vient en aide, et de même celui qui vend le tissu, qui le vend afin qu'on fasse la queue de serpent, et toi, la femme qui la porte, tous, autant que vous êtes, vous péchez mortellement ! » L'assistance, constituée de ces maris et de ces femmes, avait sans doute frissonné en regardant l'*Enfer* qu'Andrea Orcagna peignit dans cette même église, où une femme damnée, au long vêtement à queue de serpent, joint désespérément les mains en implorant un soldat armé d'un poignard (fig. 64).

Le pouvoir des images n'était pas circonscrit au domaine de la foi : dès la seconde moitié du XIIIᵉ siècle, en cas de condamnation par contumace, on commença à représenter les traîtres et les faussaires sur le bûcher, plus souvent pendus la tête en bas, jusque sur les murs des bâtiments publics les plus importants de la commune, avec des inscriptions indiquant le nom du coupable et le couvrant d'insultes. La « peinture infamante[75] » était un châtiment particulièrement efficace parce qu'elle impliquait dans l'opprobre et la malédiction d'autrui toutes les personnes avec lesquelles le condamné par l'image entretenait des relations. Et pour signaler de nouveau l'échange continuel entre réalité et image peinte, religieuse et laïque, je rappelle la suite des pendus, hommes et femmes, certains la tête en bas, de l'*Enfer* de Giotto dans la Chapelle des Scrovegni à Padoue (fig. 63), les portraits des criminels selon la pratique de la « peinture infamante » (fig. 66), et enfin les femmes et les enfants pendus aux limons des charrettes comme horrible vengeance de guerre (fig. 65).

Instruction et componction

La vie en plein air inspirait un grand nombre d'idées, non seulement à la campagne, mais en ville. C'était dehors qu'on écoutait les prêches de célèbres prédicateurs, comme Bernardin de Sienne, qui était si connu de son vivant qu'aucune église n'était assez grande pour accueillir tous les gens qui voulaient l'écouter parler[76]. Un drap séparait les hommes des femmes afin qu'aucun regard réciproque ne les distraie, mais tous les regards étaient tournés avec attention vers l'homme dressé sur une chaire improvisée. Dans un panneau qui se trouvait autrefois dans la Salle capitulaire de la cathédrale de Sienne, Sano di Pietro représente ainsi Bernardin en 1427, devant l'église inachevée de San Francesco, en train de prêcher un public médusé, accroupi par terre, les hommes séparés des femmes par la traditionnelle étoffe[77] (fig. 67). Le saint a été peint de son vivant (sa tête est en effet dépourvue de l'auréole, attribut de la sainteté) : ce document visuel témoigne d'une dévotion et d'un succès considérables. La porte de l'église est grande ouverte pour suggérer la présence d'une foule que l'édifice ne peut contenir. Parmi les diverses interdictions, Bernardin rappelait que : « Le chant des gardiens les jours de fêtes d'obligation, et surtout pendant le carême, est un péché mortel pour celui qui chante et pour celui qui l'écoute, et de même pour celui qui lui vient en aide ou lui rend service, et pour celui qui peut l'empêcher de chanter et ne le fait pas ; c'est pour tous un péché mortel[78]. » Cette remarque est d'autant plus précieuse qu'elle évoque des occasions de rassemblement, de rencontre, de divertissement et d'instruction qui ont complètement disparu. On chantait non seulement les belles histoires des chevaliers et leurs aventures, mais aussi celles des saints : on raconte par exemple, dans la vie de saint Aibert (début du xiie siècle), que le jeune homme, qui vivait encore chez son père, mais « aimait déjà la sainteté, y avait entendu un jour par hasard un mime qui racontait en chantant la vie et la conversion de saint Thibaud et l'âpre vie de pénitence que celui-ci avait menée ». Ce chant contribua à inciter saint Aibert à se faire une vie d'ascèse[79].

Les tours de passe-passe, les animaux dressés, les chansons et les concerts en plein air faisaient partie des spectacles habituels, surtout lorsque, à l'occasion d'une fête religieuse, on

63

63

64

Fig. 62. *Porte décorée de fers à cheval,* XIVe siècle. Chablis, église de Saint-Martin.

Fig. 63. Giotto, *Supplice des damnés en enfer, les pendus,* détail du *Jugement dernier,* fresque, début du XIVe siècle, Padoue, chapelle des Scrovegni.

Fig. 64. Andrea Orcagna, *Une damnée avec une robe à traîne en forme de serpent,* fragment de l'*Enfer*, fresque, moitié du XIVe siècle, Florence, Musée de Santa Croce.

65

66

Fig. 65. *Femmes et enfants pendus aux limons des charrettes*, miniature, XVe siècle, extraite de *L'Histoire ancienne depuis la Création* et *Faits des Romains*. Paris, Bibliothèque nationale de France, ms. Fr. 250, f. 215.

Fig. 66. Andrea del Sarto, *Un capitaine déshonoré en image* (selon l'iconographie du XIVe siècle), dessin, 1530, Florence, Galerie des Offices, Andrea del Sarto, *Dessins*, f. 330f.

Fig. 67. Sano di Pietro, *Saint Bernardin prêche devant l'église de San Francesco à Sienne,* peinture sur bois, 1427, Salle du Chapitre de la cathédrale.

espérait qu'un vaste public assisterait à une représentation allé-chante[80]. Sacchetti devait avoir observé attentivement les esca-moteurs qui réussissaient toujours à duper les gens simples et « gobe-mouches », tant leurs mains étaient agiles, au point qu'un de ces jeux, la *gherminella*, est aujourd'hui encore synonyme de mystification.

> Passera della Gherminella était quasiment un escroc ; il circulait tou-jours en haillons, avec un bonnet sur la tête, et le plus souvent un bâton dans la main comme s'il s'était agi de la baguette du Podestat, ainsi que deux brasses[81] environ de corde comme pour faire une toupie. Le tour de la *gherminella* consistait à tenir le bâton entre ses mains et à placer la corde dessus en l'y entortillant un peu ; et quand un badaud passait, Passera lui disait : « Elle est dedans ? Elle est dehors ? », ayant toujours des pièces d'argent dans la main pour engager un pari. Voyant comment était tournée la corde et croyant qu'il pourrait la tirer, le gobe-mouches disait alors : « Elle est dehors », et Passera de lui répondre aussitôt : « Elle est dedans. » Le badaud avait beau tirer, la corde restait dehors ou dedans comme Passera l'entendait, et il faisait souvent exprès de perdre une partie pour encourager les gens à faire un plus gros pari. Alors qu'il avait dupé presque tout le monde avec ce tour, en particulier au coin de la maison des Marignolli où l'on vend de la paille [la via Cerretani à Florence aujourd'hui], un jour un type, qui lui servait parfois de comparse à la taverne, lui dit : « Passera, je me suis dit que si tu allais en Lombardie, où les gens sont si bêtes, tu gagnerais autant d'argent que tu voudrais, surtout à Côme et à Bergame, où les hommes sont si obtus qu'on dirait des moutons ; et si tu veux, je viendrai avec toi. »

Le voyage à Bologne, Ferrare, Plaisance, Lodi, Milan, Côme, Bergame, Brescia, Vérone, Mantoue et Padoue fut un échec complet parce que les gens se révélaient plus rusés que les deux larrons le croyaient, et ne mordaient pas à l'appât. Le prestidigi-tateur rentra à Florence, où il eut autant de succès qu'auparavant :

avec cette conclusion cuisante, Sacchetti espérait faire honte à ses compatriotes florentins[82].

Jeux interdits

Un autre jeu très apprécié, mais dangereux pour la paix et la morale publiques, était celui des dés[83] : émoustillés par le vin (fig. 68-69) et le jeu, par l'excitation des victoires et des pertes, souvent ruineuses[84], les hommes se laissaient aller à pousser des jurons et levaient facilement la main sur leurs camarades ; d'où les bagarres et les blessures. Et si une femme participait au jeu, la désapprobation se transformait en une condamnation ouverte et radicale. En témoigne une *Cantiga* d'Alphonse X le Sage, illustrée, comme d'habitude, par une miniature sur la page en regard[85] (fig. 70) : il existait dans les Pouilles une très belle église au portail finement sculpté, et dans la lunette, la Vierge sur un trône avec l'Enfant, flanquée de deux anges. Ces derniers avaient une main contre la poitrine, qui signifiait « leur entière et fervente soumission à la volonté divine », et ils tenaient dans l'autre main « des livres d'une grande valeur », qui indiquaient « leur sagesse universelle ». Au cours d'une fête de la Vierge, une bande de joueurs et de tricheurs, ainsi qu'une « femme allemande débauchée », se mirent à jouer aux dés juste en face de l'église[86]. La femme perdit, s'emporta et « commit une infraction » : elle couvrit la Vierge d'injures et lui jeta une pierre, que fit providentiellement dévier de sa trajectoire la main d'un des anges, lequel, à partir de ce moment-là, garda la main ouverte dans un geste de défense. Les spectateurs se jetèrent sur la femme, l'attachèrent et la mirent sur un bûcher. Le miniaturiste a suivi scrupuleusement l'histoire jusque dans ses moindres détails, y compris l'intervention de l'ange. La dernière scène, loin de l'église, représente le

Fig. 68. *Buveurs au cabaret*, miniature, xve siècle, extraite du *Tacuinum sanitatis*, Paris, Bibliothèque nationale de France, ms. Lat. 9333, fol. 85.

Fig. 69. *Bagarre au cabaret*, fresque, début du xve siècle, d'après un cycle perdu de Giotto, Padoue, Palazzo della Ragione.

Fig. 70 (page suivante). *La mort de la femme qui avait insulté la Vierge en jouant aux dés*, miniature, 1281-1284, extraite des *Cantigas de Santa María* d'Alphonse X le Sage, Florence, Bibliothèque nationale centrale, ms. B. R. 20, f. 20 r.

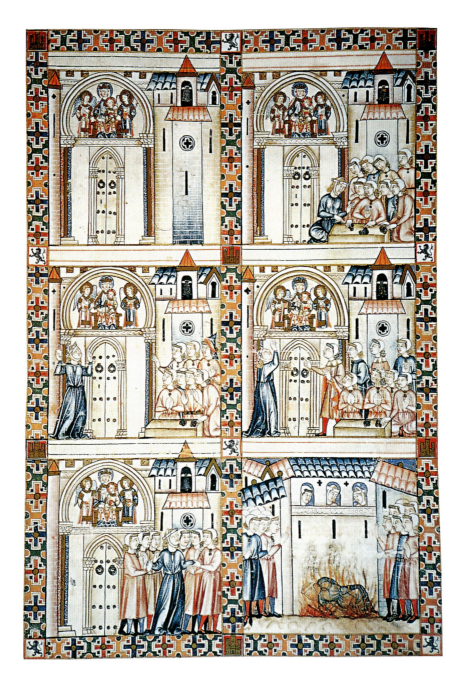

lieu où se déroule l'exécution. La coupable est déjà par terre, enveloppée par les flammes, sous le regard de deux rangées de bourreaux satisfaits. Pour que cet avertissement suscite une plus grande identification chez le spectateur, trois habitants, deux femmes et un homme, observent le supplice à de petites fenêtres opportunément placées en hauteur.

Au cours des siècles, l'attitude des autorités publiques et des prédicateurs ne cessa d'osciller à l'égard du jeu de hasard, qu'on tenait pour illicite, mais aussi, de temps à autre, pour excusable, voire utile, pourvu qu'il fût soumis au règlement de l'autorité publique au sein d'une *baratteria*, une maison de jeu, à cause des profits économiques qui affluaient dans les caisses de la commune[87].

Les interdictions que stipulaient les statuts municipaux étaient tout aussi fluctuantes envers les *battagliole*, batailles simulées à coups de poing et au moyen de pierres et d'armes en bois, auxquelles participaient en général les adolescents. Souvent ces *battagliole* dépassaient les limites, et les combats « pour rire » se changeaient en bagarres sanglantes auxquelles prenait part toute la ville, adolescents et adultes[88], armés de couteaux, de boules de plomb et de massues. En dépit des morts et des blessés, les autorités se contentèrent longtemps de contenir les excès, cas par cas, parce que ces *battagliole* constituaient un exercice trop utile à l'entraînement à la guerre réelle. Au XIVe siècle, toutefois, le recours aux troupes de mercenaires étant de plus en plus fréquent, les *battagliole* perdirent progressivement de leur importance au point de devenir inutiles. Elles furent alors fermement condamnées par les autorités comme de dangereux prétextes à des rébellions et à des séditions, et par les prédicateurs comme de purs exercices de violence[89].

Spectacles autorisés

Les saltimbanques, les jongleurs, les bouffons et les ménestrels fournissaient des occasions de rencontres et de divertissements plus paisibles. Les innombrables interdictions et sanctions contre les jeux et les spectacles en plein air témoignent de la présence habituelle de mimes, d'acrobates, de musiciens, hommes et femmes, au théâtre, à des fêtes de mariage, dans les églises, durant les processions, au sein et aux environs du cimetière[90]. Cet usage était si quotidien et si familier qu'il n'est pas surprenant de voir ces personnages représentés sur les murs des églises. Ils envahissent également les manuscrits, ornent les lettrines des textes sacrés ou, plus librement, les marges des colonnes d'écriture : l'instant d'une pause ou d'une distraction pendant lequel le moine ou le laïc en train de prier suivait du regard les numéros des danseurs, des musiciens, des acrobates et des dompteurs de bêtes sauvages. Qui sait où vagabondaient les pensées de Geoffrey Luttrell pendant qu'il lisait le *Psautier* (un recueil de psaumes et d'autres prières) qu'il avait lui-même commandé, et que ses yeux tombaient inévitablement sur les miniatures attrayantes qui accompagnent le texte sacré ? Comment penser à Dieu et à ses propres péchés tout en souriant à l'élégante jeune fille qui danse sur les épaules de son compagnon (fig. 71), au bouffon dressé sur des échasses (fig. 72) ou au saltimbanque déguisé en évêque qui fait sauter un lièvre dans un cerceau (fig. 73) ?

Parfois l'illustrateur s'amusait à tourner les matamores en dérision, comme dans cette miniature (fig. 74) où l'artiste sourit manifestement en dessinant les efforts du dresseur qui veut apprendre à parler à l'ours et lui crie : « A, B, C », mais l'ours se contente de répondre : « A » – un « A » sans nul doute beaucoup plus proche d'un grognement animal que du langage humain !

Fig. 71. *Jeune femme qui danse sur les épaules de son compagnon*, miniature, début du XIVᵉ siècle, Londres, British Library, *The Luttrell Psalter*, f. 68.

Fig. 72. *Bouffon sur des échasses*, miniature, début du XIVᵉ siècle, Londres, British Library, *The Luttrell Psalter*, f. 70v.

Fig. 73. *Bouffon faisant sauter un lièvre dans un cerceau*, miniature, début du XIVᵉ siècle, Londres, British Library, *The Luttrell Psalter*, f. 84.

Les bouffons étaient naturellement capables de réciter des textes difficiles comme des drames sacrés et des histoires profanes. Le frontispice enluminé de *Térence des ducs* (1415) représente la version médiévale, anachronique mais instructive en ce qui nous concerne, d'un spectacle antique (fig. 75). Au premier plan figure le *theatrum* où des *joculatores* masqués – l'un d'eux tient même un crâne – interprètent leurs rôles avec des gestes expressifs. La scène (*scena*) est au milieu, dans un petit théâtre de marionnettes : un acteur lit un livre qu'il tient dans ses mains, et tout autour apparaissent les spectateurs, *populus Romanus*[91].

Même un enterrement pouvait passer pour une forme de spectacle : le défunt « eut droit aux honneurs de force drapeaux, de chevaux costumés, d'hommes bien vêtus, de femmes, de domestiques, de pauvres et de force cierges et quantité d'autres ornements magnifiques autour du cercueil, et une infinité de cierges sur sa tombe dans l'église », précise par exemple Marchionne di Coppo Stefani dans sa *Chronique florentine* lorsqu'il décrit les obsèques de Nicolò degli Alberti, enterré à Florence en 1377 dans l'église de Santa Croce[92].

Le décès était tout d'abord annoncé par un ou plusieurs « crieurs de morts » à cheval, puis on donnait un grand banquet dans la maison en deuil, avant le rite funèbre proprement dit, lui aussi très onéreux. Bien entendu, les coûts et le nombre de personnes qui assistaient à la cérémonie variaient selon les moyens de la famille du défunt. Mais considérons un cas concret : la liste des personnes dédommagées lors des obsèques d'un certain Masino de Sienne, « *barlettaio* » de profession (c'est-à-dire fabricant de barils), liste dressée le 27 avril 1291, cinq jours après sa mort[93].

Des barbiers, des cordonniers et des couturiers avaient été sollicités pour présenter le défunt de la meilleure manière possible, rasé de près, vêtu d'habits neufs de pied en cap, dont un bonnet et des chaussettes à semelles. Le marchand d'étoffes, le tailleur, le fripier et d'autres encore s'occupèrent du voile et du bandeau de la veuve, ainsi que de sa robe, confectionnée avec un drap brun. Les décorations de l'enterrement, couvertures, draps et coussins, furent en revanche prêtées par une sorte de service de pompes funèbres. La veillée funèbre coûta bon nombre de cierges et de bougies, et l'on en consomma également un grand nombre le jour de l'enterrement durant la cérémonie, messe comprise. On récompensa en outre les enfants qui avaient défilé avec des cierges à la main, les hommes qui avaient transporté le cercueil – fort coûteux lui aussi – et ceux qui avaient creusé la fosse, ainsi que les crieurs de morts à cheval. Pour les obsèques à l'église, les moines furent récompensés par cent miches de pain, un baril de vin et une centaine de poissons, des gardons pour être exact. Le boulanger et le boucher fournirent encore quarante-deux miches de pain et assez de viande de mouton châtré pour le grand repas offert à la famille et aux visiteurs chez Masino le jour des funérailles. Enfin, pour la paix de son âme, on mobilisa, pour les prières de la veillée funèbre et pour la messe, le prêtre de San Vigilio, le clergé et les religieuses de l'abbaye de San Donato, le prêtre de San Pietro all'Ovile ; et tous furent récompensés comme il se doit.

Médecine humaine

Nous ne savons pas si Masino fut soigné (en vain), ni par qui. Le recours au médecin était une décision fort coûteuse, même si le diagnostic, enrobé de belles paroles, souvent incompréhensibles au patient et à sa famille, n'influençait guère l'évolution de la maladie. Les médecins n'étudiaient pas d'après l'observation du corps humain, mais d'après les livres : les premières dissections de cadavres humains furent pratiquées à Bologne à la fin du XIIIe siècle, mais il fallut attendre les anatomistes de la

74

75

76

Fig. 74. *Un ours dressé*, miniature, 1120, d'après les *Commentaires de saint Jérôme*, Cambridge, Trinity College, ms. 0. 4. 7, f. 75r.

Fig. 75. *Un spectacle théâtral*, miniature, 1415, d'après le *Térence des Ducs*, Paris, Bibliothèque de l'Arsenal, ms. 664, f. 1v.

Fig. 76. *Un médecin tâte le pouls de son patient et examine ses urines,* fin du XIIIe siècle, extrait d'un *Recueil de traités de médecine*, Avignon, Bibliothèque municipale, ms. 1019, f. 86v.

Renaissance pour que soient véritablement modifiées les conceptions médiévales. Les médecins se fondaient sur ce qui restait du savoir antique, qui venait le plus souvent à leur connaissance par des traductions et des adaptations trompeuses ou erronées ; ils se laissaient guider par les étymologies, inventées mais d'emblée rassurantes, et par le principe de finalité selon lequel tout organe a une fonction au sein d'un système théologique totalisant : le corps de la femme, par exemple, est conçu uniquement pour procréer parce que c'est ce que dit la *Genèse*. Les médecins décrivaient moins les organes du corps féminin qu'ils ne les « projetaient », avec beaucoup d'imagination, selon des modèles mentaux préétablis, afin de montrer que ces organes correspondaient tout au mieux à l'unique finalité que le Créateur avait assignée à la femme[94].

La luxueuse robe de couleur rouge, luxueuse parce que la substance qu'on employait pour la teindre était coûteuse, et la précieuse fourrure de vair[95], étaient d'ordinaire les signes distinctifs du médecin, qui caractérisaient sur-le-champ sa profession. Deux gestes suffisaient à l'établissement du diagnostic : tâter le pouls du malade et observer à contre-jour ses urines (fig. 76), recueillies dans un vase allongé, spécialement conçu à cet effet ; vase que les proches du patient se chargeaient d'apporter au médecin dans une corbeille cylindrique caractéristique, avant de réclamer son intervention onéreuse à domicile. Sacchetti prend souvent plaisir à esquisser à grands traits la caricature du médecin : celle de maître Gabbadeo (dont le nom n'est certes pas gratuit[96]), un médecin de Prato, pauvre et mal fagoté (« il portait toujours un très grand capuchon avec une bande courte attachée sur le côté, si large qu'il pouvait contenir un demi-boisseau de blé, et muni de deux rabats qui tombaient sur ses joues comme deux morceaux de saindoux fumé[97] ») est particulièrement féroce. Berné par un ami, Gabbadeo est persuadé qu'il doit quitter Prato et exercer à Florence pour sortir du « *mendicume* » (de la gêne), même si, pour faire face au style de vie de la grande ville, il lui faudra un cheval bien harnaché, un valet et de nouveaux instruments. Afin d'économiser, Gabbadeo acheta un poulain ; et sa femme, pleine de bonne volonté, décousit de son plus bel habit « le bord et les manchons de vair » pour remplacer les « rabats » du couvre-chef de son époux, qui étaient tout élimés. Une fois à Florence, Gabbadeo élut domicile au Vieux marché, près d'une boutique d'apothicaire. « Comme il s'y trouvait, à cheval, depuis un certain temps, on lui tendit le pot de chambre d'une femme malade qui vivait à Torcicoda, laquelle avait commencé à se faire soigner chez lui. » Cependant, ayant aperçu un « porteur avec un cochon sur la tête », le poulain eut peur, se mit à broncher et à s'emballer. Le médecin ne tarda pas à maîtriser sa monture, sans abandonner toutefois le pot de chambre ;

> mais, débordant de tous les côtés, l'urine se renversa sur son capu-chon, sur son visage et sur sa robe, et même quelques jets dans sa bouche, sans qu'il lâchât jamais prise. Alors que le cheval s'emballait déjà parmi les ferrailleurs avec ledit médecin, qui tenait le pot de chambre, il passa près d'un atelier de ferrailleur où étaient pendues de nombreuses râpes, louches, poêles et crémaillères, fonça dans ce matériel et fit tout tomber, mais une crémaillère accrocha l'étoffe du capuchon, de sorte que celle-ci resta suspendue avec sa bande de vair, qui lui faisait une belle garniture. Alors notre médecin sans capuchon, mais avec son cheval, que le fracas de la ferraille avait fait s'emballer davantage, notre médecin, le pot toujours à la main, alla jusqu'à la maison des Tornaquinci et jusqu'à la Porte de Prato, sans parvenir pour autant à arrêter sa monture[98].

Les gabeleurs réussirent enfin à arrêter cette course folle en fermant la porte des remparts. Après avoir expliqué ce qui s'était passé, le malheureux « resta dans leur baraque jusqu'au crépus-cule », tant il avait honte d'avoir perdu son couvre-chef et d'être accoutré de la sorte. Au bout du compte, faute de concurrents, le médecin se remit à exercer. « Sans grand savoir, sur son canasson, se procurant les urines des pots de chambre, sans se les renverser dessus, il amassa en quelques années plus de six cents florins, puis il mourut, et on le mit en bière avec le livre des médecins sur son corps comme s'il s'était agi d'Hippocrate ou de Galien[99]. »

C'est précisément avec ce long vase distinctif à la main (fig. 78) et le livre de sa science qu'est représenté un médecin mort, somptueusement vêtu de vair, parmi d'autres cadavres entassés sous la faux de la *Mort* qui les survole, dans le *Triomphe de la Mort* du Camposanto de Pise, l'œuvre de Buffalmacco (fig. 77). Dans la *Thébaïde* qui fait partie du même cycle de fresques, le peintre a représenté un déguisement superflu du démon en robe de médecin : « Le vénérable abbé Maccario / À la vie sainte et pleine de dévotion, / Vit apparaître, étant plongé dans la contemplation, / Le diable fait médecin avec son vair », expliquait le cartouche, aujourd'hui disparu. Sur la fresque figure un homme fort bien vêtu à cheval, comme l'exige sa profession, au sommet d'un petit pont : c'est un médecin, mais un faux médecin, comme le révèlent les languettes d'étoffe qui dépassent de son vêtement. Il se retourne vers Macario (qui tient bien ouvert le livre des saintes méditations) tout en indiquant d'un ample geste de la main les moines qui se dirigent vers la ville, lieu où les tentations sont inévitables. À la ceinture du démon est suspendue toute une série de fioles. Les lecteurs des *Vies des Saints Pères*, vulgarisées par le dominicain Domenico Cavalca, savaient qu'à la question de Macario (pourquoi tant de « petits vases » ?), le diable avait répondu : « Je leur apporte divers breuvages afin que si quelqu'un n'en aime pas un, il en prenne un autre, de sorte que j'en aie toujours un à leur donner[100]. »

On comprend pourquoi les médecins étaient souvent la cible privilégiée de l'ironie des nouvellistes. Boccace devait avoir

Fig. 77. Buffalmacco, *Un médecin parmi les cadavres fauchés par la Mort*, détail du *Triomphe de la Mort*, fresque, 1343 environ, Pise, Camposanto.

Fig. 78. Buffalmacco, *Le vase des urines que tient le médecin défunt*, détail du *Triomphe de la Mort*, fresque, 1343 environ, Pise, Camposanto.

Fig. 79. Brueghel l'Ancien, *Le Carême*, détail du *Combat entre Carnaval et Carême*, huile sur toile, 1559, Vienne, Kunsthistorisches Museum.

une très mauvaise opinion de cette catégorie, qui était composée à ses yeux de coquins pleins de morgue. Maître Simone est le protagoniste de la farce laborieusement tramée par deux peintres dégourdis, Bruno et Buffalmacco, l'auteur même des fresques pisanes que nous avons récemment évoquées. Avant de faire parler ses personnages, Boccace intervient en personne avec cet avis tranchant : « Comme nous le voyons chaque jour, nos concitoyens nous reviennent de Bologne, qui juge, qui médecin, qui notaire, avec les robes longues et larges, couleur d'écarlate et doublées de vair[101], et avec d'autres grandissimes apparences ; quant aux faits qui s'ensuivent, nous les voyons aussi chaque jour. Parmi ces faux savants, un maître Simone da Villa, plus riche de biens paternels que de science, nous revint, il n'y a pas longtemps, docteur en médecine, selon ce qu'il disait lui-même[102]. »

Pour se lier d'amitié avec le médecin Simone, Bruno lui « avait peint dans son salon le carême, un *agnus Dei* à l'entrée de sa chambre, et sur la porte de la rue un vase de nuit, afin que ceux qui auraient besoin de ses conseils sussent le reconnaître parmi ses autres confrères. Il lui avait peint aussi, dans une petite galerie qu'il avait, la bataille des rats et des chats ». Les sujets choisis ont une signification manifestement malicieuse : le vase de nuit, principal instrument permettant au médecin d'établir son diagnostic, est ici désigné comme son unique instrument, alors que Simone disait de lui-même : « Comme tu as pu le voir, j'ai bien les plus beaux livres et la plus belle garde-robe qu'aucun médecin de Florence. [...] je porte des gants aux mains et des vêtements longs[103]. » L'*agnus Dei,* un sujet qu'on utilisait souvent comme une amulette pour les enfants et les femmes enceintes[104], suggère que les médecins et les remèdes ne servent pas à grand-chose. Le *Carême*, si l'on s'en tient à la description de la *Discorde* populaire entre la femme qui l'incarne et le Carnaval[105], devait avoir les traits d'une femme laide et amaigrie à cause du jeûne et des pénitences : un sujet de mauvais augure pour un médecin censé assurer la santé et une mine florissante. Comment ne pas penser, même si ce tableau est beaucoup plus tardif (1559), au *Combat entre Carnaval et Carême* de Brueghel l'Ancien[106] où le Carême, sous les traits d'une femme pâle et sous-alimentée, avance en brandissant un sceptre de harengs ? (fig. 79) : une figure comique, qui déclenche le rire et contraste vivement avec la gravité dans laquelle se drape maître Simone.

La « bataille des rats et des chats » requiert un commentaire un peu plus long. Phèdre faisait déjà allusion à une bataille entre belettes et souris : « Après leur défaite par l'armée des belettes / (comme l'histoire en est représentée sur les murs / des cabarets), les souris fuyaient / et se pressaient toutes tremblantes à l'entrée étroite de leurs trous. / Malgré les difficultés de la retraite, elles échappèrent pourtant à la mort. » Le fait que le fabuliste latin se réfère aux cabarets indique déjà la position sociale des destinataires[107]. Il est encore question d'une belette, de rats et d'un paysan – dont on fait un portrait moqueur – dans une fable de l'*Ésope toscan* du XIVe siècle : « Il arriva à dame belette de visiter la maison du paysan, et y découvrant que les rats, *ses ennemis particuliers*, y avaient élu domicile, *elle mit le siège* et il ne fallut pas longtemps pour qu'ils meurent et se consument[108]. » Le fait que le chat domestique se soit répandu à la place de la belette comme ennemi traditionnel du rat est à l'origine, dès le XIIe siècle, de la *Katomyomachia*, un petit poème en grec du poète Théodore Prodrome (1100-1156 ou 1170), où, pour la première fois, le félin lutte contre les rats[109]. Il existe par ailleurs des miniatures qui illustrent ce sujet, ainsi qu'une grande fresque spectaculaire de 1150 environ (fig. 80) dans la chapelle de Saint-Jean à Pürgg, en Styrie (Autriche)[110] : à l'intérieur d'une ville aux remparts crénelés et hérissés de tours, les rats, armés d'arcs et de flèches, se défendent contre l'assaut des chats qui, protégés par des boucliers, une épée

Fig. 80. *La bataille des rats et des chats,* fresque, vers 1150,
Pürgg, Styrie, Autriche, chapelle de Saint-Jean, nef.

Fig. 81. *La grande bataille des chats et des rats*, xylographie, sans lieu, sans notes typographiques, novembre 1521 in 4°, extraite des *Livres à figures vénitiens* de F. V. Essling, Olschki-H. Leclerc, Paris 1909, vol. II, 2, p. 421, n. 2114.

Fig. 82. *La bataille des rats et des chats*, bas-relief, XIIIe siècle, Tarragone (Espagne), cathédrale, cloître.

à la ceinture, semblent destinés à la victoire. Je signale en outre un bas-relief du XIIIᵉ siècle qui couronne un chapiteau du cloître de la cathédrale de Tarragone (fig. 82)[111] où l'on voit des chats saisir des rats entre leurs crocs ainsi que l'enterrement du chat, avec le chat croque-mort sur le point de creuser la fosse à l'aide d'une pioche. L'histoire que cite Boccace en la donnant pour connue eut encore du succès : nous la retrouvons (diffusée avec une illustration xylographique dans un grand nombre de témoins imprimés ; fig. 81) dans un petit poème d'un auteur anonyme, très proche de Folengo (sinon Folengo lui-même)[112]. J'ignore quelle fut la source de Boccace pour la *Bataille des rats et des chats*, mais je remarque que le gros chat dont le dos est protégé par un bouclier dans la fresque de Pürgg est un élément qui figure dans les xylographies[113] et que l'enterrement du chat représenté à Tarragone est raconté avec beaucoup d'emphase aussi bien dans la *Katomyomachia* que dans le texte à la manière de Folengo (strophes 36-38). Il me semble toutefois probable que la *Bataille des rats et des chats* à laquelle Boccace fait référence était un conte guère différent du poème à l'instar de Folengo, car une série de passages de la *Bataille*, comme nous allons tout de suite le voir, est précisément en rapport avec le caractère et la profession de l'arrogant Simone, ainsi que certaines articulations de la nouvelle même : ces passages, que connaissaient les lecteurs de Boccace, devaient corroborer le comique des dialogues entre les deux peintres et le maître de maison, aussi fat que sot.

Les deux peintres avaient fait croire à Simone da Villa qu'il ferait partie d'une troupe qui, la nuit, « allait en course », autrement dit qui pouvait jouir, en vertu d'arts magiques, de somptueux banquets et de la compagnie des femmes les plus belles dont les chambres, aux lits merveilleux, « paraissent un paradis tant elles sont belles ; elles exhalent des parfums non moins agréables que ceux qui sortent des boîtes d'épices de votre boutique, quand vous faites piler le cumin[114] », prétend Bruno. « Or comment on s'y démène[115], comment les susdites tisseuses y tirent le châssis à elles pour faire le drap serré, je vous le laisse à penser ! », conclut le peintre, avec une métaphore grivoise que suggère le travail habituel des femmes à leur métier à tisser (fig. 83). Ces nouvelles mirobolantes excitent de plus en plus le médecin crédule, au point que Boccace intervient de nouveau à la première personne : « Le maître, dont la science ne s'étendait probablement pas plus loin qu'à soigner les enfants de la teigne, ajouta autant de foi aux paroles de Bruno qu'on devrait le faire pour une bonne vérité. » Il se laisse persuader qu'une dame l'attend, déjà amoureuse de lui, « la comtesse de Civillari, qui était la plus belle chose qu'on pût trouver dans tous les lieux d'aisance de l'humaine génération[116]. » Civillari, nous dit Francesco Alunno[117], un commentateur de Boccace, « est le nom d'une impasse à Florence, au-dessus du monastère de San Jacopo di Ripoli, où l'on fait irrespectueusement caca et où l'on creuse des trous ou des fosses afin de pouvoir y vider commodément les conduits de décharge ; et en temps voulu les métayers fertilisent ensuite les jardins potagers avec ces excréments[118] ». Ce lieu nauséabond justifie tous les détails de la description suivante de la comtesse de Civillari : « C'est une très grande dame, et il y a peu de maison par le monde sur lesquelles elle n'ait pas quelque juridiction […]. Et je puis vous dire que quand elle se promène, elle se fait bien sentir, bien que le plus souvent elle se tienne enfermée ; mais cependant il n'y a pas longtemps elle est passée devant votre porte, une nuit qu'elle allait à l'Arno se laver les pieds[119] et prendre un peu l'air ; mais elle demeure le plus souvent à Laterina » – le nom d'un village du Valdarno qui se prête à l'équivoque, étant donné sa ressemblance avec « latrine ». Les sergents de dame Civillari « portent tous en signe de sa puissance la verge et le plomb », les ustensiles mêmes qui servent à nettoyer les latrines, et leurs noms sont tous lourdement allusifs. Des arômes de la boutique d'apothicaire, Bruno passe sans interruption à la puanteur de l'écurie : dans le dédale de la ville médiévale, il pouvait arriver que la bonne odeur du pain sortant du four soit remplacée, au détour d'une rue, par les brusques relents de peaux tannées ou de la viande trop faisandée du boucher. Il était tout aussi naturel de se retrouver vis-à-vis de personnages qui prenaient toutes leurs aises pour faire leurs besoins, de nuit le long du fleuve ou dans des endroits écartés, quoique toujours dans l'enceinte urbaine, comme aux environs du monastère de San Jacopo di Ripoli[120].

On voit désormais clairement à quoi visaient les deux farceurs qui se firent naturellement prier avant de révéler leur grand secret, apparemment convaincus par les preuves de courage énumérées par Simone (lequel avait frappé une pauvre et maigre prostituée et faisait fi du froid nocturne, couvert *seulement* d'une grosse fourrure), qui trahissent en fait son caractère pusillanime et vil[121]. Arriva enfin la grande nuit où le médecin, selon les instructions de Bruno et de Buffalmacco, devait sortir en cachette de chez lui, vêtu de son plus bel habit, sa « robe d'écarlate » ; une fois à Santa Maria Novella, il était censé grimper « sur un de ces tombeaux relevés qu'on a construits il y a peu de temps, en dehors de Santa Maria Novella », et y attendre la venue d'« une bête noire et cornue », sur le dos de laquelle il devait monter, à condition toutefois de ne pas avoir peur et de ne pas se recommander à Dieu ni aux saints[122]. Le médecin promit, s'habilla et se rendit de nuit à l'endroit convenu où il resta longtemps à trembler de froid et d'épouvante sur le marbre glacial de la tombe. Buffalmacco, « qui était grand et robuste de sa personne, se procura un de ces masques dont on se servait pour certains jeux qui ne se font plus [précieuse observation sur les passe-temps et les rites collectifs], et se mit sur le dos une pelisse noire à l'envers[123] ; et il s'accoutra de telle sorte avec elle qu'il ressemblait à un ours, si ce n'est que sa figure était celle d'un diable et avait des cornes[124] ». Tout se passa comme les deux complices l'avaient prévu. Le lâche Simone fut pris de panique quand il vit s'approcher le coursier insolite et réclama aussitôt l'aide de Dieu ; secoué par force cahots, il se laissa néanmoins transporter par la « bête » jusqu'à Civillari où « elle » le flanqua dans la fosse. Après beaucoup d'efforts, « s'empêtrant de la tête aux pieds, dolent et tout plaintif », sans capuchon, il réussit à en sortir ; mais de retour chez lui, il essuya les âpres reproches de sa femme qui l'avait soupçonné d'avoir l'intention de la tromper. Enfin, le lendemain, il fut de nouveau réprimandé par les deux peintres qui s'étaient entre-temps dessinés et colorés des bleus et des égratignures sur tout le corps. Simone crut que ces marques étaient la conséquence de la punition infligée à Bruno et à Buffalmacco parce qu'il n'avait pas respecté son serment. Pour se faire pardonner, il redoubla alors de délicatesses et de banquets pour une farce qui n'en finissait plus.

Revenons un instant aux sujets des fresques peintes par Bruno pour indiquer la science de Simone : un vase de nuit et la *Bataille des rats et des chats*. Le petit poème à la manière de Folengo, *La gran battaglia de li gatti e de li sorzi. Cosa nova bellissima da ridere e da piacere* commence ainsi :

> À l'époque où les animaux parlaient[125] / et qu'on lui accordait plus de liberté, au lieu que l'envie et ses différents maux / ne viennent pour de bon troubler sa quiétude, / régnait un roi des verres et des vases de nuit, / ou plutôt des chats, lequel avec un maintien altier / avait combattu contre mille grives, / et il était empereur de la Chatterie. Il s'appelait Gatton[126] […]. Le merdifique et tout-puissant Gatton avait / dix royaumes sous sa couronne ; / et chacun d'eux avait un armement si puissant / que tout le monde le fuyait et que rien n'aurait pu lui faire front ; / au point que de par le monde s'est répandue la renommée / de ce seigneur magnanime et de ses / destructions de sardines et de crevettes[127].

Les dix rois ont en commun avec leur empereur la morgue, la bassesse, la propension à frauder, tous les traits de caractère de maître Simone ; ils se protègent au moyen de vases de nuit (le quatrième roi avec « pour casque un pot de chambre propre ») et d'armures d'excréments, lesquelles font précisément écho à la fin de l'aventure de Simone et de la « comtesse de Civillari[128] ». La description du branle-bas de combat des chats est une caricature des instruments du médecin et de son accoutrement caractéristique, ainsi que de la vanité de sa science. Les chats chevauchent des « *ingistare* » et des « *mortari* », c'est-à-dire des carafes pansues en verre au col long et étroit – nous allons bientôt en voir une autre qu'utilise un autre médecin présenté par Boccace, Mazzeo della Montagna – et des mortiers pour broyer les ingrédients des remèdes, « des casques en fourrure et des soubrevestes en fourrure de dos d'écureuil et en vair », et ils tiennent enfin des « lances de brouillard, de fumée, de vent / et d'un "laissez-moi tranquille" plein de courage[129] » ; en d'autres termes, ils sont vils et triomphants.

Passons à présent à Mazzeo della Montagna, de Salerne, « très grand médecin en chirurgie », extrêmement vieux, mais dont la femme est jeune et belle, et destiné bien entendu à être trompé. Face au cas qu'on lui soumet, ce médecin ne risque pas de compromettre sa réputation : la situation est désespérée, et Matteo réussit à convaincre les proches du patient qu'il va opérer un homme quasiment mort.

> Il advint qu'il tomba entre les mains du médecin un malade qui avait mal à une jambe. Le maître ayant vu son cas, dit à ses parents que, si on ne lui enlevait pas un os pourri qu'il avait dans la jambe, il faudrait la lui couper ou sinon qu'il mourrait, et qu'en lui extrayant l'os, il pourrait guérir, mais qu'il ne l'entreprendrait qu'en le considérant déjà comme un homme mort. À quoi ceux à qui le malade appartenait ayant consenti, ils le lui laissèrent pour être opéré dans ces conditions.

Le médecin, avisant que le malade ne pourrait endurer la peine sans être endormi[130], ou ne se laisserait pas panser, et devant attendre après vêpres pour procéder à cette opération, fit dès le matin distiller une certaine eau de sa composition, qui, bue par le malade devait le faire dormir autant qu'il pensait mettre de temps à l'opérer. Puis ayant fait porter cette eau chez lui, il la plaça dans sa chambre, sans dire à personne ce que c'était. L'heure des vêpres venue, et le maître se disposant à aller vers son malade, il lui arriva un messager envoyé par quelques-uns de ses grands amis d'Amalfi, avec prière de ne pas manquer, pour quelque cause que ce fût, de s'y rendre sur-le-champ, parce qu'il y avait eu une grande rixe où beaucoup de gens avaient été blessés. Le médecin, renvoyant au lendemain matin le pansement de la jambe, monta sur une petite barque et alla à Amalfi[131].

L'amant de la femme du médecin, profitant aussitôt de l'absence de celui-ci, entra dans la chambre à coucher, aperçut la « *guastadetta* », la fiole d'eau « sur la fenêtre », qui contentait le distillat d'opium, et, « croyant que c'était de l'eau bonne à boire », la but tout entière et s'endormit profondément.

La méprise a eu lieu parce qu'il s'agissait d'une chambre sans armoire, comme toutes les pièces au Moyen Âge, qui étaient pourvues tout au plus de quelques niches découvertes (fig. 84). On posait donc l'opium pour l'anesthésie n'importe où.

Les temps de l'intervention étaient également fortuits, selon les événements. Ayant abandonné le pauvre malade avec sa jambe gangrenée, de quel secours pouvait donc être Mazzeo, seul sur sa petite barque, à tous ces blessés qui l'attendaient sur la jetée ? Abstraction faite de l'ironie manifeste de Boccace, la dangerosité de la vie quotidienne et sa violence sautent aux yeux.

En attendant, la femme de Mazzeo espérait elle aussi pouvoir profiter de son absence. Elle trouva cependant son amant si profondément endormi qu'elle le crut mort. Pour éviter un scandale, elle suivit le conseil de sa servante prévoyante qui avait remarqué la

Fig. 83. *Tissage sur un métier à tisser horizontal à pédalier*, miniature, 1421, Milan, Bibliothèque ambrosienne, Cod. G. 301, fol. 3r. (des Humiliés).

Fig. 84. Taddeo Gaddi, *Deux niches,* détail des *Histoires de la Vierge*, fresque, première moitié du XIVᵉ siècle, Florence, Santa Croce, chapelle Baroncelli.

veille un cercueil abandonné dans la rue, devant l'atelier d'un menuisier, manifestement parce qu'il n'y avait pas assez de place à l'intérieur. On mit l'amant dans le cercueil et plaça celui-ci pendant la nuit devant l'atelier du menuisier. Suivons à présent le résumé de Boccace au tout début de la nouvelle : « Deux usuriers emportent le cercueil chez eux. L'amant est découvert et pris pour un voleur. La servante de la dame raconte à la Seigneurie que c'est elle qui l'a mis dans le cercueil volé par les usuriers, de sorte qu'il échappe à la potence ; les usuriers sont condamnés à l'amende pour avoir volé le cercueil[132]. »

Avec l'aide de Dieu

Messire Simone et Mazzeo della Montagna, le premier formé dans la prestigieuse Bologne, l'autre provenant de la célèbre école de médecine de Salerne, ne font guère preuve d'un grand professionnalisme. Dès lors, la formule selon laquelle le médecin de Città di Castello doit « être expert, expérimenté et apte à l'exercice de la médecine » de telle sorte qu'« il sache, *avec l'aide de Dieu*, soigner les maladies du corps et garantir la santé[133] » n'est sans doute pas fortuite.

L'intervention divine était trop souvent indispensable ; toutefois, plutôt qu'à Dieu, les hommes préféraient adresser leurs prières aux saints intercesseurs, qui quittaient volontiers la demeure céleste pour planer sur la terre, comme sainte Claire attirée par les sanglots d'une mère dont l'enfant avait été enlevé et déjà à moitié dévoré par un loup (fig. 85). Les saints comprenaient et exauçaient jusqu'aux requêtes les plus humbles, proportionnées à la vie modeste de ceux qui les invoquaient ; comme sainte Bonne[134], venue guérir un cheval tombé brusquement et étendu de tout son long dans l'écurie : « Il était couché, immobile, et ne bougeait même pas si on le tirait par les pattes, par les oreilles ou par la queue. » Consternée, la famille tout entière le veillait. À un moment donné, l'épouse du propriétaire se jeta à genoux en invoquant la sainte afin qu'elle consente à sauver la bête « en considération du très grave dommage ». Aussitôt le cheval, « négligeant tous les autres qui ne cessaient de le palper, tourna son regard uniquement vers la femme et le fixa sur elle, comme s'il consentait qu'on appelle Bonne au secours ». Et un instant plus tard, la sainte, répondant au regard affligé et intense de l'animal, qui reflétait celui de ses dévots, fit bondir le cheval sur ses pattes[135].

Il arrivait que les saints apportent du ciel les onguents néces-saires : c'est ainsi que se prémunit saint François venu guérir Jean de Lérida gravement blessé. Observons la fresque de la basi-lique supérieure d'Assise (fig. 86). La femme du blessé, suivie de sa servante, s'éloigne du lit de l'infirme – ayant du mal à supporter la puanteur des plaies, nous informe la biographie de saint Bonaventure – après avoir entendu le verdict du médecin qui écarte les bras sans espoir. Mais à côté du lit se trouve saint François, descendu du paradis en compagnie de deux anges, l'un d'eux tenant dans la main un pot qui contient le remède céleste, beaucoup plus puissant que les baumes inutiles des hommes. Les créatures célestes, qu'ignore le biographe, sont une éloquente allu-sion visuelle à la nouvelle résidence du saint. La guérison de Jean de Lérida est un miracle qui récompense la dévotion et confirme et répand tout à la fois la renommée du saint et son efficacité en tant que guérisseur. De fait, comme l'expliquait la légende[136] : « Les médecins déclaraient perdu Jean de la ville de Lérida, mortelle-ment blessé. Le bienheureux François le guérit sur-le-champ en défaisant ses bandages avec ses mains sacrées et en effleurant les plaies avec la plus grande douceur ; alors qu'on le transperçait, Jean avait invoqué François avec une immense dévotion[137]. »

Fig. 85. Giovanni di Paolo, *Sainte Claire va au secours d'un enfant mordu par un loup*, partie de la prédelle du *Retable de sainte Claire* disparu, détrempe sur bois, moitié du XVᵉ siècle, Houston, Museum of Fine Arts.

Fig. 86. *La guérison de Jean de Lérida*, épisode du *Cycle de la vie de saint François*, fresque, début du XIVᵉ siècle, Assise, Basilique supérieure.

Pharmacies et ex-voto

Les pharmaciens et les apothicaires se rendaient eux aussi parfaitement compte des limites de leurs remèdes. Dans une des fresques qui décorent le château d'Issogne, dans le Val d'Aoste, réalisées entre 1488 et 1495, la boutique d'un apothicaire est représentée avec force détails (fig. 87). Une femme est en train d'acheter des herbes officinales que le pharmacien pèse sur sa balance ; plus à gauche, un associé plus âgé tient la comptabilité ; à droite, un commis de condition très modeste, dont les vêtements sont en lambeaux, se charge de la pénible et longue opération qui consiste à broyer les diverses substances avec un lourd pilon de bronze dans un mortier, lui aussi en bronze. Derrière le comptoir sont soigneusement alignés tous les remèdes possibles, à commencer par ceux qui sont exposés dans une rangée de bocaux dont le contenu est indiqué par les étiquettes respectives en latin[138]. Mais les préparations ne devaient pas être toujours efficaces si l'on pouvait également acheter en pharmacie – comme celle qui figure ici – des ex-voto de cire[139]. De gauche à droite, nous voyons qu'on a suspendu une jambe jusqu'au genou, une main, un pied, un petit enfant reconnaissant aux mains jointes, et un petit cheval.

Franco Sacchetti s'élevait en vain contre la pratique des ex-voto : « On suspend tous les jours des ex-voto de ce genre, lesquels relèvent plutôt de l'idolâtrie que de la foi chrétienne. Et moi, écrivain, j'ai déjà vu quelqu'un qui avait perdu une chatte, faire le vœu, s'il la retrouvait, d'en offrir l'effigie en cire à notre Dame d'Orto San Michele, ce qu'il fit. À moins que, si la foi ne fait pas défaut en l'occurrence, il ne s'agisse d'un leurre de la part de Dieu, de notre Dame et de tous ses saints. Ce qu'Il veut, c'est notre cœur et notre esprit ; Il ne demande pas d'images de cire, ni cette morgue

Fig. 87. *Une pharmacie,* fresque, entre 1488 et 1495, Issogne, Val d'Aoste, château.

Fig. 88 (en face). *La miraculeuse guérison de la mule*, miniature, 1281-1284, extraite des *Cantigas de Santa María* d'Alphonse X le Sage, Florence, Bibliothèque nationale centrale, ms. B. R. 20, f. 112r.

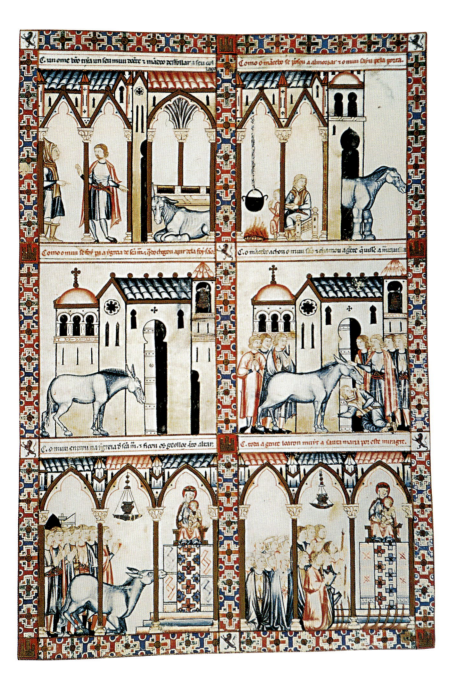

Como un ome bõo tĩia un seu muu doẽte τ mãdeo desfollar a seu coitado.

Como o mãcebo se põso a almorçar τ o muu fugiu pela porta.

Como o muu se foy ꝑa a ygreia de sẽ mã dyeo chegou apar dela foy solto.

Como o mãcebo achou o muu sãdo τ chamou a gẽte q̃ uisse a marauilla.

Como o muu entrou na ygreia d̃ sã mã τ ficou os geollos ãte o altar.

Como toda a gẽte loaron muit a sãta maria por este miragre.

ni cette vanité[140]. » Il n'est pas jusqu'aux animaux qui ne sachent parfois remplacer les hommes, invoquer et obtenir leur salut : un événement que l'on tient à juste titre pour miraculeux (fig. 88). Nous sommes au Portugal, à Terena. Une pauvre mule gisait dans l'écurie, les pattes antérieures paralysées et enflées, jusqu'à ce que son maître décide un jour de la faire abattre, parce qu'incapable de travailler à présent. Sur l'itinéraire qui la conduisait à la mort, la mule, qui se traînait plutôt qu'elle ne marchait, guérit à l'improviste une fois devant la porte de Santa Maria. Peu après, elle entra même dans l'église ; humble et reconnaissante, elle s'agenouilla devant la statue de la Vierge et de l'Enfant. Les fidèles se précipitèrent alors pour apporter des cierges, « de la part de la mule », pourrait-on dire, en heureux remerciement[141].

Rien n'est plus rassurant que l'idée de pouvoir s'en remettre à la protection invisible, mais efficace, du saint qui veille sans cesse sur celui qui lui est dévoué ; même dans le cas où l'action résolutive de l'intervention humaine est manifeste, on attribuait toujours au saint le mérite du secours efficace. Prenons par exemple l'un des miracles de saint Louis (fig. 89). Une petite fille de trois ans, nommée Marote, était allée jouer avec son frère aîné au bord d'un ruisseau ; le garçon n'avait pas envie de s'occuper de sa sœur et celle-ci se mit à puiser de l'eau avec une petite cruche quand soudain, ayant perdu l'équilibre, elle tombe dans le ruisseau. Au cri de la nourrice, des hommes accourent et sauvent Marote. Sur la miniature, la femme ordonne que la petite fille soit ligotée à un arbre la tête en bas afin qu'elle puisse recracher l'eau qu'elle a avalée ; puis cette même femme plonge la petite dans un bain d'eau chaude, et elle la met enfin au lit et la couvre bien à côté de la cheminée dont le feu est animé. Toutes ces précautions étaient manifestement inutiles. Nous comprenons très bien que la petite fille avait déjà été sauvée par la nourrice, mais celle-ci crut nécessaire de prier saint Louis qui, bien entendu, intervint et

Fig. 89. *Saint Louis sauve la petite Marote de la noyade*, miniature, fin du XVe siècle, extraite de *Vie et miracle de saint Louis*. Paris, Bibliothèque nationale de France, ms. Fr. 2829, f. 98v.

réanima Marote. À la conclusion de cette histoire peinte, la brave femme reconnaissante se rendit alors avec la petite fille à l'église, à Saint-Denis, où se trouvait la tombe du saint roi.

Les soins des femmes

L'initiative et les gestes destinés à sauver Marote sont l'œuvre de la nourrice et non des hommes qui accourent ; une réaction naturelle, si l'on considère que les femmes, enfermées à domicile pour élever leur progéniture et veiller sur la famille, et accaparées par les problèmes domestiques, étaient « de par leur fonction » contraintes de connaître des remèdes et des potions. Leur savoir, souvent jalousement transmis de mère à fille, s'étend aux plantes et à leurs propriétés. Comme le prouve la malheureuse Ghismonda, fille de Tancrède, protagoniste d'une nouvelle de Boccace, qui connaît le pouvoir des herbes et les manipule elle-même avec une adresse tragique.

> Tancrède avait coutume de s'en venir parfois tout seul dans la chambre de sa fille, et là de rester quelque temps à causer avec elle, puis il s'en allait. Un jour, après dîner, y étant descendu pendant que la dame, qui avait nom Ghismonda, était dans son jardin avec toutes ses damoiselles, il y entra sans avoir été vu ni entendu de personne. Ne voulant pas la déranger de son plaisir, et trouvant les fenêtres de la chambre closes et les courtines du lit abattues, il alla s'asseoir au pied du lit dans un coin sur une caissette (*carello*), et après avoir appuyé la tête sur le lit et tiré sur lui la courtine, comme s'il eût pris soin de se cacher, il s'endormit[142].

La rencontre manquée, qui se transforme ensuite en contretemps aux conséquences tragiques, nous permet d'observer certaines habitudes : l'usage de la chambre à coucher de jour également, comme pièce pour recevoir et converser, et la possibilité d'avoir un plus grand nombre d'hôtes nocturnes grâce au « *carello* », une caissette basse pourvue de coussins et de roulettes, qu'on glissait sous le lit et utilisait comme un siège ou un lit supplémentaire.

Le père se réveille quand surviennent sa fille et son amant, sans signaler cependant sa présence. Il n'affronte Ghismonda que plus tard. La jeune fille, qui s'attend à la vengeance paternelle, « se fit apporter des herbes et des racines vénéneuses, qu'elle distilla et réduisit dans l'eau, afin de les avoir toutes prêtes si ce qu'elle craignait arrivait[143] ». Les sombres prévisions se réalisent : le père envoie à Ghismonda le cœur du jeune homme dans une coupe ; Ghismonda le baigne de ses larmes ; elle verse enfin le poison, le boit et attend dignement la mort.

Dans une autre nouvelle de Boccace, c'est de nouveau une femme, la mère de Gentile Carisendi, qui se montre à la hauteur de la situation ; son fils ramène à la maison dame Catalina, qu'on croyait morte et qu'on avait par conséquent déjà enterrée, mais qui, en fait, avait encore un faible souffle de vie. « [La] mère, valeureuse et sage dame [...], mue de pitié, rappela l'infortunée à la vie en faisant un grand feu et en la mettant dans un bain[144]. »

Ce sont toujours les femmes, et elles seules, qui assurent des prestations de type médical pour de nombreuses maladies féminines ; elles assistent aussi aux accouchements, s'occupent du premier bain du nouveau-né et sont capables, si nécessaire, de préparer les remèdes qui conviennent. L'aisance avec laquelle elles manipulaient les ingrédients et les ordonnances pouvait s'avérer très dangereuse. Plutôt que des sorciers, le Moyen Âge engendra en effet des sorcières. À la persécution de ces malheureuses, qui finirent presque toutes sur le bûcher, participèrent à la fois le ressentiment et le préjugé de la médecine savante et masculine envers la médecine populaire et féminine, qui était perçue en tout cas comme une rivale. En témoigne clairement une miniature du début du xvᵉ siècle, extraite de l'*Epistre d'Othéa* de Christine de Pisan (1364-1431 environ), où Esculape, le dieu de la Médecine, est opposé à la magicienne Circé, ensorceleuse des compagnons d'Ulysse, subjugués par sa beauté. Esculape porte les vêtements d'un médecin du xvᵉ siècle et il observe les urines, tandis que Circé, en dépit du pouvoir de séduction qu'on lui prête, est une vieille femme qui embroche des crapauds pour ses potions vénéneuses. D'un côté, un homme, la médecine officielle ; de l'autre, une femme, coupable parce que vieille, la médecine empirique, aux bornes de l'incantation et du sortilège[145]. Les sorcières étaient accusées de fabriquer des onguents magiques et d'accomplir des maléfices, surtout à l'égard des petits enfants. En réalité, le taux de mortalité puerpérale et infantile étant alors si élevé, on peut comprendre pourquoi, faute de connaître les véritables causes, on tenait facilement pour responsables les personnes qui s'étaient le plus occupées du nouveau-né, de la mère ou des soins que requiert un petit enfant.

Il arrivait que le bouc émissaire fût le démon, qu'on accusait d'avoir placé un petit diable dans le berceau à la place du nouveau-né, ravi par la mort : c'est ce que raconte par exemple la légende de saint Étienne (fig. 90). Un enfant chétif, toujours malade, pouvait être considéré par sa mère comme un enfant substitué à son enfant volé (*changeling* en anglais) ; si l'on constatait que l'enfant ne grandissait pas, on y voyait un signe certain de l'échange diabolique : de fait, l'« enfant substitué » ne change jamais. Dans l'espoir de contraindre le diable à rapporter l'enfant volé, l'« enfant changé » était soumis à des rites cruels, souvent abandonné et mis à mort[146].

Au Moyen Âge, on était confronté à une nature dont les lois vous échappaient en grande partie ; on percevait des phénomènes dont on ignorait les causes (les microbes, par exemple), et l'on était d'autre part fortement conditionné par la religion, pôle de référence de toutes les actions humaines. La frontière entre foi et superstition, incantation et miracle, est ambiguë quand les anges, les démons et les saints sont toujours présents, prompts à secourir et à punir. Les membres du clergé avaient eux-mêmes si souvent du mal à distinguer les œuvres de Lucifer de celles de l'ange de lumière, le véritable saint de l'imposteur, le miracle de la super-cherie, à laquelle consentait l'impénétrable volonté divine ! L'attente du surnaturel et la familiarité avec l'au-delà expliquent – en partie du moins – qu'on ait approuvé la chasse aux sorcières, considérées comme telles non seulement par l'Inquisition qui les interrogeait, les torturait et les jugeait, mais aussi par ceux qui les connaissaient bien, comme des voisines inoffensives, mais toujours prêtes à changer d'opinion.

L'expérience et la compétence des femmes en obstétrique et en gynécologie étaient toutefois trop précieuses pour qu'elles fussent toujours mal jugées. Lorsqu'une mère mourait en couches, c'étaient les femmes qui se chargeaient d'extraire l'enfant de son ventre en pratiquant une césarienne. Une miniature du XIVe siècle, intitulée *Les faits des Romains* (fig. 91), représente la naissance de César[147] d'après les critères habituels de la réactualisation médié-vale. Nous sommes dans la pièce d'un château où la défunte a été étendue sur une épaisse couche de paille pour absorber le sang. Une femme décroche une marmite d'eau bouillante de la crémaillère de la cheminée où crépite un joli feu : si l'enfant survit – César aura cette chance –, on le lavera et le baptisera aussitôt.

Dame Catalina, que nous avons déjà rencontrée, attendait un enfant quand « elle fut prise d'un accident si grave » que les médecins déclarèrent qu'elle était morte. « Ses plus proches parents ayant assuré qu'elle leur avait dit être enceinte depuis trop peu de temps pour que son enfant fût viable, sans s'embarrasser d'autre chose, après avoir versé bien des larmes, on l'ensevelit telle qu'elle était dans une tombe de l'église voisine[148]. » Les

Fig. 91. *La naissance de Jules César par césarienne*, miniature, début du xive siècle, extraite des *Faits des Romains*, Paris, Bibliothèque nationale de France, Nouvelle Acq. Fr., ms. 3576, f. 197.

Fig. 90 (en face). Martino di Bartolomeo, *Le diable enlève Étienne, enfant et futur saint, et met un petit diable à sa place*, détail de la *Vie de saint Étienne*, détrempe sur bois, début du xve siècle, Francfort, Städel Museum.

proches de Catalina s'étaient en effet demandé si pratiquer ou non une césarienne pour sauver et baptiser l'enfant : de fait, si le fœtus déjà formé était mort dans le ventre de sa mère, la petite âme n'aurait pu aller au paradis[149]. D'ordinaire, les mères mortes en couches avec leur enfant non né, mais viable, étaient enterrées hors de l'enceinte de la terre consacrée parce que coupables d'avoir porté dans leur sein un être non baptisé ; le même sort était réservé à l'enfant mort-né ou mort avant le baptême[150].

Les femmes savaient aussi manier des instruments chirurgicaux sur les cadavres pour d'autres raisons. Dans les pièces du procès de canonisation de Claire de Montefalco (1268-1308), nous apprenons que ce furent justement ses consœurs qui se chargèrent de trouver dans le cœur de la défunte, qu'elles avaient soigneusement disséquée, la croix et les instruments de la Passion : ces *Arma Christi* que leur abbesse, de son vivant, avait toujours prétendu renfermer dans sa poitrine[151].

Ce sont bien entendu toujours des femmes, et uniquement des femmes, que l'on voit s'affairer dans les scènes de la *Nativité* de Marie, du Christ ou de Jean-Baptiste. Les *Évangiles* laissent la Vierge seule au moment critique, une situation promptement corrigée par les *Apocryphes*, qui placent à côté d'elle deux sages-femmes. L'une d'elles, Salomé, qui ne croyait pas à la possibilité d'un accouchement virginal, fut punie par la paralysie de son bras profanateur, même si elle fut pardonnée par la suite, pour s'être profondément repentie.

Chapitre IV

LA VIE DES ENFANTS

Alors que la nature protège tous les êtres vivants, elle ne se transforme en méchante marâtre qu'à l'égard de l'homme ; […] elle le jette sur la terre pour le faire aussitôt pleurer et vagir, alors qu'aucun animal ne connaît les larmes […]. À peine ce malheureux a-t-il vu la lumière qu'on le serre dans des langes pour bien lui faire comprendre qu'il vient d'entrer dans une prison. Seuls les yeux et la bouche restent libres pour s'acquitter de leur tâche, qui d'ailleurs ne consiste qu'à pleurer et à crier. Et même si un enfant de roi ou d'empereur est entouré de plus grands soins, son sort n'est guère différent. Il vit pieds et poings liés, pauvre animal gémissant, qui inaugure ainsi une vie de tourments, par la seule faute d'être né[1].

À sa naissance, l'enfant était en effet étroitement emmailloté comme une petite momie par crainte que ses os fragiles ne croissent mal ou de travers. Il était en même temps aussitôt entouré de tendres attentions, comme on peut le constater dans toutes les scènes de naissances bibliques, représentées d'après la réalité contemporaine du peintre qui en était l'auteur. Observons la *Naissance de la Vierge* du « Maître de Sant'Elsino », qui se trouve aujourd'hui à la National Gallery de Londres (fig. 92). La vieille Anne est couchée, fourbue et souffrante. On a tiré les rideaux autour du lit, rideaux si nécessaires dans les chambres médiévales pleines de courants d'air et mal chauffées : « Pourquoi faites-vous des couvertures ? Pour attirer le sommeil, qui vous est nécessaire, et pour vous reposer. Et pourquoi faites-vous des rideaux ? Parce que vous craignez le vent », expliquait Giordano da Pisa dans un de ses prêches, qui commençait par un commentaire du verset évangélique : « Heureux ceux qui ont cru sans avoir vu[2]. »

À côté du lit se trouve un long bahut où l'on rangeait les vêtements et le linge, et sur lequel on pouvait s'asseoir et bavarder, ou bien poser des pichets et des écuelles. Une servante s'approche d'Anne pour la réconforter en l'éventant à l'aide d'un éventoir rectangulaire et en lui tendant un bon petit plat (sur l'assiette chaude recouverte se cache sans doute un poulet). Au premier plan, trois femmes s'occupent du bain du nouveau-né ; l'une remue l'eau dans un baquet, une autre se présente avec une espèce de broc qu'il nous faut imaginer plein d'eau chaude qu'elle vient de puiser dans la marmite qui chauffe sur le feu crépitant dans l'autre pièce. Marie est très mignonne, son petit visage appuyé contre la joue de la sage-femme qui la tient dans ses bras.

Un maître rhénan du début du xve siècle a, quant à lui, raconté la naissance de Jésus en faisant réparer par un groupe d'anges les dommages qu'a subis un très pauvre enfant, né pratiquement en plein air par une nuit glaciale d'hiver (fig. 93). On pourrait l'intituler « le rêve de la Sainte Famille ». Perchés sur une échelle et sur le toit, les charpentiers célestes restaurent la toiture de paille. Marie est étendue sur un lit douillet, recouvert de brocart ; un ange arrange son oreiller derrière sa tête ; pour reprendre des forces, la Vierge a déjà à la main une écuelle remplie de nourriture, avec une cuillère. Comme il s'agit tout de même d'un enfant très particulier, Jésus s'est déjà levé de son propre chef pour aller apporter un peu

Fig. 92. Maître de Sant'Elsino,
Naissance de la Vierge,
compartiment d'un polyptyque
où figurent la *Vierge de
l'humilité* et les *Histoires
de la Vierge et de
sant'Elsino*, détrempe sur
bois, XIVᵉ siècle, Londres,
National Gallery.

Fig. 93. Maître rhénan, *Nativité*, détrempe sur bois, début du xve siècle, Berlin, Dahlem, Staatliche Museen, Gemäldegalerie.

de joie au vieux Joseph qui, de son établi de menuisier, lui tend deux fleurs (on entrevoit à peine le bœuf, l'âne et la mangeoire, devenus inutiles). Au premier plan, à gauche, brille une fontaine d'or toute ciselée à laquelle deux anges viennent de puiser de l'eau : l'un d'eux porte deux seaux suspendus à un bâton appuyé sur son épaule ; l'autre un broc, sur l'épaule également. À proximité, un chaudron rempli d'eau bouillante repose sur un solide trépied, au-dessus du feu ; au cas où il faudrait attiser les braises, des pinces sont déjà prêtes. Deux anges réchauffent à la flamme les linges avec lesquels on séchera bientôt l'enfant. Exquise délicatesse : le baquet où l'on a préparé l'eau est couvert d'une petite tente constituée de rideaux brodés afin que le petit reste enveloppé d'une douce tiédeur pendant toute la durée du bain. Juste à côté, une jeune fille blonde avec une cruche à la main s'occupera de tout.

Le berceau où reposaient les nouveau-nés était d'ordinaire à bascule ; le mouvement vertical de la tête au pied est une préférence typiquement italienne, comme on le constate sur cette miniature (fig. 94) : l'épouse aide son mari à se changer, un des trois enfants tire sa robe pour attirer son attention et le nouveau-né, emmailloté jusqu'à la tête, dort béatement. Aux traverses sont suspendus un seau, une cruche et les linges, que l'on place en hauteur pour éviter la poussière du sol et l'assaut des souris. À l'exception de l'Italie, on préférait bercer le nouveau-né en exerçant un mouvement horizontal, d'une épaule à l'autre, comme en témoigne par exemple une miniature du XIVe siècle (fig. 95).

Il arrivait que le berceau fût accroché au plafond à l'aide d'un système de cordes, juste au-dessus du lit des parents, qui en tendant un bras le balançaient ; une manière ingénieuse d'économiser l'espace, toujours étroit dans les petites maisons médiévales, mais non sans risques, car les cordes pouvaient se rompre. L'enfant, que nous voyons ici bercé avec un peu trop de vigueur sans doute par la nourrice assise sur la caisse rouge à côté du lit (fig. 96), est

Fig. 94. *Le retour du paysan du travail et sa famille*, miniature, second quart du XIVe siècle, Turin, Bibliothèque nationale, ms. E.I.1, f. 310v.

Fig. 95. *Isaac dans son berceau, allaité à l'aide d'une corne en guise de biberon*, miniature, xive siècle, extraite de la « Bible de Jean de Sy », Paris, Bibliothèque nationale de France, ms. Fr. 15397, f. 32v.

Fig. 96. Simone Martini, *Le bienheureux Agostino Novello sauve un enfant tombé de son berceau*, détail du *Retable du bienheureux Agostino Novello*, détrempe sur bois, début du xive siècle, Sienne, Pinacothèque nationale.

même passé par la fenêtre. Les cordes ont en effet cédé en partie et le petit est étendu inanimé sur la terrasse voisine. Mais le bienheureux Agostino Novello, qui planait dans le ciel, vient à son secours. L'enfant ressuscité, habillé en moine, un cierge à la main, se dirige manifestement, dans les bras de sa mère, vers la tombe du bienheureux pour le remercier.

Agostino Novello devait avoir une prédilection pour les enfants – opinion que partageaient les parents des petits malheureux – parce que trois des quatre miracles peints par Simone Martini sur le retable qui lui est dédié regardent l'enfance. Agostino Novello descend du ciel pour guérir un enfant mordu à la tête par un chien féroce (fig. 97), qu'une femme s'efforce en vain d'éloigner à coups de bâton : les édifices, tous crénelés, indiquent peut-être que nous nous trouvons hors des remparts de la ville. Il parvient ensuite, avec un réflexe d'une prévoyance exceptionnelle, même pour un bienheureux, à attraper au vol la planche qui est sur le point de s'abattre sur la tête d'un enfant qui, doublement malchanceux, va s'écraser par terre (fig. 98). En cédant, la pièce de bois s'était détachée d'un balcon fermé. La planche manquante permet de distinguer le tabouret sur lequel l'enfant avait grimpé pour mieux voir. Cette partie du retable est à juste titre célèbre pour sa représentation des rues tortueuses et étroites, si étroites qu'il pouvait arriver qu'un cavalier « de haute stature et peu gracieux, quand il traversait la ville, et en particulier à cheval, [...] avait les jambes si écartées qu'elles occupaient toute la rue, si elle n'était guère large, au point que le passant qui le croisait se voyait contraint de lui essuyer la pointe des souliers[3] ». Quant aux escaliers extérieurs des maisons (fig. 99), ils encombraient et étranglaient davantage les rues, offrant la nuit des abris discrets aux malfaiteurs, et des occasions de guets-apens, de vols et de meurtres[4]. À Sienne, près de la rue des frères humiliés, les maisons étaient si basses et les ruelles si étroites que lorsque les moines les empruntaient pour

Fig. 97. Simone Martini, *Le bienheureux Agostino Novello sauve un enfant mordu à la tête par un loup,* détail du *Retable du bienheureux Agostino Novello*, détrempe sur bois, début du XIVᵉ siècle, Sienne, Pinacothèque nationale.

Fig. 98. Simone Martini, *Le bienheureux Agostino Novello sauve un enfant tombé d'un balcon*, détail du *Retable du bienheureux Agostino Novello*, détrempe sur bois, début du XIVᵉ siècle, Sienne, Pinacothèque nationale.

Fig. 99. *L'histoire d'amour de Gianni da Procida et de Restituta, fille de Marin Bolghero*, miniature, fin du XIVᵉ siècle, d'après le *Décaméron* de Boccace, V, 6, Paris, Bibliothèque de l'Arsenal, ms. 5070, f. 201r. On remarquera l'escalier extérieur.

Fig. 100. *Le rendez-vous galant interrompu*, miniature, fin du XIVᵉ siècle, d'après le *Décaméron* de Boccace, V, 10, Paris, Bibliothèque de l'Arsenal, ms. 5070, f. 215v. Le miniaturiste a représenté une maison de gens exception-nellement riches : l'escalier est à l'intérieur et les fenêtres ont des vitres colorées.

aller enterrer un mort, il leur fallait baisser la croix procession-
nelle et les gens ne réussissaient plus à passer[5]. Dans le retable
de Simone Martini, les contrevents en saillie qui soutiennent les
balcons et les vérandas, qu'ils soient en bois ou en maçonnerie,
avancent dans la rue pour élargir désespérément les pièces exiguës
des maisons, ce qui, malheureusement, ne manquait pas de favo-
riser la propagation des flammes en cas d'incendie. À Sienne, en
1309, on ordonna de démolir une série de galeries extérieures
« à cause desquelles la rue où se trouvent lesdites galeries est
trop sombre et exposée au feu[6] ». D'autre part, les contrevents du
premier étage des maisons devenaient un sérieux obstacle pour
ceux qui transportaient des charges encombrantes. D'ordinaire,
les fenêtres n'avaient pas de vitres, et elles se fermaient au moyen
de volets en bois qui certes abritaient, mais plongeaient également dans l'obscurité, des pièces déjà mal éclairées[7]. Pour éviter
que n'entrent des nuées de mouches, notre vieux mari parisien
conseillait « de laisser les fenêtres bien fermées avec des toiles
cirées ou du parchemin[8] » : de toute évidence, pour un bourgeois
de la fin du xive siècle, même riche, les vitres étaient encore un
luxe qu'il ne pouvait se permettre (fig. 100).

L'enfant miraculé du retable de Simone Martini (fig. 98)
qui, dans une séquence parfaite, tombe de la galerie et se relève
indemne, porte un long vêtement à deux bandes de couleur :
d'autres volants allaient s'ajouter à son vêtement pendant sa
croissance.

Le berceau accompagnait l'enfant chaque fois que la famille
se déplaçait : cette mère l'a hissé sur sa tête (fig. 101) et elle est
suivie de deux autres enfants en bas âge, dont un qui tient une
cuillère et un petit broc en guise de biberon. Deux autres enfants,
qui ne savent pas encore marcher, ont été placés dans une espèce
de hotte que le père porte sur ses épaules ; cinq enfants, l'un
derrière l'autre, mais combien auront survécu ? On a calculé

Fig. 101. *Une famille en fuite*, miniature, fin du XIIIᵉ siècle, extraite de l'*Apocalypse en image*, Paris, Bibliothèque Nationale de France, ms. Fr. 13096, f. 60v.

Fig. 102. Antoniazzo Romano, *Sainte Françoise Romaine ressuscite un enfant étouffé dans le lit de sa mère*, détail du cycle consacré à la sainte, fresque, 1468, Rome, Monastère des Oblates de sainte Françoise Romaine (Tor de' Specchi).

qu'au Moyen Âge, un enfant sur trois mourait avant l'âge de cinq ans[9], pour quantité de raisons. De nombreux enfants, davantage de filles semblerait-il, mouraient étouffés dans le lit de leurs parents car la mère préférait allaiter le nouveau-né en le gardant à côté d'elle, sans devoir se lever la nuit (fig. 102): manque d'attention, infanticide passif ou délibéré[10]? Les familles trop nombreuses pouvaient ne pas réussir à soutenir le poids d'un si grand nombre de naissances. On accueillait les filles d'autant moins volontiers que les frais du mariage pèseraient sur l'économie du ménage; une fois mariées, les filles quittaient leur famille d'origine et ne venaient plus en aide à leurs parents âgés. Les spécialistes ne sont pas entièrement d'accord sur l'interprétation de ces morts qui, quoi qu'il en soit, étaient si fréquentes qu'elles entraient dans la casuistique des manuels du confesseur. Le canoniste Burchard de Worms (965 environ-1025) prévoit quarante jours d'affilée au pain et à l'eau si la cause de la mort était suspecte ou si l'on ne savait pas à qui l'attribuer avec certitude, au père ou à la mère, mais trois ans de jeûne au pain et à l'eau aux jours prescrits si l'on était certain que la cause était la négligence parentale[11].

Un enfant pouvait mourir parce que sa mère n'avait pas assez de lait pour le nourrir; sainte Catherine déclara à son confesseur que sa mère avait été contrainte de choisir de l'allaiter, elle, ou sa sœur jumelle: on mit la jumelle en nourrice et elle mourut[12]. La coutume d'envoyer un enfant à la campagne chez une nourrice mercenaire était très répandue au Moyen Âge, dans toutes les classes sociales, même si cette démarche s'avérait souvent fatale pour les nouveau-nés: en Italie, dans dix-sept pour cent des cas[13]. De nombreux enfants ne supportaient pas le voyage, ou mouraient à cause de la mauvaise qualité du lait, peu nourrissant ou donné trop rarement. On croyait d'autre part que le lait d'une femme enceinte était nuisible à l'enfant; une femme féconde accouchait en moyenne tous les dix-huit mois[14] : l'aide d'une nourrice était donc nécessaire pour accroître la famille.

L'enfant a grandi et il quitte enfin son berceau. Pour faire ses premiers pas, il s'aide d'une espèce de déambulateur à roulettes : il est protégé par une petite robe qui descend jusqu'à ses pieds et ouverte sur le devant, identique pour les deux sexes, et par diverses amulettes, d'ordinaire une petite branche de corail[15] ; et il ne porte rien sous sa robe[16]. C'est naturellement grâce aux représentations de la Vierge et de l'Enfant Jésus que nous pouvons nous faire une idée de l'enfance au Moyen Âge : dans cette exquise miniature flamande de 1440 environ (fig. 103), l'Enfant marche dans son déambulateur et dit à sa mère occupée à tisser un galon à plusieurs couleurs : « Je suis ton réconfort » (*Ego sum solacium tuum*[17]).

À quoi jouaient les enfants une fois qu'ils étaient capables de marcher et de courir ?

Certains divertissements n'avaient lieu qu'en hiver : en décembre, quand on tue le cochon, les enfants gonflaient sa vessie comme un ballon (fig. 104) ; s'il avait neigé, ils jouaient dans les rues à se lancer des boules de neige (fig. 105). Mais écoutons plutôt les souvenirs du chroniqueur français Jean Froissart (1337- apr. 1404) : « Et pour chasser les papillons, je me voulais bien distingué. Et quand attraper je les pouvais, d'un petit fil je les liais. Et puis je les laissais aller, ou je les faisais voler. Je jouais à un autre jeu qu'on appelle "la queue leu leu". Souvent je faisais d'un bâton un cheval que j'appelais Grisel (fig. 106). Du soir au matin, je m'amusais avec la toupie que je tirais avec une ficelle[18] (fig. 107) et souvent j'ai soufflé l'eau avec une paille[19]. » Les batailles d'eau devaient être un passe-temps très prisé pour qu'un mystique l'utilise comme terme de comparaison afin d'expliquer les effets d'une figure qui s'anime : Giacomo Bianconi, qui se trouvait un jour dans une église à Bevagna (Pérouse) devant le Crucifix, vit soudain son visage et son manteau inondés du sang

Fig. 103. *La Sainte Famille*, miniature, vers 1440,
extraite du *Livre d'or de Catherine de Clèves*, New
York, Pierpont Morgan Library, ms. 917.

104

Fig. 104. *Un enfant s'amuse avec une vessie de porc*, miniature, xvᵉ siècle, extrait du *Breviarium* d'Hercule Iᵉʳ d'Este, Modène, Bibliothèque Estense, ms. V. G. 11 = lat. 424, f. 6v.

Fig. 105. *Des adultes et des enfants s'amusent à se lancer des boules de neige*, miniature, xvᵉ siècle, extraite des *Heures de la duchesse de Bourgogne*, Chantilly, Musée Condé, ms. 76, f. 12.

106

105

Fig. 106. *Les âges de la vie*, détail : *Un enfant court à califourchon sur un manche à balai,* miniature, xvᵉ siècle, extraite du *Livre des propriétés des choses* (*Liber de proprietatibus rerum*) de Barthélemy l'Anglais, Paris, Bibliothèque nationale de France, ms. Fr. 218, f. 95.

Fig. 107. Meister Bertram, *L'enfant Jésus et sa toupie à côté de lui*, détail du *Buxtehuder Altar*, détrempe sur bois, 1400 environ, Hambourg, Kunsthalle.

Fig. 108. *Jouets en terre cuite*,
XIIIe siècle, Strasbourg,
Musée de l'Œuvre Notre-Dame.

et de l'eau qui jaillissaient de la blessure au flanc du Christ, « comme le font d'ordinaire les enfants quand ils vous aspergent en soufflant dans une paille[20] ». Le charme manifeste du miracle de la guérison de Longin[21] s'associe à un écho souriant de la vie quotidienne.

Nous connaissons mieux les jeux enfantins du Moyen Âge depuis qu'on a découvert au siècle dernier, à Strasbourg, dans la boutique d'un potier du XIIIe siècle, tout un assortiment de jouets en argile : des sifflets en forme d'oiseau, des poêles et des brocs miniatures, de minuscules tirelires, des petites poupées et des petits chevaux avec leurs cavaliers[22] (fig. 108). Les enfants aimaient faire la guerre avec des épées de bois, se mesurer lors de tournois fictifs ; jouer à cache-cache, à la balle, parfois avec une crosse en bois, un jeu semblable à notre hockey sur gazon. Ils aimaient courir et sauter, faire tourner les pales d'un petit moulin enfilé dans une noix : un jouet qui était, en raison d'un jeu de mots facile, l'emblème de la maison d'édition de Jean Moulinet[23] (fig. 110), et le préféré, selon les peintres, de l'Enfant Jésus, les pales évoquant la croix (fig. 109).

L'espérance de vie était brève, et brève était la durée de l'enfance insouciante.

Les enfants commençaient très tôt à travailler : à l'âge de huit ans, Guillaume de Norwich aidait déjà un fourreur dans son atelier[24]. On a conservé les contrats de petits garçons de dix ou douze ans qui apprenaient à peindre des coffres et à travailler la soie[25] : l'enfant dont on entrevoit la tête blonde à la hauteur de l'établi du cordonnier, peint par Lorenzetti dans les *Effets du bon gouvernement en ville*, est parfaitement à sa place (fig. 34)[26]. Il pouvait leur arriver bien pire, d'être vendus comme esclaves aux juifs, par exemple, ou aux « Sarrasins » qui en faisaient commerce : c'est de ce problème que s'occupe le concile du Latran de 1179. Tout le monde, y compris les « chrétiens », était toutefois plus

Fig. 109. Maître de Vivoin, *L'Enfant Jésus avec un tourniquet,* détail de *La Vierge et saint Benoît,* huile sur bois, xve siècle, Le Mans, Musée de Tessé.

Fig. 110. *Marque de l'imprimeur Jean Moulinet,* dessin, 1500, Paris, Bibliothèque nationale de France, Imprimés, Réserve, Ye 1077. On a enfilé un petit moulin dans la noix.

ou moins concerné par cette pratique : Francesco Datini (1335-1410), un marchand de Prato, écrivait à un ami de lui acheter une petite esclave[27]. Une nouvelle de Boccace a comme protagoniste Théodore, enlevé enfant en Arménie et vendu par les Génois en Sicile : « Au temps que le bon roi Guillaume gouvernait la Sicile [c'est-à-dire de 1166 à 1189], il y avait dans l'île un gentilhomme nommé messer Amerigo, abbé de Trapani, et qui, entre autres biens temporels, possédait beaucoup d'enfants. Ce pour quoi, ayant besoin de serviteurs, et certaines galères de corsaires génois étant venues du Levant où elles avaient pris beaucoup de jeunes esclaves en côtoyant l'Arménie, il en acheta quelques-uns, les croyant turcs. Parmi ces esclaves, dont la plupart paraissaient être des bergers, il y en avait un de meilleure et plus noble mine que les autres et qui était appelé Théodore[28]. »

Les sources signalent aussi qu'on enlevait fréquemment des enfants pour obtenir une rançon de leurs parents, mais surtout, comme nous l'avons dit, pour en faire des esclaves. Une réalité qui trouvait un espoir de consolation dans les miracles de saint Nicolas, que l'on peignait pour proposer aux parents malheureux un but à leurs prières et un présage d'identification.

Dans les parties supérieures des volets d'un petit autel de Bernardo Daddi (connu de 1312 à 1348[29]) figurent les deux moments d'un miracle du saint évêque : quand les volets sont ouverts, à gauche, Nicolas libère l'enfant Adéodat ; à droite, il le redonne à ses parents (fig. 111-112). Adéodat avait été capturé par les « Sarrasins[30] » et conduit comme esclave chez leur roi. Un an plus tard, à l'occasion de l'anniversaire du saint, le petit garçon, qui servait à table et tenait à la main une coupe précieuse, se souvint tout à coup de toutes les réjouissances par lesquelles ses parents célébraient d'ordinaire le jour de saint Nicolas, et il se mit à pleurer[31]. Quand il apprit la raison de la tristesse de l'enfant, le roi se mit en colère : « Quoi que fasse ton Nicolas, déclara-t-il, tu resteras ici avec nous ! » Alors un vent terrible détruisit aussitôt le palais, et Adéodat, qui tenait toujours la coupe à la main, se retrouva devant la chapelle où ses parents célébraient la fête de saint Nicolas.

Sur le volet de gauche (fig. 111), le roi porte un turban et il empoigne un couteau menaçant en s'adressant au saint qui soulève l'enfant par les cheveux pour l'enlever, mais dans une bonne intention. Pris au dépourvu, Adéodat est un peu déséquilibré en arrière. À côté du roi, l'unique convive est une belle jeune femme, dépourvue de bandeau sous son menton et de voile sur ses cheveux, caractéristiques de la femme mariée. Une façon de suggérer la conduite déréglée des « Sarrasins » ? Sur le volet de droite (fig. 112), en revanche, les parents d'Adéodat (la mère porte le bandeau et le voile) sont à table avec un religieux pour suggérer que leur banquet est pieux. Avec leurs gestes, ils expriment leur joie et leur émerveillement ; il n'y a aucun couteau sur la table. Le peintre a construit ces deux scènes d'après un même schéma en sorte que la comparaison et la confrontation soient immédiates. Tout en haut du volet de gauche, l'étoffe est rehaussée d'un riche galon doré ; mais à droite, l'étoffe s'est retirée pour laisser la place aux remparts de la ville : unique détail de différenciation, chargé de sens. À gauche, le ciel uniformément doré dénote le dépaysement et l'étrangeté ; à droite, les remparts, quoique à peine ébauchés, expriment avec une grande spontanéité le réconfort de la protection, le retour « à la maison », en famille, dans la patrie[32].

Saint Nicolas, le grand protecteur de l'enfance, était aussi capable de se mesurer victorieusement au démon infanticide : le miracle semble en réalité remédier à un cas d'enlèvement, qui s'est mal terminé.

Un notable

célébrait chaque année, en grande solennité, la fête de saint Nicolas, pour l'amour de son fils, qui étudiait alors le latin. Un jour, à l'occasion du banquet de cette fête, il invita de nombreux clercs. Mais le diable, vêtu en pèlerin, frappe à la porte et demande l'aumône. Le père ordonne aussitôt à son fils d'aller donner une aumône au pèlerin ; et le jeune homme, ne trouvant plus le pèlerin devant la porte, le poursuit jusqu'à un carrefour, où le diable se jette sur lui et l'étrangle. Ce qu'apprenant, le père se lamente, ramène le corps dans sa maison, le place sur son lit, et s'écrie de douleur : « Mon fils bien-aimé, qu'es-tu devenu ? Ô saint Nicolas, est-ce donc là la récompense des honneurs que je te rends depuis tant d'années ? » Et à ces mots, l'enfant, comme se réveillant, ouvre aussitôt les yeux et se relève[33].

Cette histoire, peinte par Ambrogio Lorenzetti (fig. 113), est située dans une maison de deux étages et elle commence à l'étage supérieur. Ainsi le peintre parvient-il à articuler son récit en guidant l'observateur dans l'escalier qui conduit à la chambre à coucher au rez-de-chaussée, où a lieu le miracle, avec un admirable mouvement en colimaçon, et il déplace en même temps les personnages qui, du fond de la pièce, arrivent au premier plan de la salle supérieure, puis au bas de l'escalier et devant la chambre à coucher, avant de regagner pour finir, avec la scène de l'enfant sur le lit, l'obscurité de l'intérieur. Dans la salle du banquet, Lorenzetti a placé trois valets dans une position stratégique : le premier, appuyé contre le mur qui sépare la salle de l'escalier, conduit le regard à quitter le banquet avec l'enfant ; le second, qui se montre à la porte du fond, se retourne pour parler à un troisième valet, que l'on entrevoit à peine dans l'autre pièce, suggérant un espace qui dépasse les facultés visuelles du spectateur. La sensation de la profondeur est encore accrue par l'audacieuse disposition de la table en forme de L, dans une perspective légèrement inversée, de bas en haut.

Fig. 111-112. Bernardo Daddi, *Saint Nicolas libère Adéodat du service du roi païen* et *Le saint redonne Adéodat à ses parents*, volets d'un petit autel, détrempe sur bois, 1336, Sienne, Pinacothèque nationale.

Fig. 113. Ambrogio Lorenzetti, *Un enfant ressuscité par saint Nicolas*, panneau, 1332 environ, extrait d'un tableau perdu provenant de l'église de San Procolo à Florence, Florence, Galerie des Offices.

L'enfant descend pour donner l'aumône au faux pèlerin que nous apercevons de nouveau, mais en dehors de l'escalier (une manière d'indiquer un espace qui continue là où ne peut s'aventurer le regard), en train d'étrangler sa victime avec ses mains griffues. L'histoire se déplace à présent vers la droite, dans la chambre à coucher où l'enfant défunt est d'abord pleuré par ses parents, avant que, comme dans une séquence cinématographique au ralenti, il se ranime et se relève à la grande stupéfaction de ses parents et de ses amis. Les rayons vivifiants qui partent de la bouche et de la main de saint Nicolas, suspendu en l'air sur la gauche, frappent la tête de l'enfant étendu sur le lit à travers la fenêtre grande ouverte ; ils marquent un parcours perpendiculaire à celui de l'escalier en forme de coude, divisant le premier étage, occupé par des proches parents et des clercs concentrés sur le banquet, du rez-de-chaussée, lieu du miracle. Les parcours visuels entrelacés que Lorenzetti a organisés obligent le regard du spectateur à s'attarder sur les détails d'une riche demeure médiévale : l'escalier, au lieu d'être simplement en bois, est tout en pierre, presque entièrement couvert par l'auvent que soutiennent de minces colonnes. Le balcon-véranda est lui aussi couvert de consoles sculptées. Les pièces ont en revanche des plafonds à soliveaux et elles sont très petites : celle du bas est pratiquement occupée tout entière par le grand lit (avec sa couverture « écossaise ») auprès duquel se trouvent les inévitables caisses ; celle de l'étage supérieur est remplie par la tablée, même si les convives ne sont guère nombreux.

Chapitre V

L'apprentissage des enfants

Dans de nombreuses familles, les enfants n'apprendraient jamais à lire, ni à lire et à écrire – les deux opérations ne coïncidaient pas alors comme aujourd'hui –, ni pendant leur enfance ni plus tard. Mais dans une famille de marchands du XIVe siècle, non seulement l'homme devait savoir comment tenir la plume, mais son épouse, selon toute probabilité, était également alphabétisée afin de pouvoir suivre les affaires de son mari en son absence, parfois très longue.

Dans les bras de ses parents, l'enfant commençait par reconnaître les lettres sculptées dans un fruit, et s'il réussissait à les identifier, il recevait ensuite comme récompense l'ensemble du support à croquer : une pratique très répandue que Buffalmacco mentionne dans une nouvelle que nous avons déjà évoquée, en se moquant une fois encore du médecin Simone et de la culture dont il se targue : « Mon maître, on voit bien que vous avez été à Bologne, et que vous avez gardé la bouche close jusqu'en cette ville ; je dis plus : vous n'avez pas appris l'A B C sur une pomme, comme bon nombre d'imbéciles veulent faire, mais vous l'avez appris sur un melon qui est si long[1]. » Que la pomme fût une récompense convoitée – quel enfant la jugerait aujourd'hui comme telle – nous fait sentir la différence et la distance des aspirations enfantines par rapport au Moyen Âge, la disparition des modestes désirs.

Au sein des familles les plus raffinées, on offrait des « objets pédagogiques », comme un disque abécédaire en plâtre, qui nous est miraculeusement parvenu du XIVe siècle sans doute (fig. 114), ou un bol en étain du XIVe siècle, avec un couvercle, ayant pour décoration l'alphabet entier et sur le pommeau la lettre A, la première que prononce l'enfant (fig. 115): manipuler, toucher, porter à la bouche, le moyen de connaître le monde s'associait à la mémoire visuelle pour un apprentissage précoce de la lecture[2]. Ce sont surtout les images qui se rapportent à la famille de Jésus, sa propre famille restreinte ou bien étendue à la *Sainte Parenté*, qui nous informent sur l'éducation des enfants. Marie, en tant que mère, est la première institutrice. Dans une peinture sur bois du XVe siècle[3] (fig. 116), nous la voyons détourner son regard du missel ouvert sur les pages du *Magnificat* (les paroles par lesquelles elle accepte la maternité divine) pour observer son fils qui tient à la main une palette en forme de planche à pâtisserie, plâtrée, où il fait glisser son index droit sur ce qu'il y a d'écrit, pour ne pas en perdre le fil: lettres de l'alphabet et syllabes formées d'une unique lettre répétée et associée à chaque voyelle: « ba, be, bi, bo, bu... » (fig. 116); un détail intéressant parce qu'il nous montre une méthode précise d'enseignement. Dans un panneau de 1335 environ, où figurent des scènes de la *Vie de la Vierge*, les rôles se sont inversés: c'est la Vierge qui apprend à lire dans un *Psautier*, tandis que sa mère, Anne, de dos, lui fait voir la ligne à épeler, à savoir le verset, bien choisi, du psaume 44, 11-12, une invitation à accepter la volonté divine. Tout en apprenant à lire, Marie découvre son destin: « Écoute, ma fille, vois, et tend l'oreille

Fig. 114. *Disque abécédaire en plâtre,* XIVe siècle (?), Paris, Saint-Denis, Unité d'archéologie.

Fig. 115. Bol en étain orné de l'alphabet, XIVe siècle, Londres, Victoria & Albert Museum.

Fig. 116. Maître de Borsigliana (Pietro da Talada ?), *L'Enfant Jésus apprend à lire sous la direction de Marie*, détrempe sur bois, XVe siècle, Capraia di Sillico (Pieve Fosciana, Lucques), église de Santa Maria.

Fig. 117 (en face). *Sainte Anne apprend à lire à la Vierge*, miniature, XIVe siècle, Paris, Bibliothèque nationale de France, ms. Fr. 400, f. 38v.

Sancta Anna ora pro nobis

[; oublie ton peuple et la maison de ton père]. Le roi s'est épris de ta beauté [; puisqu'Il est ton Seigneur et ton Dieu][4]. »

Sur la page d'un manuscrit que les mères surtout devaient regarder avec confiance, il est écrit en guise de cartouche : « Sainte Anne, priez pour nous[5] » (fig. 117). Le rapport mère-fille est très affectueux : Anne serre Marie dans ses bras et, penchée sur elle, au moyen d'une baguette pointue, elle l'aide à lire une ligne du *Psautier* qui est ouvert cette fois au psaume 24,1 dont on peut reconnaître les derniers mots : « *Deus meus in te confido…* », une invocation à Dieu pour qu'il pardonne les fautes de jeunesse.

Il n'est pas jusqu'aux « cousins » de Jésus qui ne soient de braves enfants : dans le tableau central d'un triptyque du XVe siècle consacré à la *Sainte Parenté*[6], œuvre de Quentin Metsys, on voit au centre Marie avec l'Enfant qui joue avec un rouge-gorge à la patte duquel est attaché un fil ; sainte Anne offre à son petit-fils une grappe de raisin. Sur les côtés, les deux Marie, Marie Salomé et Marie de Cléophas et leurs enfants respectifs. À gauche, Marie de Cléophas est assise, faisant office de pupitre à ses deux aînés qui ont posé sur ses genoux un manuscrit à feuilleter avec soin. À ses pieds se trouve son plus petit enfant, qui ne sait pas encore lire, un manuscrit posé à l'envers sur ses petites jambes. Il est occupé à observer une figurine, entouré de livres illustrés et de coussins sur lesquels on a brodé des images instructives.

Apprendre à lire signifiait aussi apprendre ensemble une autre langue, le latin, et commencer à recevoir une instruction religieuse. On apprenait les psaumes par cœur pour faciliter l'apprentissage[7] : l'enfant se familiarisait avec les lettres tracées une par une ou par groupes de syllabes sur la tablette recouverte de plâtre ou de cire, mais ensuite, quand il se retrouvait face au *Psautier*, il reconnaissait, par une espèce de méthode globale, les mots entiers que la mémoire lui suggérait au fur et à mesure. Deux autres prières fondamentales pour le bon chrétien, le *Pater noster* et l'*Ave maria,* étaient aussi souvent écrites sur la tablette et récitées par cœur : elles avaient l'avantage d'être brèves et de comporter, l'une comme l'autre, toutes les lettres de l'alphabet. D'autre part, les enfants devaient être frappés d'apprendre que le *Pater noster* avait été composé par Dieu « de sa propre bouche » et que « l'ange Gabriel avait annoncé l'*Ave Maria* à la Sainte Vierge[8] ». Sur la page d'un manuscrit de 1355-1356 d'un codex de miscellanées qui comporte, entre autres, une « Bible des pauvres[9] », on racontait, avec des mots et des images, l'histoire édifiante d'une fillette, fille de nobles et future sainte. « Ici l'enfant de cinq ans s'instruit dans l'alphabet, puis dans le *Psautier* » : on la voit auprès de l'instituteur et, ensuite, un peu plus grande, auprès de l'assistant de l'instituteur, avec la tablette sur laquelle nous lisons l'alphabet et le *Pater Noster*[10] (fig. 118). Cette petite fille éprouvait une vive émotion à l'égard de l'Enfant Jésus et elle jouait souvent avec lui. Un jour, l'Enfant lui demanda : « Combien m'aimes-tu ? » La fillette répondit précipitamment qu'elle l'aimait comme sa propre robe, puis, se repentant de cette vanité, se corrigea et déclara : « Non, je t'aime comme mon cœur. » Mais pour avoir éprouvé trop d'amour pour Jésus, le cœur de la fillette ne tint pas le coup. Les femmes qui s'occupaient du corps de l'enfant défunte découvrirent que sur sa poitrine était apparue la phrase suivante en lettres d'or : « Je t'aime comme mon cœur », une récompense savante et naïve – des lettres d'or ! – qui gratifiait les bons résultats scolaires de la fillette[11].

Au palais Trinci de Foligno, dans une fresque du début du XVe siècle (fig. 119), l'alphabet et l'*Ave Maria* remplissent la page d'un manuscrit que lit un petit garçon en s'aidant du stylet[12] : avec une belle jeune fille qui guide l'élève en maintenant le poignet de la main qui déchiffre, il constitue l'image de la *Grammaire*. Il en émane une atmosphère d'une grande quiétude, la Vertu étant d'ailleurs dépourvue de l'attribut qui l'accompagne d'ordinaire : la verge, qu'on estimait indispensable à l'enseignement.

Fig. 118. *Une fillette apprend à lire avec une tablette et avec un psautier*, dessin, XIVe siècle, extrait du *Krumauer Bilder Codex*, Vienne, Österreichische Nationalbibliothek, ms. 370, f. 131r.

Enfant, à l'école, Jésus avait lui-même reçu un beau coup de baguette, selon les *Évangiles apocryphes* : l'instituteur, ignorant qui était vraiment son élève, ne pouvait accepter l'idée qu'un écolier traçât l'alpha et l'oméga sur sa tablette, autrement dit qu'il fût assez présomptueux pour penser être le commencement et la fin de tout[13]. Il était si fréquent de voir punir les enfants physiquement que, pour représenter l'*Enfance* dans une miniature ayant pour thème les *Âges de la vie*, l'artiste a fait appel au groupe où l'on voit un adulte donner des coups de bâton à un enfant (fig. 120). Pour Boccace aussi, les enfants pleurent surtout parce qu'ils reçoivent des coups. Avant de donner libre cours à sa colère, le père de la malheureuse Ghismonda s'attendrit un instant et envisage le pardon : « Et cela dit, il baissa le visage, pleurant aussi fortement que ferait un enfant bien battu[14]. »

Il arrivait qu'il y eût des abus et des châtiments brutaux. Guibert de Nogent (mort vers 1124) se souvient :

> Un jour que j'avais été frappé dans l'école (l'école n'était autre chose qu'une salle de notre maison ; car mon maître, en se chargeant de m'élever seul, avait abandonné tous ceux qu'il avait instruits jusque-là, ainsi que ma prudente mère l'avait exigé de lui ; consentant d'ailleurs à augmenter ses revenus, et lui accordant une considération particulière), ayant donc interrompu mon travail pendant quelques heures de la soirée, je vins m'asseoir aux genoux de ma mère, rudement meurtri, et certainement plus que je ne l'avais mérité. Ma mère m'ayant, comme elle avait coutume, demandé si j'avais encore été battu ce jour-là, moi, pour ne point paraître dénoncer mon maître, je lui assurai que non. Mais elle, écartant, bon gré mal gré, ce vêtement qu'on appelle chemise, elle vit mes petits bras tout noircis, et la peau de mes épaules toute soulevée et bouffie des coups de verges que j'avais reçus. À cette vue, se plaignant qu'on me traitait avec trop de cruauté dans un âge si tendre, toute troublée et hors d'elle-même, les yeux pleins de larmes : « Si c'est ainsi, je ne veux plus désormais, s'écria-t-elle, que tu deviennes clerc, ni que, pour apprendre le latin,

Fig. 119. *La Vertu de la Grammaire,* fresque, début du XVe siècle, Foligno (Pérouse), Palazzo Trinci, Salle des arts libéraux et des planètes.

Fig. 120. *Les âges de la vie*, miniature, XVe siècle, extraite du *Livre des propriétés des choses* (*Liber de proprietatibus rerum*) de Barthélemy l'Anglais, Paris, Bibliothèque nationale de France, ms. Fr. 135, f. 193.

Fig. 121. *L'école des singes*, miniature, XIIIe siècle, extraite de *L'histoire du Graal* de Robert de Boron, Paris, Bibliothèque nationale de France, ms. Fr. 95, f. 355.

tu supportes un tel traitement ! » À ces paroles, la regardant avec toute la colère dont j'étais capable : « Quand il devrait, lui dis-je, m'arriver de mourir, je ne cesserais pour cela d'apprendre le latin, et de vouloir être clerc[15]. »

L'homme qui compose ces souvenirs est un moine satisfait de l'enfant qu'il était ou qu'il imagine avoir été : bon élève – la punition avait en effet été excessive –, plein de courage et de détermination. Il n'en reste pas moins que Guibert de Nogent décrit là une situation caractéristique : apprendre et être frappé ne faisaient qu'un. Lorsque les élèves et le maître sont des singes, cela peut paraître cocasse : les petits singes occupés à lire un manuscrit et à écrire sur la tablette, le maître-singe occupé à exercer son rôle de maître, c'est-à-dire à châtier avec un faisceau de verges l'écolier maladroit (fig. 121). Le déguisement animal masque toutefois un malaise et peut-être une véritable protestation, si retenue et souriante qu'elle soit. Mais on ne s'en tint pas toujours au registre de la plaisanterie : nous avons déjà évoqué l'incendie du monastère de San Gallo[16] ; au temps des persécutions chrétiennes, les stylets des élèves de saint Cassien d'Imola, maître d'une petite école, devinrent même l'instrument de son martyre. Le miniaturiste du ixe siècle qui dessina l'acharnement de la révolte exprima aussi des désirs infantiles mortifiés[17], suscités peut-être par quelque « pensum » dicté par le maître, du genre : « Si tu n'écris pas bien, je te frapperai l'échine. » Ou bien : « Écris, enfant, ne te laisse pas distraire par le jeu. Apprends sur la tablette afin de pouvoir écrire ensuite sur le parchemin. Je suis un âne qui ne sait pas écrire. » Ici, en revanche, l'auteur du « pensum » a certes changé : « Que mon maître se casse les jambes[18] ! »

Après avoir appris à lire, les enfants passaient à l'étude des mathématiques, au calcul et aux problèmes ; ils devaient résoudre des cas semblables à ceux qui ont tourmenté notre enfance : un

jour, un petit garçon fut mordu mortellement par un serpent ;
sa mère lui demanda : « Mon fils, si tu avais vécu autant que tu
as vécu jusqu'à présent, puis encore autant, et la moitié encore,
combien de temps aurais-tu vécu au total ? » Ou bien : « Trois
frères ont chacun une sœur ; les six voyageurs arrivent devant
une rivière, mais le bateau à disposition ne peut contenir que
deux personnes. La morale exige que chaque sœur traverse avec
son frère. Comment ont-ils fait[19] ? » Pour le calcul, les enfants
se servaient de l'abaque, une espèce de tableau où les chiffres
figuraient dans des colonnes grâce auxquelles ils faisaient des
multiplications et des divisions. Ou encore, comme le rappelle
le moine Hugues de Saint-Victor, on se servait de cailloux et du
charbon ; quand on dessinait par terre, le charbon était très utile
pour les figures géométriques[20].

Chapitre VI

LA LECTURE À L'ÂGE ADULTE

Les petites filles allaient également à l'école, mais elles passaient plus souvent leur temps à se préparer à devenir de braves femmes au foyer et de bonnes épouses, c'est-à-dire à filer, à broder, à tisser, à tricoter et à coudre (fig. 122-123). Dans l'*Avant-propos* du *Décaméron* (où les conteuses sont au nombre de sept et les conteurs trois seulement), Boccace déclare avoir pensé aux femmes comme destinatrices idéales, celles bien entendu qui savaient lire, « car aux autres c'est assez de l'aiguille, du fuseau et du dévidoir » (fig. 123)[1], des femmes qui, même si elles étaient privilégiées par leur culture, sont « restreintes dans leurs volontés et dans leurs plaisirs par les ordres des pères, des mères, des frères et des maris, [et qui] restent la plupart du temps renfermées dans l'étroite enceinte de leurs chambres, et, s'y tenant quasi oisives, voulant et ne voulant pas en une même heure, roulent diverses pensées qui ne peuvent être toujours gaies ». Contraintes de supporter leur mécontentement inquiet, à la différence des hommes : « Eux, si quelque mélancolie, ou si quelque pensée pénible les afflige, ils ont mille moyens de l'alléger ou de s'en distraire, puisque, s'ils le veulent, ils ont loisir d'aller et venir, d'entendre et de voir de nombreuses choses, d'oiseler, chasser, pêcher, chevaucher, jouer ou marchander. Chacun de ces moyens a assez de force pour tirer, en tout ou en partie, l'esprit à soi, et le détourner des ennuyeuses pensées, au moins pour quelque temps ; après quoi, par un moyen ou par un autre, la consolation survient ou bien l'ennui diminue[2]. » Les femmes lisaient pour se changer les idées, ou bien pour prier. Elles utilisaient des pupitres construits pour les hommes qui restaient à domicile (l'hypothèse où on les aurait installés pour satisfaire des exigences féminines est peu probable), dont les diverses formes dénotent le soin qu'on mettait à améliorer ce type de support.

Le dos tourné au beau feu crépitant de la cheminée, cette femme a posé son volume sur un pupitre fixé au mur, orientable selon la lumière (fig. 126) : un moment de sérénité et de paix émane de la pièce silencieuse et tiède.

Sainte Barbe lit également ses prières en tournant le dos à la cheminée allumée (fig. 125). Les braises et les bûches reposent sur deux chenets en fer forgé. Elle a interposé un linge blanc entre le manuscrit et ses mains pour ne pas risquer de l'abîmer et de tacher la couverture. Nous sommes dans une pièce luxueuse du début du XVe siècle. Muni d'un repose-pied, le banc sur lequel est assise sainte Barbe est rendu plus confortable encore par les coussins et par l'étoffe drapée ; il est en outre pourvu d'un ingénieux dossier mobile, de manière à pouvoir en graduer l'inclinaison à volonté ; même le chandelier sur le manteau de la cheminée peut tourner horizontalement. Quand la bougie sera allumée, il fera honneur à la statuette posée au-dessus, sur la console du manteau, et qui représente la Trinité comme Paternité divine. Nombreux sont les détails destinés à mettre à l'aise celui qui occupe la pièce. Sur le buffet finement sculpté sont posés un broc et un bassin de bronze ; au-dessus, une serviette blanche bien repassée est prête, suspendue à une tringle. Sur un siège pliable, on a placé une aiguière en étain qui contient de grands iris bleus parfumés. Et sur la console du manteau de la cheminée une bouteille de vin blanc en verre transparent est éclairée par la lumière qui entre abondamment par les grandes fenêtres garnies de vitres : le tableau tout entier semble un hymne au plaisir que procurent les sens dans l'intimité domestique. En revanche, c'est surtout par son initiative que ce couple (fig. 124) tirera consolation et bien-être de la situation : ici aussi le banc a un dossier mobile, mais il ne s'y trouve qu'un seul coussin ; il y a bien une cheminée à crémaillère, mais est-elle allumée ? La fenêtre fermée est-elle garnie de vitres ? Il doit faire froid dans cette chambre exiguë : une étoffe rouge a été tendue sur le mur du fond pour parer aux courants d'air et à l'humidité, mais elle n'atteint pas le plafond ; on n'a manifestement rien pu faire de plus.

Pour lire le soir ou quand il faisait mauvais, on avait besoin d'une lanterne, fixée à l'aide d'un système de bâtons et d'étais en haut du pupitre. Giovanni da Milano a imaginé que la Vierge recevait l'ange annonciateur assise sur une chaise à haut dossier marquetée devant un comptoir pourvu d'un pupitre compliqué à roue, tournant, pyramidal, sur lequel était disposée une série de livres (fig. 127). Un volume est opportunément ouvert à la page éclairée par la lampe à huile au-dessus, elle aussi tournante, afin que nous puissions lire aussi la réponse soufflée à Marie : « Voici la servante du Seigneur ; qu'il me soit fait selon ta parole » (« *Ecce ancilla Domini, fiat mihi secundum verbum tuum* », Luc 1 : 38).

Une fois atteint l'âge mûr, la lampe à huile ne suffisait plus. Heureusement, vers la fin du XIIIᵉ siècle, on inventa les lunettes : « Voici à peine vingt ans que l'on a découvert l'art de faire les lunettes, qui permettent de bien voir, et c'est l'un des arts les meilleurs et les plus nécessaires qui existent au monde, et on le connaît depuis si peu de temps : un art nouveau comme on n'en a

Fig. 122. *Les petites brodeuses*, détail du *Retable de la Vierge et de saint Georges*, peinture sur bois, XVᵉ siècle, Villafranca del Panadés (Barcelone).

Fig. 123. *Filer avec le métier à filer et carder la laine*, miniature, 1470 environ, d'après Boccace, *Des clères et nobles femmes*, New York, New York Public Library, Spencer Collection, ms. 33, f. 56r. Au premier plan, un dévidoir pour dévider l'écheveau.

Fig. 124. *Un amour adultère,* miniature, fin du XIVᵉ siècle, d'après le *Décaméron* de Boccace, VIII, 8, Vienne, Österreichische Nationalbibliothek, ms. 2561, f. 304v.

Fig. 125. Maître de Flémalle (Robert Campin), *Sainte Barbe en train de lire*, huile sur bois, 1438, Madrid, Prado.

Fig. 126. *Femme absorbée par la lecture*, miniature, XVe siècle, d'après Boccace, *Le livre des clères et nobles femmes*, Paris, Bibliothèque nationale de France, fr. 599, f. 22r. Il est à noter que le pupitre est percé d'un trou pour déposer les rouleaux de parchemin défaits.

Fig. 127. Giovanni da Milano, *L'Annonciation,* compartiment central de la prédelle du polyptyque : *Vierge avec l'Enfant, saints, histoires de leur vie et histoires évangéliques*, détrempe sur bois, 1354 environ, Prato, Musée municipal.

jamais vu », expliquait Giordano da Pisa dans un prêche de 1305 à Florence[3]. Dans le Chapitre de San Nicolò à Trévise, Tommaso da Modena peignit en 1352 quarante personnages illustres de l'ordre dominicain et représenta parmi eux le cardinal Ugo di Provenza en train d'écrire sur son pupitre entouré de codex : sur son nez repose un beau lorgnon de type pince-nez, repliable (fig. 128).

Ce fut certainement une invention extraordinaire et l'on comprend l'enthousiasme du prédicateur cultivé : tous ceux qui se consacraient à la lecture et à l'écriture se voyaient peu à peu exclus du travail intellectuel à mesure qu'ils vieillissaient, même s'ils s'aidaient de leur singulière bibliothèque personnelle, à savoir leur mémoire, qu'on exerçait alors beaucoup plus qu'on ne le fait aujourd'hui. Même des hommes et des femmes qui se consacraient à des occupations plus simples, au travail manuel, devenaient inaptes au travail en vieillissant. En esquissant les traits physiques et moraux d'une entremetteuse qui favorise l'adultère d'une jeune épouse, Boccace brosse un portrait des plus crus, mais cette assiduité hypocrite à l'église, avec la couronne du rosaire à la main pour tirer profit des indulgences (« Son chapelet continuellement à la main, elle allait à tous les pardons, ne parlait jamais d'autre chose que de la vie des saints Pères ou des plaies de saint François »), ces perpétuelles visites à domicile, consacrées à d'ignobles services, sont liées au vieillissement de la femme : laide, ayant cessé d'être désirable, elle est privée d'un rôle actif au sein de la sphère domestique, et devient dès lors pauvre et exclue.

> Et à quoi diable sommes-nous bonnes quand nous sommes vieilles, sinon à garder les cendres auprès du feu ? [...]. Quand je me souviens, et que je me vois faite, comme tu me vois, de façon que je ne trouverais personne qui me donnerait du feu même avec un chiffon, Dieu sait quelle douleur je ressens. [...]. Quand nous vieillissons, que ni mari ni autres ne nous veulent voir, qu'au contraire ils nous

Fig. 128. Tommaso da Modena, *Le cardinal Ugo di Provenza*, fresque, 1352, Trévise, Chapitre de San Nicolò.

envoient à la cuisine dire des fables au chat, et compter les pots et les
écuelles. […]. Donc, montre-moi celui qui te plaît, et laisse-moi faire.
Mais souviens-toi, ma fille, que je me recommande à toi, parce que
je suis pauvre, et que je veux que tu participes à toutes mes prières
et à toutes les patenôtres que je dirai, afin que Dieu accorde lumière
et chandelle à tous tes morts.

Pour s'être dérangée, elle sera récompensée comme une
pauvresse, avec « un morceau de viande salée[4] ».

Chapitre VII

LA VIE DOMESTIQUE

Aujourd'hui, il suffit d'un geste pour avoir une flamme et d'un autre geste pour la faire disparaître. Au Moyen Âge, en revanche, il fallait s'armer de patience et de dextérité pour allumer le feu : après avoir longuement et soigneusement préparé[1] une amorce bien sèche, on devait battre la pierre à feu sur le briquet et se tenir prêt à capturer l'étincelle[2], qu'on ranimait en soufflant dessus avec une paille vide (fig. 129)[3] ; ensuite, une fois le feu allumé, il fallait encore ajouter constamment du bois en surveillant le tirage. Si, par malheur, il s'éteignait, plutôt que de recommencer entièrement l'opération, les femmes préféraient aller chez la voisine pour lui demander si elles pouvaient approcher un chiffon de sa flamme, pour lui emprunter du feu, en somme, comme on emprunterait aujourd'hui un citron. C'est aussi pour cette raison qu'il était important d'avoir un réseau de bons rapports : la vieille entremetteuse que nous venons de rencontrer dit justement, pour expliquer sa mise à l'écart : « Je ne trouverais personne qui me donnerait du feu même avec un chiffon[4]. » Une femme ayant à la main un seau et des pinces qui serrent un tison allumé représente la *Semeuse de discorde* dans l'un des douze proverbes peints par Brueghel l'Ancien en 1558, avec la légende suivante : « Je tiens le feu dans une main et l'eau dans l'autre, et passe mon temps à jaser avec des bonnes femmes » ; un choix d'autant plus intéressant qu'il montre que, des siècles plus tard, le ravitaillement en eau et la demande d'aide aux voisines pour allumer le feu faisaient encore partie des tâches les plus ordinaires d'une femme (fig. 130)[5].

Le soir, il fallait faire attention à bien recouvrir les braises avec la cendre pour les conserver le jour suivant et surtout parce que, sans surveillance, elles pouvaient provoquer un incendie (fig. 131). De même que les enfants très vifs, quand on veut les retenir, se débattent et donnent des coups dans tous les sens avec leurs bras et leurs jambes, de même, dans l'âtre, les flammes étaient toujours prêtes à réduire la maison en cendres, avec leurs vacillements et leurs étincelles crépitantes.

Il n'était pas simple de se préparer pour la nuit, parce qu'il fallait prendre de nombreuses précautions. Écoutons les sages conseils du « mesnagier de Paris » à sa jeune épouse : « Quand madame Agnès la béguine ou maître Jean l'intendant vous auront dit que le feu a été couvert dans toutes les cheminées, permettez donc à vos domestiques de se retirer pour se reposer autant qu'il le faudra. Auparavant, faites toutefois vérifier que chacun a bien posé son chandelier à pied large loin de son lit ; il faut aussi que, par précaution, vous ayez habitué vos serviteurs à éteindre la bougie, avec leurs doigts, juste avant qu'ils se couchent et non quand ils sont encore en chemise[6] » : on dormait en effet tout nu.

Les causes des incendies étaient les plus diverses : le fait, tout d'abord, que les maisons étaient pour la plupart en bois[7], souvent trop proches les unes des autres, leurs façades rendues encore plus proches, au point quasiment de se toucher par les contre-vents, eux aussi presque toujours en bois. En ville, les étables, les greniers, les granges et les meules de paille flanquaient les

Fig. 129. Andrea Bonaiuti,
*Les diables raniment le feu en
soufflant dessus avec une paille*,
détail d'une fresque, XIVᵉ siècle,
Florence, Santa Maria Novella,
Cappellone degli Spagnoli.

Fig. 130. Brueghel l'Ancien,
La semeuse de discorde, détail
des *Douze proverbes flamands,*
huile sur bois, 1558, Anvers,
Museum Mayer van den Bergh.

Fig. 131. Ambrogio Lorenzetti,
Maisons en flammes, détail du
Mauvais gouvernement.
Les effets à la campagne, fresque,
1338-1339, Sienne, Palazzo
Pubblico, Sala della Pace.

maisons: Giovanni Sercambi se souvient qu'à côté de la cathédrale de Sienne se trouvait une grange[8]. Certaines activités étaient particulièrement dangereuses, soit que les artisans, comme les lainiers et les cordiers, traitassent des matières facilement inflammables, soit qu'ils eussent besoin du feu pour leur travail, comme les boulangers, les apothicaires, les forgerons, les claveteurs (fabricants de clous et de chevilles) et les potiers: l'essentiel de la vaisselle domestique était en argile, cuite dans les fours, de même que les tuiles et les jarres. Il arrivait que les feux qu'on allumait en signe de joie au sommet des tours propagent les flammes, aidées par le vent[9], ou encore la flamme laissée sans surveillance d'une bougie ou d'une lampe à huile, moyens d'éclairage dangereux mais irremplaçables pendant la nuit. À Sienne, la Municipalité avait institué un corps de pompiers et décidé par ailleurs d'indemniser de leurs dégâts les propriétaires des maisons brûlées, à l'exception de celle d'où était parti l'incendie[10]. Le pyromane était passible du bûcher: les autorités redoutaient les incendies parce qu'ils portaient préjudice aux personnes et aux choses, mais aussi parce qu'ils témoignaient d'un foyer de révolte: « Il est arrivé plus d'une fois que des lâches qui ne possèdent rien mettent le feu aux cabanes, à des gerbes d'avoine, des meules de paille et à d'autres choses appartenant à des citadins et des paysans, en déclarant: "Nous, nous n'avons rien à perdre[11]". »

À lire la riche documentation des délibérations, on découvre quantité d'effondrements et de dégâts, de personnes mortes brûlées vives ou des suites de leurs brûlures: en 1302, par exemple, « un grand incendie s'est déclaré dans la maison des Saracini et des Scotti, et il dura deux jours et deux nuits [...] et la Municipalité indemnisa [...] plusieurs maisons et plusieurs galeries brûlées. » Un autre incendie particulièrement dramatique fut causé en 1413 par un lainier qui, épuisé sans doute d'avoir travaillé toute la nuit, avait fait tomber « sa lampe dans l'étoupe et ne réussit pas à l'éteindre ; quantité de choses s'embrasèrent et six personnes brûlèrent à l'intérieur, qui avaient voulu sauvegarder les choses ; l'escalier et la soupente s'étant effondrés, ils moururent et brûlèrent en tombant dans les flammes, et Golla, le maître menuisier, resta à califourchon sur une poutre ; on eut du mal à le secourir, et, brûlé de partout, il vécut encore une vingtaine de jours avant de mourir de ses brûlures[12] ». Les autorités s'efforçaient d'éloigner de la ville les activités les plus dangereuses, comme celles des charbonniers. Les artisans qui, pour leur travail, avaient besoin d'eau, mais aussi de fours, comme les chaufourniers, les tuiliers et les potiers, s'installaient à côté des fontaines ou en exigeaient de nouvelles parce qu'elles étaient nécessaires à leur métier, mais aussi à cause du danger que représentait le feu : « Que Dieu puisse l'éteindre ! » On comprend pourquoi le frère Cipolla, le personnage anticonformiste de Boccace, pouvait duper son auditoire de gens simples en lui fournissant, en échange d'offrandes généreuses, le puissant talisman des charbonniers de saint Laurent[13]. L'angoisse d'être la proie des flammes était telle que personne ne fit attention à la conclusion facétieuse de la phrase : « Quiconque est marqué avec ces charbons du signe de la croix peut vivre toute l'année assuré que le feu ne le touchera point sans qu'il le sente[14]. » Dans les maisons, on redoublait de vigilance et, dès que possible – à supposer qu'on vécût dans l'aisance et que l'édifice comportât plusieurs étages –, on installait la cuisine directement sous le toit, pour éviter justement qu'un foyer d'incendie, en se déclarant au rez-de-chaussée, ne se propage aux étages supérieurs et n'embrase l'édifice tout entier. Surpris par une averse, le protagoniste d'une nouvelle de Sacchetti, Ferrantino degli Argenti, eut bien du mal, à chaque étage qu'il montait : « Mettant le nez de porte en porte, grimpant les escaliers, il s'en alla chercher par les maisons voisines, comptant bien s'imposer aux gens et se sécher, s'il y avait du feu. En allant de côté et d'autre, il arriva par hasard à une porte où il entra, monta l'escalier, et vit dans une cuisine un immense brasier avec deux marmites pleines, des chapons et des perdrix enfilés à la broche, et une servante fort jolie et jeune qui tournait le susdit rôti[15] » (fig. 132). Au palais Davanzati, on a conservé la cuisine au dernier étage, et avec elle l'émotion que quelqu'un fixa au mur, au charbon de bois, à la nouvelle, survenue entre les broches et les marmites, du meurtre de Julien de Médicis : « *1478. A dì 26 aprile fu morto Giuliano de' Medici in Santa Ma[ria] de' F[io]re*[16] » (fig. 133). Le fait de situer la cuisine au sommet de la maison entraînait de graves conséquences en termes d'efforts : le bois, l'eau, les victuailles, tout devait être monté à la main par des escaliers raides (fig. 134). Il ne faut donc pas imaginer qu'on lavait sans arrêt les aliments, la vaisselle et ses mains en changeant l'eau à chaque opération : un seau d'eau devait durer longtemps et il faisait par conséquent durer longtemps les maladies et les épidémies, mais tout le monde l'ignorait alors.

Aux banquets des gens aisés, un domestique passait au début du repas, puis à plusieurs reprises entre un plat et l'autre, avec un « aquamanile », une aiguière généralement en forme d'animal ou de dragon : « L'eau ayant été donnée pour les mains, le sénéchal, suivant le bon plaisir de la reine, les mit tous à table, et les victuailles ayant été servies, ils mangèrent allègrement » : ainsi la « joyeuse bande » du *Décaméron* profite-t-elle agréablement de la pause de la neuvième journée[17]. Même Ponce Pilate n'hésite pas à « se laver les mains » devant le Christ, en signe d'irresponsabilité, en les purifiant sous un aquamanile en forme de dragon que lui tend un domestique (fig. 135-136).

Au palais Davanzati, on pouvait puiser de l'eau dans la galerie de chaque étage par une petite fenêtre qui donnait accès à la canalisation du puits (fig. 137) ; mais cette solution était rare et réservée aux gens particulièrement aisés. Posséder son propre puits, sans

Fig. 132. Giovanni di Corraduccio,
Sainte Marthe à la cuisine, fresque,
début du xve siècle, Foligno,
Couvent de Sant'Anna, ancien réfectoire.

Fig. 133. *Inscription de la nouvelle
du meurtre de Julien de Médicis*,
Florence, Palazzo Davanzati,
troisième étage, cuisine.

Fig. 134. *L'escalier à arcs rampants du Palazzo Davanzati*, XIVᵉ siècle. Florence, Palazzo Davanzati.

Fig. 135. *Le jugement de Pilate*, miniature, 1230 environ, *Psautier de Bonmont*, Besançon, Bibliothèque municipale, ms. 54, f. 11v.

136

Fig. 136 (ci-dessus). *Aquamanile en forme de licorne*, bronze fondu, fin du XIVᵉ siècle, Paris, Musée de Cluny-Musée national du Moyen Âge.

Fig. 137 (à droite). *Petite fenêtre qui donnait accès à la canalisation du puits dans la galerie de chaque étage*, Florence, Palazzo Davanzati.

137

recourir à ces systèmes ingénieux, fut un luxe qui se répandit au cours du xɪvᵉ siècle et seulement dans les maisons distinguées ; auparavant, les canalisations qui conduisaient l'eau pluviale des toits à la rue ou à des citernes n'étaient guère fréquentes, et c'est pour cette raison que les portes et les fenêtres devaient être abritées de la pluie battante au moyen de petits auvents supplémentaires. Aux puits privés, on puisait une eau souvent malodorante que nous déclarerions non potable. Seules les femmes qui vivaient au bord de la mer pouvaient faire autrement : le naufragé Landolfo Rufolo, abordant à la rive, aperçut en effet en premier « une pauvre jeune femme » qui « lavait et faisait briller sa vaisselle avec du sable mêlé à l'eau salée » (fig. 138).

Il fallait se rendre d'ordinaire au puits commun (fig. 139), sur les places ou aux carrefours des quartiers[18] : occasion de rencontres, d'échanges de nouvelles, et aussi de conversations agréables en attendant son tour pour descendre le seau, mais si durement expiées par la charge du transport, qui pesait sur les épaules et mettait presque hors d'haleine !

L'eau des conduites publiques était étroitement surveillée : à Sienne, seules pouvaient y puiser directement les *stufe* (les bains publics), les teintureries et les auberges, mais au début du xvᵉ siècle, on supprima les autorisations en raison des trop nombreux abus, ayant constaté que des particuliers avaient également pratiqué des « fenêtres » et des « portes » dans les conduites « et qu'ils y lavent leur linge et y font d'autres saletés à cause desquelles les sources et les eaux sont dégradées[19] ». Toujours pour économiser l'eau, toutes les fontaines de Sienne étaient constituées de trois bassins reliés entre eux : le premier servait à puiser l'eau ; le second, alimenté par le débordement du précédent, servait d'abreuvoir pour les animaux ; et le troisième, alimenté à son tour par le débordement du second, faisait office de lavoir, réservé aux femmes[20].

Fig. 138. *Une femme fait la vaisselle au bord de la mer*, miniature, fin du XIVe siècle, d'après le *Décaméron* de Boccace, II, 4, Paris, Bibliothèque de l'Arsenal, ms. 5070, f. 51v.

Fig. 139. *Monna Ghita fait semblant de se jeter dans le puits, mais y jette une pierre*, miniature, fin du XIVe siècle, d'après le *Décaméron* de Boccace, VII, 4, Paris, Bibliothèque de l'Arsenal, ms. 5070, f. 252r.

L'eau et le feu, que l'on obtenait si péniblement, sont décrits comme la première source de plaisir dans la liste des joies domestiques auxquelles un mari doit s'attendre. Mais écoutons le « mesnagier de Paris » :

> Et c'est au mari qu'il incombe de s'occuper des besognes de dehors, il doit aller, venir et courir de-ci de-là quel que soit le temps, par pluie, par vent, par neige, par grêle, une fois mouillé, une autre fois sec, une fois suant, une autre fois tremblant de froid, mal hébergé, mal chauffé, mal nourri, mal couché, mal chaussé pour la route. Tout cela ne lui fait rien parce qu'il est réconforté en pensant au soin que sa femme prendra de lui à son retour, aux caresses, aux joies et aux plaisirs qu'elle lui prodiguera ou lui fera prodiguer en sa présence : le déchausser auprès d'un bon feu, lui laver les pieds, lui donner des chausses et des souliers propres ; et le faire bien manger et bien boire, le servir et l'honorer, et puis le faire coucher entre des draps blancs, avec un bonnet blanc, couvert sous de bonnes fourrures, et le combler de joies, de jeux, de cajoleries amoureuses, et d'autres secrets que je passe sous silence[21].

Par une journée tiède, on éprouve toujours une joie intense à patauger librement dans un étang ou un ruisseau ; ce devait être jadis un plaisir encore plus grand si l'on songe à la peine qu'il fallait se donner pour accumuler la petite quantité d'eau nécessaire au remplissage du baquet pour le bain. Lors du miracle qui fit recouvrer la raison à deux jeunes moines, qui couraient à leur perte depuis qu'ils avaient décidé de quitter le monastère, ce fut le délice de l'eau[22] qui les attira en premier (fig. 140). De fait, à peine franchi les remparts oppressants, ils aperçurent un ruisseau ; le miniaturiste a parfaitement représenté la joie de la soudaine liberté : les fugitifs, déjà presque déshabillés, batifolent et sautillent, les jambes en l'air, en savourant le plaisir du plongeon imminent. Avec sa longue description de la « Vallée des Dames », Boccace compose un cadre charmant de rigoureuses citations littéraires ; mais le « petit lac semblable à ces étangs que les citadins font dans leurs jardins quand ils le peuvent », qui se présente à la joyeuse bande féminine du *Décaméron* au cœur du paysage vallonné tout en dégradé, a en réalité une tonalité différente parce qu'il évoque le goût des plaisirs qu'éprouvent bel et bien ceux qui aiment nager et jouer dans l'eau. Ce petit lac, aux eaux limpides, « que ne troublait aucun mélange, montrait son fond de sable très fin, de telle sorte que quiconque n'aurait pas eu autre chose à faire aurait pu en compter les grains s'il l'eût voulu ». Le bain des sept jeunes femmes nues dans la jolie nappe d'eau, « qui ne cachait pas plus la blancheur de leur corps qu'un verre transparent ne ferait d'une rose vermeille », referme le bref écart réaliste avec une comparaison enchantée et poétique[23].

Une simple mesure d'hygiène voulait que, tous les samedis, les femmes se lavent la tête et « se débarrass[ent] de la poussière et de la malpropreté qui pouvaient leur être survenues par leurs travaux de la précédente semaine[24] » (fig. 141), de même qu'on se lavait intégralement chaque fois que l'on estimait l'odeur et la saleté excessives[25], ou que l'on faisait prendre un bain à un nouveau-né trois fois par jour – sept étant la juste mesure selon Marie de France[26], mais cet usage devait paraître recherché.

Les vapeurs domestiques pouvaient offrir par ailleurs des plaisirs discrets, qui souvent préludaient à d'autres plaisirs plus secrets. Pour la visite du marquis Renauld d'Asti, qui passait de temps à autre la soirée et la nuit avec une belle veuve, celle-ci lui préparait toujours un bain et un « excellent souper ». Un jour, ces préparatifs habituels étant achevés, un empêchement inopiné obligea le marquis à changer de programme. « Quelque peu désappointée, ne sachant que faire, la dame se décida à entrer dans le bain préparé pour le marquis, puis à souper et à se mettre au lit. » Alors qu'elle se prélassait dans l'eau, elle entendit les gémissements d'un jeune homme qui pleurait et tremblait de

Fig. 140 (en face). *Fuite et retour au monastère de deux jeunes moines*, miniature, 1281-1284, extraite des *Cantigas de Santa María* d'Alphonse X le Sage, Florence, Bibliothèque nationale centrale, ms. B. R. 20, f. 7r.

Fig. 141 (à droite). *Deux jeunes filles lavent les cheveux d'un homme*, miniature, 1390-1400, extraite de la *Bible de Wenceslas*, Vienne, Österreichische Nationalbibliothek, ms. 2759, f. 174v.

Fig. 142. *Banquet avec une table provisoire,* miniature, début du XIVe siècle, Londres, British Library, *The Luttrell Psalter*, f. 208.

froid à la porte de la ville. Ce Renauld-là avait une grande dévotion pour saint Julien, que nous avons déjà rencontré aux prises
avec de faux marchands dans un bois. « Presque transi de froid »,
Renauld est accueilli chez la dame, qui lui dit : « "Et vite, brave
homme, entrez dans ce bain qui est encore chaud." Et lui, sans
attendre plus longue invitation, le fit volontiers, et tout réconforté
par la chaleur, il lui sembla ressusciter. » Après avoir revêtu les
habits du défunt mari et s'être réchauffé auprès d'un grand feu
de cheminée dans une chambre spacieuse, Renauld est invité à
souper. « La table mise » (un meuble toujours provisoire, que
l'on installait sur le moment, constitué d'une planche et de deux
tréteaux ; fig. 142), les mains lavées, le jeune homme et la veuve
commencent à souper ; la conversation devient de plus en plus
joyeuse et franche au point que Renauld finit par remplacer de
fort bon gré le marquis en tout et pour tout[27]. Petit commentaire
sur la vie quotidienne : la préparation d'un bain chaud était une
telle entreprise, et il faisait si bon s'y plonger, qu'il semble tout à
fait naturel non seulement de ne pas gâcher l'eau déjà prête, mais
même de l'utiliser une seconde fois, si elle est encore chaude
(fig. 143)[28] !

Les bains publics étaient d'ordinaire le lieu des rendez-vous
galants : l'obscurité de la chambre où l'on allait se reposer, en
sueur et épuisé après le bain, joua un mauvais tour à une épouse
jalouse et inexpérimentée qui retrouva à ses côtés, sans le savoir,
l'homme amoureux qu'elle avait jusqu'alors dédaigneusement
repoussé. Le miniaturiste a projeté sa lumière indiscrète dans
la chambre entourée de rideaux, sur le lit où les deux jeunes
gens sont couchés nus l'un à côté de l'autre et sur la servante
qui apporte deux seaux suspendus à une perche sur son épaule
pour remplir le baquet. On ignore si cette femme a été ajoutée
pour fournir un éclaircissement topographique ou pour suggérer
un plaisir ultérieur du lieu de la rencontre (fig. 144). Dans cette

nouvelle[29], Boccace ne s'est pas donné la peine de décrire les bains publics ; il nous les représente en revanche minutieusement, avec leurs rites et leurs attraits, dans une autre nouvelle, dont la méchante protagoniste est une avide courtisane. Convoitant les richesses du marchand Salabaetto, madame Blanchefleur – tel était son nom – fait semblant d'être amoureuse de lui, réserve un bain public et y donne rendez-vous au jeune homme, qui arrive cependant le premier.

> Il y était depuis quelques instants à peine, quand vinrent deux esclaves chargées l'une d'un grand et beau matelas de coton, et l'autre d'un grand panier plein de toutes sortes de choses. Ce matelas ayant été étendu sur une litière dans une des chambres de l'établissement, on mit dessus une paire de draps légers bordés de soie, et une couverture de coton de Chypre très blanche, avec deux oreillers richement brodés. Salabaetto s'étant déshabillé et étant entré au bain, les deux esclaves le lavèrent et le nettoyèrent complètement. Il n'attendit guère sans que la dame vînt à la maison de bains avec deux autres esclaves[30].

Après des baisers et des déclarations d'amour,

> selon qu'il lui plut [à elle], ils entrèrent tous deux nus au bain avec les deux esclaves. Alors la dame, sans le laisser toucher par personne d'autre, lava merveilleusement Salabaetto de la tête aux pieds, avec du savon parfumé à l'odeur de girofle ; puis elle se fit laver et frotter à son tour par les esclaves. Cela fait, les esclaves apportèrent deux draps très blancs et très fins d'où s'échappait une si forte odeur de rose, que tout ce qui était là sentait la rose ; dans l'un elles enveloppèrent Salabaetto et dans l'autre la dame ; puis, les ayant pris sur leur dos, elles les portèrent tous les deux sur le lit préparé. Là, après qu'ils eurent transpiré pendant un instant, les esclaves leur enlevèrent les draps, et les mirent tout nus dans des draps frais ; alors on tira du panier des flacons d'argent magnifiques et pleins les uns d'eau

de rose, les autres d'eau de fleur d'oranger, ceux-ci d'eau de fleur
de jasmin, ceux-là d'eau de naffe[31], dont on les arrosa de la tête aux
pieds ; puis on sortit les boîtes de confettis et les vins précieux, et ils
se réconfortèrent un peu[32].

Alors les esclaves disparaissent, laissant les deux amants seuls
et heureux. Aucun embarras ne les effleure face aux esclaves, qui
de toute évidence devaient paraître aussi étrangères à la société
humaine que l'est un chat ; madame Blanchefleur n'a même pas
besoin de feindre un certain trouble en se retrouvant nue devant
Salabaetto nu : signe que le code de la pudeur avait un seuil bien
différent du nôtre, étant donné la coutume médiévale de dormir
sans vêtements, plusieurs dans le même lit, dans une promiscuité
inévitable.

À l'heure convenue, les esclaves reviennent, réconfortent
Salabaetto et madame Blanchefleur avec d'autres confettis et
d'autres vins ; les deux protagonistes se lavent le visage et les
mains avec de l'eau parfumée, avant de prendre mutuellement
congé, mais pour se retrouver peu après ; le soir, le jeune homme
est en effet invité à un « superbe souper » au domicile de la
dame. Dans la chambre à coucher de madame Blanchefleur, il y
a même de petits automates qui chantent, des oiseaux mécaniques, pour recréer l'illusion du bois et de ses bruits mélodieux :
de fait, Salabaetto « y sentit une merveilleuse odeur de bois
d'aloès ; il vit un lit très riche, sur les colonnes duquel étaient
sculptés des oiseaux de Chypre, et une foule de beaux vêtements
sur les traverses[33]. Toutes ces choses ensemble, et chacune
d'elles en particulier, lui firent penser que sa maîtresse devait
être une grande et riche dame » ; impression – à savoir que cette
femme était très amoureuse et fort aisée – qui sera confirmée le
lendemain matin quand le jeune homme se vit offrir « une belle
et jolie ceinture d'argent, avec une belle bourse[34] ».

Laissons l'astucieuse Blanchefleur ourdir sa supercherie, avant qu'elle ne soit trompée à son tour par Salabaetto, encore plus astucieux qu'elle, et allons voir une autre courtisane mercenaire, dame Fleurdelys, qui trompe le naïf Andreuccio de Pérouse en recourant à des séductions et à des flatteries du même acabit : après l'avoir amené dans sa chambre parfumée de roses et de fleurs d'oranger où se trouvait « un très beau lit tout entouré de rideaux, et de nombreux habits sur les traverses, […] [et] qu'ils se furent assis tous deux sur une caisse au pied du lit, la dame commença à parler de la sorte[35]… Andreuccio croit en toute bonne foi à sa « fable » ; il s'arrête pour souper et dormir chez la sœur qu'il vient de retrouver, croit-il. Comme il doit aller aux cabinets, on lui indique une porte :

> Andreuccio y entra en toute confiance, mais ayant mis le pied par aventure sur une planche dont le bout opposé était détaché de la solive, il tomba avec elle au fond de la fosse. Dieu le protégea assez pour qu'il ne se fît aucun mal dans sa chute, bien qu'il fût tombé de haut ; mais il fut tout éclaboussé de l'ordure dont l'endroit était rempli. Afin que vous entendiez mieux ce que je viens de dire et ce qui suit, il faut que je vous décrive cet endroit. Dans une ruelle – comme nous en voyons surtout entre deux corps de bâtiments –, on avait établi, entre les deux maisons voisines, deux solives sur lesquelles on avait cloué quelques planches, en ménageant une place pour s'asseoir. C'était avec une de ces planches qu'il était tombé.

Après avoir longtemps appelé à l'aide, Andreuccio « grimpa sur un petit mur qui séparait la fosse de la voie publique et, ayant sauté dans la rue[36] », alla frapper, naturellement en vain, au portail de la maison où l'accident avait eu lieu.

La miniature de ce manuscrit du *Décaméron* représente parfaitement l'épisode et la coupe d'une maison médiévale (fig. 145). Il arrivera ensuite d'autres aventures à Andreuccio, qui finiront

Fig. 143. *Trois femmes prennent un bain à domicile*, dessin, vers 1390-1400, extrait du *Tacuinum sanitatis*, Liège, Bibliothèque générale, ms. 1041, f. 76.

Fig. 144. *Ricciardo et Catella aux bains publics*, miniature, fin du XIVᵉ siècle, d'après le *Décaméron* de Boccace, III, 6, Paris, Bibliothèque de l'Arsenal, ms. 5070, f. 116r.

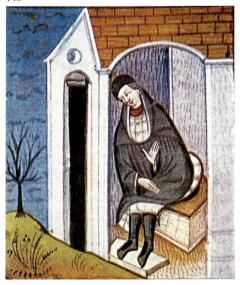

Fig. 145. *Andreuccio de Pérouse est tombé dans la ruelle*, miniature, fin du XIVᵉ siècle, d'après le *Décaméron* de Boccace, II, 5, Paris, Bibliothèque de l'Arsenal, ms. 5070, f. 54v.

Fig. 146. *Maître Simone aux cabinets, avec son manteau doublé de fourrure*, miniature, fin du XIVᵉ siècle, d'après le *Décaméron* de Boccace, VIII, 9, Vienne, Österreichische Nationalbibliothek, ms. 2561, f. 3072.

Fig. 147. *Maître Simone aux cabinets, avec son manteau doublé de fourrure*, miniature, fin du XIVᵉ siècle, Paris, Bibliothèque nationale de France, ms. Fr. 12421, f. 355v. La chaise a trois places.

Fig. 148. *Doubles cabinets reliés à la chambre nuptiale*, mur peint à fresque imitant le vair, XIVᵉ siècle, Florence, Palazzo Davanzati.

bien ; mais par sa description, Boccace nous a permis de connaître des détails considérés d'ordinaire comme dépourvus d'éclat et dès lors négligés par les écrivains, et, en même temps, il nous a fait vivement partager les problèmes de la concentration urbaine. Le « petit mur qui séparait la fosse de la voie publique » devait retenir l'essentiel, mais certainement pas les effluves et les nuées d'insectes qui flottaient alentour. Ainsi Giovanni Villani décrit la Florence romaine avec un regard médiéval, attentif aux exigences de son temps : « Albin entreprit de paver toute la ville, et ce fut une œuvre noble qui embellit et assainit la ville […]. Macrin fit venir l'eau dans des conduites et des aqueducs […] afin que la ville eût de l'eau potable en abondance et pour la nettoyer. » Sous la « forteresse maîtresse de la ville […] l'eau du fleuve Arno coulait par des canaux de dérivation dans des égouts et sous des passages voûtés, avant de retourner dans l'Arno par des voies souterraines ; et chaque fois que des célébrations avaient lieu, la ville était nettoyée par les écoulements de ces canalisations[37] ». La foi dans le merveilleux réseau romain d'égouts et de conduites hydrauliques répondait à la préoccupation obsédante de garder propres des rues trop encombrées de quantité de choses. Dans la description éblouie que l'Anonyme tessinois fait de sa ville, Pavie, nous rencontrons certes des cochons publics élevés avec les détritus qu'ils pouvaient trouver en grattant la chaussée, mais aussi, à la louange de l'état présent, des « latrinarum cuniculi » et de profonds cloaques souterrains qui permettaient aux eaux, par temps de pluie, de nettoyer la ville avant de refluer ensuite vers le Tessin[38].

Une variante du « cabinet d'aisances » (fig. 146) figure dans une miniature qui illustre le courage imaginaire du médecin Simone, que nous avons déjà rencontré et que nous retrouvons ici assis dans une chaise à haut dossier et à trois trous (fig. 147) : « Je ne suis pas de ces frileux ; je n'ai cure du froid ; quand je me lève la nuit pour les besoins du corps, comme il arrive parfois à chacun, je ne mets pas autre chose sur ma chemise que ma pelisse[39] » : au peureux Simone, il coûtait beaucoup de quitter la tiédeur du lit pour affronter la nuit glaciale.

Dans les demeures des riches, des étoffes et même des étoffes doublées de fourrures recouvraient entièrement les murs pour essayer de tempérer le froid, l'humidité et les courants d'air de la mauvaise saison ; ceux qui ne pouvaient se permettre un tel luxe recouraient aux fausses tapisseries, peintes seulement. À l'intérieur du palais Davanzati, les murs étaient en grande partie ornés de fausses étoffes, mais la doublure de vair peinte à fresque se trouve exclusivement dans les cabinets en maçonnerie (cette petite pièce solidement construite est déjà une amélioration par rapport au standard habituel) : peut-être faut-il voir une autodérision souriante dans le déploiement d'une opulence si coûteuse, mais seulement désirée, en pareil endroit de désinhibition très privée (fig. 148).

Dans les maisons des pauvres, les murs étaient entièrement nus et la chaleur des chambres à coucher était fournie par la proximité des corps. Trois sœurs dorment dans un même lit – leur père se contentera peut-être du coffre voisin – dans la prédelle du miracle de saint Nicolas par Gentile da Fabriano (fig. 149), et c'est là un acte de grande charité plutôt qu'un prodige, puisque les trois boules d'or jetées par le futur saint dans la chambre épargnent aux jeunes filles la prostitution imminente, l'unique destin que leur père avait envisagé pour mettre un terme à une extrême indigence.

Une femme trompée mais généreuse accomplit un acte tout aussi magnanime envers la maîtresse de son mari, une pauvre fileuse de laine au rouet. La dame se rend chez la jeune fille et découvre que celle-ci « manquait de tout ; elle n'avait ni bûches à brûler, ni lard, ni bougie, ni huile, ni charbon, ni rien, hormis un lit et une couverture, son métier à filer et quelques ustensiles domestiques ». La dame pense qu'il est de son devoir de

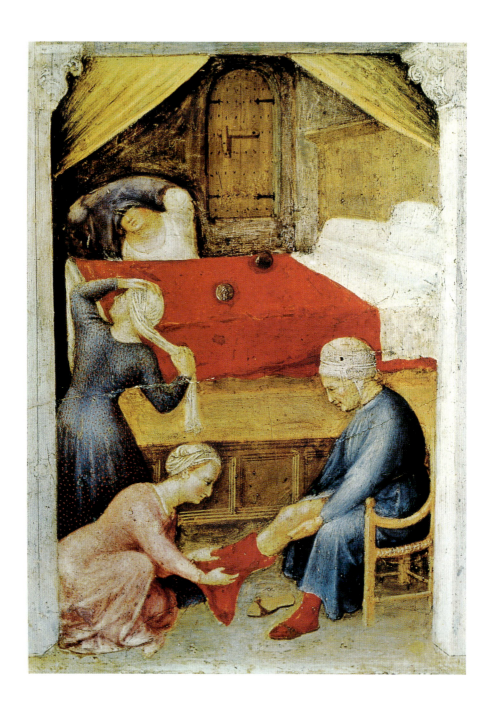

Fig. 149 (en face). Gentile da Fabriano, *La charité de saint Nicolas*, huile sur bois, détail de la prédelle du polyptyque Quaratesi, 1425, Rome, Pinacothèque vaticane.

Fig. 150. *Agilulf dans le dortoir des domestiques*, dessin à la plume et aquarelle, 1427, d'après le *Décaméron* de Boccace, III, 2, Paris, Bibliothèque nationale de France, ms. It. 63, f. 94v.

Fig. 151. *Un hôpital*. Les sœurs qui assistent les malades représentent les quatre vertus cardinales : Prudence, Tempérance, Force et Justice, miniature, xvᵉ siècle, extraite du *Livre de la vie active des religieuses de l'Hôtel-Dieu*, Paris, Musée de l'Assistance Publique.

préserver son mari, elle-même et ses enfants de l'opprobre, et elle exige par conséquent un silence complice ; en échange, puisque son mari aime cette jeune fille, la femme trompée s'impose d'aimer celle-ci tout autant et de faire en sorte que son mari et sa maîtresse se trouvent aussi bien dans cette pièce dépouillée qu'au domicile conjugal. « Sans que [mon mari] n'en sache rien – explique l'épouse à la fileuse –, je vous ferai envoyer un grand baquet pour que vous puissiez souvent lui laver les pieds, une provision de bûches pour le chauffer, un bon lit de duvet, des draps et des couvertures auxquels il est habitué, des bonnets de nuit, des oreillers, des chausses et des chemises de rechange, que vous m'enverrez quand ils seront sales et que je vous restituerai une fois lavés. » Avec cet exemple de sagesse prévoyante et de charité selon le « mesnagier de Paris », exemple fort utile à la jeune épouse – l'histoire se conclut par le repentir escompté[40] –, nous nous sommes glissés dans la maison du riche et du misérable pendant leur sommeil.

D'autres sommeils de pauvre méritent d'être mentionnés. Dans la nouvelle de Boccace, les domestiques du roi Agilulf dorment dans la même pièce et dans le même lit, et cette coutume permet d'ailleurs à l'histoire de rebondir puisque le roi a du mal à retrouver, parmi tant de têtes, celle du palefrenier qui l'a trahi[41] (fig. 150). Dans les hospices-hôpitaux, les malades dorment ensemble et il n'est pas difficile d'imaginer les avantages réciproques qu'ils en tirent (fig. 151). Les voyageurs dorment aussi ensemble dans les auberges ; une autre nouvelle de Boccace s'articule autour de l'échange incessant des lits pendant la nuit : dans la même chambre reposent toute la famille de l'aubergiste et deux hôtes supplémentaires, dont un passionnément amoureux de la fille de ce même aubergiste (fig. 152).

Tout le monde dort, chacun plongé dans ses rêves ; jusqu'à ce qu'« au chant du coq renaisse l'espérance » (fig. 153)[42].

Fig. 152. *Une chambre d'auberge,* miniature, fin du XIVᵉ siècle, d'après le *Décaméron* de Boccace, IX, 6, Paris, Bibliothèque de l'Arsenal, ms. 5070, f. 337r.

Fig. 153. *« Au chant du coq renaît l'espérance »*, chapiteau, huitième colonne de gauche, XIIIᵉ siècle, Todi, cathédrale.

Notes

Introduction

1. En guise d'*Introduction*, je propose de nouveau ici deux études de mon père (auxquelles j'ai ajouté des notes) : « Histoire d'une journée dans une ville au Moyen Âge », *Humanitas*, VIII (1953), p. 685-693 et *Histoire de la ville en Italie*, RAI, Rome 1956 (p. 43-51 uniquement). Sans quoi je n'aurais pu écrire ce livre, dont je lui suis redevable jusqu'à son titre.

2. L. Mumford, *La Cité à travers l'histoire*, traduction de G. Durand révisée et actualisée par Natacha Cauvin, Marseille, Agone, 2011, p. 363.

3. *Op. cit.*, p. 367-368.

4. C'est-à-dire « des chiffonniers, des fripiers » : dans les ateliers de couture, la patte indiquait le revers extérieur des poches ou le morceau de tissu qui recouvrait une boutonnière, probablement du lombard *paita*, « vêtement ».

5. M. Bloch, *La Société féodale*, deux volumes, 1939-1940, réédition en un seul volume, Paris, Albin Michel, 1998, p. 80.

6. Helmoldi presbyteri Bozoviensis *Cronica Slavorum*, I, 55, *Monumenta Germaniae Historica, Scriptores rerum Germanicarum*, sous la direction de M. Lappenberg et B. Schmeidler, Hanovre-Leipzig, Hahn, 1909 : « *Bella enim et tempestates, pestilentias et cetera humano generi inimica demonum ministerio fieri quis nesciat ?* »

7. Gregorii Turonensis *De Gloria Martyrum*, livre I, chap. XXVIII, cité par A. Frugoni, *Il giubileo di Bonifacio VIII*, sous la direction d'A. De Vincentiis, Rome-Bari, Laterza, 1999, p. 90.

8. Il s'agit là d'un hymne du XIIe ou du XIIIe siècle (également attribué au franciscain Thomas de Celano), que l'on chantait à l'origine comme une séquence du premier dimanche de l'Avent, puis lors de la messe des défunts.

9. *Le mesnagier de Paris*, sous la direction de G. E. Brereton, Le Livre de Poche, Paris 1994 (avec une traduction en français moderne en regard), livre I, chap. 7, 3, p. 298-299. Il s'agit d'un livre de conseils d'économie domestique, de recettes de cuisine et aussi de préceptes d'instruction religieuse et morale, écrit vers 1393 par un riche et vieux bourgeois de Paris pour sa jeune épouse, et qui était justement connu comme *Le mesnagier de Paris*.

10. *Op. cit.*, livre II, chap. 5, 334, p. 788-789.

11. On peut lire le texte latin dans J. J. Baebler, *Beiträge zu einer Geschichte der lateinischen Grammatik im Mittelalter*, Buchhandlung des Halle a.S., Waisenhauses, 1885, p. 189-195. Je remercie Carla Frova de m'avoir aidé à effectuer cette recherche bibliographique.

12. Ekkeharti *Casus Sancti Galli*, chap. LXVII, in *St. Gallische Geschichtsquellen*, sous la direction de G. Meyer von Knonau, in *Mitteilungen zur Vaterländischen Geschichte*, Neue Folge, 5-6 Heft (XV-XVI), St. Gallen, Huber & Comp., 1877, p. 240.

13. Baebler, *Beiträge*, *op. cit.*, p. 194-195.

14. Boccace, *Le Décaméron, Introduction* à la Ire Journée (à partir de maintenant, les Journées et les nouvelles seront indiquées par leur chiffre arabe et romain respectif), traduction de Francisque Reynard (1879), présentation et notes de Vittore Branca, Paris, Le Club français du livre, 1962, 2 vol.

15. *Les cent nouvelles nouvelles*, sous la direction de R. Dubuis, Lyon, Presses Universitaires de Lyon, 1991, nouv. 19, *L'enfant de la neige*, p. 91-94. *Les cent nouvelles nouvelles* ont été écrites vers 1460 à la cour du duc de Bourgogne, Philippe le Bon.

16. I Pierre 5,8 : « Soyez sobres, veillez ; car le diable, votre ennemi, rôde comme un lion rugissant, cherchant qui il pourra dévorer. » (« *Sobrii estote et vigilate, quia adversarius vester diabolus tamquam leo rugiens circuit quaerens quem devoret.* »)

17. *Le mesnagier de Paris*, *op. cit.*, livre I, chap. 3, 1, p. 50-51.

Chapitre I

1. V. Frandon, « Iconographie des saisons dans l'Occident médiéval », *Revue de la B[ibliothèque] N[ationale]*, L (1993), hiver, p. 2-8 et fig. à la p. 2.

2. « *Maledicta terra in opere tuo ; in laboribus comedes ex ea cunctis diebus vitae tuae* » (Gen. 3, 17).

3. Le texte des *Cantigas* du manuscrit florentin est publié dans le IIe volume de l'édition en fac-similé (vol. I) de ce même codex : *El códice de Florencia de las Cantigas de Alfonso X el Sabio*, Madrid, Edilan, 1991. Pour ce qui concerne le texte de cette *Cantiga,* voir p. 51-52.

4. Frandon, *Iconographie des saisons, op. cit.,* p. 7. La représentation des Mois, chacun étant identifié par le travail particulier du paysan ce mois-là, est d'une manière significative presque toujours située dans un édifice sacré, parce que la représentation du temps à travers le travail, comme conséquence du péché d'Adam, a une connotation essentiellement religieuse : il est très rare que les Mois figurent sur un édifice profane.

Chapitre II

1. Une brasse, ancienne mesure de longueur = 5 pieds = 1,60 m (*N.d.T.*).

2. G. Villani, *Nuova cronica*, livre X, chap. 256, édition critique sous la direction de G. Porta, Parme, Fond. P. Bembo, U. Guanda, 1991, vol. II, p. 428. À Sienne, en 1309, on ordonna que les murs fussent constitués de briques et les façades des maisons construites « entre la ville de Sienne et les bourgs […] afin que ces maisons embellissent la cille (*ville ?*) » : D. Balestracci, G. Piccinni, *Siena nel Trecento. Assetto urbano e strutture edilizie*, Sienne, Edizioni Clusf, 1977, p. 80.

3. D. Compagni, *Cronica delle cose occorrenti ne' tempi suoi*, I, 26, introduction et notes de G. Bezzola, Milan, Rizzoli, 1995, p. 107. La *Cronica* fut écrite en 1312.

4. Les portes des remparts, fermées le soir, s'ouvraient très tôt le matin : « Et ils crurent arriver à Fignino ce jour-là à l'ouverture de la porte, qui s'ouvrait tôt pour les travailleurs », écrit Marchionne di Coppo Stefani, *Cronaca fiorentina, Rerum Italicarum Scriptores* (citée dorénavant avec la référence RIS), XXX, 1, rubrique 824, p. 349, à propos d'une bande

de Siennois qui s'étaient rendus à Figline en 1379, trouvant, contre toute espérance, la porte de la ville barricadée. Marchionne di Coppo Stefani écrivit son ouvrage entre 1378 et 1385 (*ibidem*, p. XXVIII).

5. « *Murus autem ipsius civitatis inexpugnabilem fidei, caritatis speique firmitatem significat* » : *De Universo*, livre XIV, PL CXI, col. 384, cité par W. Braunfels, *Mittelalterliche Stadtbaukunst in der Toskana*, Berlin, G. Mann, 1959, p. 46.

6. C. Frugoni, *Una lontana città. Sentimenti e immagini nel Medioevo*, Turin, Einaudi, 1983, p. 144.

7. Principale magistrature financière de la ville de Sienne de 1257 à 1786 (*N.d.T.*).

8. *Le Biccherne. Tavole dipinte delle magistrature senesi (secoli XIII-XVIII)*, sous la direction de L. Borgia, E. Carli et autres auteurs, Rome, Studio Editoriale, 1984, p. 182 et fig. à la p. 183.

9. Couleurs qui coïncident avec les symboles des trois *terzieri* de Sienne : vermeil, de *Città* ; vert, *San Martino* ; blanc, *Camollia* : Paolo di Tommaso Montauri, *Cronaca senese conosciuta sotto il nome di P. di T.M.*, RIS, XV, 6, fascicule 8, p. 179-252, p. 689-835, p. 741.

10. « Car si la Ville selon le jugement des Philosophes est en quelque sorte une grande maison, en contrepartie cette dernière est une petite Ville », écrivait en pleine Renaissance Leon Battista Alberti, *De re aedificatoria*, I, 9 : Frugoni, *Une Ville lointaine, op. cit.*, p. 27.

11. Giordano da Pisa, *Prediche recitate in Firenze dal 1303 al 1306 ed ora per la prima volta pubblicate*, sous la direction de C. Moreni, Florence, Magheri, 1831, vol. I, p. 96.

12. *El código de Florencia de las Cantigas de Alfonso X el Sabio*, Madrid, Edilan, 1991, f. 2 du vol. I (fac-simile) et p. 22-23 du vol. II (texte).

13. L. Zdekauer, *La vita pubblica dei Senesi nel Dugento*, Sienne, L. Lazzeri, 1897, p. 101. Villani rapporte les précautions que l'on prit à Florence en 1310 contre l'arrivée redoutée de l'empereur Henri VII : creusement de nouveaux fossés et élévation à certains endroits des remparts : « Car la ville était tout ouverte et ses remparts délabrés et en grande partie presque démolis, les pierres vendues aux voisins pour agrandir la vieille ville et fermer les bourgs et les nouveaux quartiers » *Nuova cronica*, livre X, chap. 10, *op. cit.*, vol. II, p. 219. En 1266, puis de nouveau en 1378, de violentes émeutes eurent lieu à Pérouse parce les bourgs se sentaient discriminés, les portes de la vieille ville étant fermées pendant la nuit : U. Nicolini, « Mura della città e mura dei borghi : la

coscienza urbanistica di Perugia medievale », in *Id.*, *Scritti di storia*, Naples, Edizioni Scientifiche Italiane, 1993, p. 138-157, et notamment p. 146-147.

14. « *Si Deus non custodierit civitatem meam, frustra vigilat qui custodiat eam* » (Ps. 126,1) : Braunfels, *Mittelalterliche Stadtbaukunst, op. cit.*, p. 53, n. 118.

15. *Ibidem*, p. 84.

16. « *Quod in portis omnibus communis Verone apertis vel que pro tempore aperirentur debeant fieri dipingi in memoria Dei et beatissime Genetricis Marie, pictura sive picture gloriosissime Marie semper Virginis, cum clementissimo Filio in bracchiis et beati Cristoferi et Sancti Zenonis nostris protectoribus, et sancti Petri cum clavibus in manibus* » : *Stat.*, rubrique n° 209, Braunfels, *Mittelalterliche Stadtbaukunst, op. cit.*, p. 83 et p. 83-85 pour de nombreux autres exemples intéressants.

17. « *Potestas teneatur cum capitaneo facere fieri depingere beatam Mariam Virginem cum filio suo in brachio et beatum Christofanum cum Christo Jesu in umero suo quam citius poterit tempore ; quod picture sint bone et permaneant firme et pulcre, et hoc fieri debeat ad quinque portas civitatis* […]. *Et postquam facte fuerint cooperiantur bene quod destrui non possint per aquam* » : *Frammenti di statuti di Città di Castello 1261-1273*, sous la direction de G. Magherini-Graziani, *Bollettino della Deputazione di Storia Patria dell'Umbria*, XV (1909), p. 3-107, p. 26, cités par M. Grondona, *Le stazioni di ieri, prolegomeni ad una guida dell'Umbria*, Spolète, Centro Italiano di Studi sull'Alto Medioevo, 1991, p. 50 (avec de nombreux autres exemples), et n° 112.

18. « *Item dicimus et ordinamus quod priores populi Fulginei, qui erunt in officio prioratus, teneantur et debeant vinculo iuramenti facere vel fieri facere accendere omni sero lampadem que est ante figuram beate Marie Virginis et beati Christofori in pede scalarum palatii ipsorum dominorum priorum, iuxta domum magistri Jacobi Barberii, expensis communis Fulginei, et ordinare cum effectu quod camerarius communis Fulginei ponat oleum in dicta lampade, ut tota nocte ad reverentiam beate Marie virginis et beati Christofori in dicta lampade lumen habeatur* » : *Statuta Communis Fulginei*, sous la direction d'A. Messini et de F. Baldaccini, Deputazione di Storia Patria per l'Umbria (Fonti per la storia dell'Umbria, n° 6), 2 vol., Pérouse, 1969, vol. I, p. 187, rubrique XCIV.

19. Cité par A. Vauchez, *La Sainteté en Occident aux derniers siècles du Moyen Âge*, Rome, École française, 1981, p. 526, n° 21.

20. Une flèche dont le saint était la cible va même jusqu'à se détourner pour aveugler le roi païen persécuteur, jusqu'à ce que la décapitation conclue le long martyre.

21. La légende de saint Christophe devint beaucoup plus populaire que la *Passio*, parce qu'elle fut popularisée par la célèbre *Légende dorée* du dominicain Jacques de Voragine ou Iacoppo da Varazze : Jacobus da Varagine, *Legenda aurea*, chap. C (95), *De sancto Christophoro*, sous la direction de Th. Graesse, Zeller, Osnabrück 1969, (reproduction en phototypie de l'édition de 1890), p. 430-434 ; Iacopo da Varazze, *Legenda aurea*, chap. C, traduction italienne sans texte latin, sous la direction d'A. et L. Vitale Brovarone, Turin, Einaudi, 1995, p. 543-548.

22. *Acta Sanctorum* (cité à partir de maintenant avec le sigle AA. SS). *Julii*, VI, *De s. Christophoro martyre*, Antverpiae, J. du Moulin, 1729, p. 125-149, p. 135 et n° 57.

23. Le petit Enfant Jésus (sur l'épaule de saint Christophe) tient le monde sur la pointe de son doigt, comme s'il s'agissait d'une toupie : une heureuse allusion à un geste caractéristique d'un enfant. Voir : *Palazzo Pubblico di Siena. Vicende costruttive e decorazione*, sous la direction de C. Brandi, Sienne, Monte dei Paschi di Siena, 1983, p. 232 et fig. 300. Cette hauteur avoisine par conséquent les étonnants huit mètres du portrait du saint à San Nicola de Trévise ou à la cathédrale de Spilimbergo, près de Pordenone, dimensions adaptées à une contemplation de loin : G. Milanesi, *Documenti per la storia dell'arte senese*, Sienne, Porri, 1856, vol. II, p. 192 et D. Rigaux, « Usages apotropaïques de la fresque dans l'Italie du Nord au XIVe siècle », in *Nicée II, 787-1987, douze siècles d'images religieuses*, sous la direction de F. Boesflug et de N. Lossky, Paris, Éditions du Cerf, 1987, p. 317-331, p. 323.

24. *Palazzo Pubblico di Siena, op. cit., Documenti*, sous la direction d'U. Morandi, p. 417.

25. *Ibidem*, p. 342, n° 215.

26. *Ibidem*, p. 193.

27. *Ibidem*, p. 420.

28. « *Thadeus Bartoli de Senis pinxit istam cappellam mccccvii cum figura sancti Christophori et cum istis aliis figuris* » : *ibidem*, p. 241. La chapelle fut peinte en 1407, l'embrasure qui la précède, à partir de janvier 1408.

29. *Il museo di Palazzo Davanzati a Firenze*, sous la direction de L. Berti, Milan, Electa, s. d., fig. 2.

30. Rigaux, « Usages apotropaïques », art. cit., p. 324.

31. Voir l'article « Giovanni da Bologna », sous la direction de F. Flores d'Arcais, dans l'*Enciclopedia dell'Arte medioevale*, Rome, Treccani, 1995, vol. VI, p. 715-716 et fig. à la p. 715. Le tableau est conservé au Musée municipal de Padoue.

32. « *Christophorum videas, postea tutus eas* », ou bien « *Christophore sancte, virtutes tuae sunt tantae : / qui te mane videt nocturno tempore ridet* », et encore : « *Christophori sancti speciem quicumque tuetur / ista nempe die non morte mala morietur* ». À ce propos, voir Rigaux, « Usages apotropaïques », art. cit., p. 322.

33. « *Christophori sancti speciem quicumque tuetur, illo namque die nullo langore tenetur* » : G. Kaftal, *Iconography of the Saints in Tuscan Painting*, Florence, Sansoni, 1952, p. 268, fig. 309.

34. Boccace, *Le Décaméron*, II, 2, traduction de Francisque Reynard (1879), présentation et notes de Vittore Branca, Paris, Le Club français du livre, 1962, 2 vol.

35. *Ibidem.*

36. Dans la nouvelle V, 3 du *Décaméron*, les aventures de Pietro Boccamazza et de sa bien-aimée sont animées par les incursions de bandes de brigands qui commandent et assassinent à tout bout de champ. Séparé d'Agnolella à l'arrivée soudaine d'une de ces bandes, Pietro erre dans la forêt : « Quant à aller plus avant, il ne savait où cela le mènerait. D'autre part, les bêtes féroces qui habitent d'ordinaire les forêts lui causaient une grande peur, tant pour lui-même que pour sa jeune amie qu'il lui semblait voir à chaque instant étranglée par quelque ours ou par quelque loup. » Boccace, *Décaméron*, V, 3, éd. cit.

37. Elle dura de 1287 à 1355.

38. Cf. F. Santi, *Gonfaloni umbri del Rinascimento*, Pérouse, Editrice Volumnia, 1976, p. 16 et planche II.

39. Il existait à Sienne une magistrature spéciale de la voirie qui veillait au bon état des routes et des ponts et à la sécurité des voyageurs : « *Stratae civitatis Senarum sunt siliciate et quedam vie sunt que mictunt in stratis et intrant et non sunt siliciate ob que deturpantur strate ita quod sozzura et lutum ipsarum viarum redeunt in stratam.* » Balestracci, Piccinni, *Siena nel Trecento*, op. cit., p. 41.

40. Le pavage avec des briques fut une innovation du XIIIe siècle ; auparavant, les rues de Sienne étaient couvertes de pavés comme les voies romaines. « Cette année-là [1241] on commença à utiliser des pavés de brique, comme on ne l'avait jamais fait » : *ibidem*, p. 57. Le statut des

préposés à la voirie urbaine de 1290, à la rubrique VIII, impose le pavage en briques de la rue qui conduit à San Giorgio, à l'intérieur comme à l'extérieur de la ville, car elle était auparavant couverte de pierres (« *que via est de lapidibus* »), et que celles-ci soient enlevées (« *et quod silex lapidum ibi factus destruatur* »). Zdekauer, *La vita pubblica, op. cit.,* p. 104.

41. « *In civitate et extra civitatem Senarum per totum comitatum* » : T. Szabó, « La rete stradale del contado di Siena. Legislazione statutaria e amministrazione comunale del Duecento », *Mélanges de l'École française de Rome*, LXXXVII (1975), p. 141-186, p. 159.

42. Avec la scène du martyre des trois franciscains à Thãnãh (aujourd'hui Bombay) (« une histoire prodigieuse et remarquablement faite », écrivit Ghiberti), Ambrogio Lorenzetti fut le premier à représenter une tempête : « Un ouragan s'élève, avec beaucoup de grêles, force éclairs, force coups de tonnerre et tremblements de terre […]. Comme peinture, l'œuvre me semble magistrale » : L. Ghiberti, *I Commentari*, sous la direction d'O. Morisani, Naples, Ricciardi, 1947, *Comm.* II, 2, p. 37. Pendant les travaux de restructuration de l'ancien cloître de San Francesco à Sienne, on a retrouvé quelques fragments de ces fresques, parmi lesquels le plus important est justement celui de la tempête : *Mostra di opere d'arte restaurate nelle province di Siena e Grosseto*, sous la direction de P. Torriti, Gênes, Sagep, 1979, p. 58-60 et fig. 47.

43. [Giordano da Pisa], *Prediche sulla Genesi recitate in Firenze nel 1304 dal beato fra' Giordano da Rivalto*, sous la direction de C. Moreni, Florence, Magheri, 1830, sermon XXXV, p. 196-197. Dans le sermon précédent, le XXXIV, il avait en revanche nié (*ibidem*, p. 192) la croyance répandue selon laquelle, quand les anges rebelles tombèrent en enfer, il y eut des pluies et des averses de grêle pendant neuf jours sans interruption.

44. Ces brèves sont de petits rouleaux d'étoffe contenant une relique ou une formule de prière, et que l'on porte autour du cou par dévotion.

45. « *Scribunt pueri brevia, in quibus sunt illa verba que scripsit Angelus Domini in tabula marmorea sepulcri dicte virginis, scilicet : "Mentem sanctam, spontaneam, honorem deo et patrie liberationem", et illa ponunt in agris vel vineis ut liberentur a tempestatibus grandinum.* » Anonymi Ticinensis (Opicini de Canistris) *Liber de laudibus civitatis Ticinensis*, RIS, XI, 1, p. 1-52, p. 32, § 35 et suivants.

46. L'épisode de l'ange et l'inscription relative déposée sur la tombe d'Agathe, mais sans la moindre explication, est rapporté par Jacques de

Voragine dans la *Légende dorée*, au chapitre XXXIX consacré à la sainte : *op. cit.*, sous la direction de Th. Graesse, p. 173 ; *op. cit.*, sous la direction d'A. et L. Vitale Brovarone, p. 213-217, p. 217.

47. C. Grondona, *Todi, storica ed artistica*, avec les adjonctions de M. Grondona, Todi, Pro Todi Editrice, 1993, p. 76 (agrémenté d'un long commentaire) et fig. 45, p. 85.

48. La cloche porte l'inscription suivante en vers léonins : « *Anno Domini 1239. Papae Gregorii tempore noni, Cesaris ac potentissimi Friderici. O Francisce pie / Fratris studio sed Helie, Christus / regnat, Christus vincit, Christus imperat. Mentem sanctam, spontaneam, honorem Deo et patriae liberationem. / Cum fit campana que dicitur Italiana, Bartholomaeus fecit cum Lotaringio filius eius. / Ave Maria, gratia plena, Dominus tecum, benedicta tu / in mulieribus et benedictus fructus ventris tui.* » G. Zaccaria, « Diario storico della Basilica e Sacro Convento di S. Francesco in Assisi (1220-1927) », *Miscellanea Francescana*, LXIII (1963), en trois sections, p. 75-120, 290-361, 495-536, p. 83, n° 21. Dans la poésie médiévale latine et romane, en raison peut-être de Léonius, un poète du XIIᵉ siècle, on appelait léonins les vers dont le premier hémistiche rimait avec le second, le milieu du vers s'accordant toujours pour le son avec la fin, ou dont la même assonance ou rime était répétée à maintes reprises.

49. Dans le *Memoriale degli Unti* (Pietruccio di Giacomo degli Unti), qui s'étend de 1424 à 1440, RIS, XXVI, 2, par. 35, n° 2, on a rapporté l'inscription de la cloche de Foligno : « *Christus vincit. Christus regnat. Christus imperat. Hoc opus factum fuit tempore Domini Raynaldi de Trincis electi Fulginensis, MCCCCXXXVIII. Mentem sanctam, spontaneam, honorem Deo et patriae liberationem.* »

50. Gulielmi Durandi *Rationale divinorum officiorum*, livre I, chap. 4, *De campanis* : « *Pulsatur autem et benedicitur campana ut* […] *procul pellantur hostiles exercitus et omnes insidiae inimici, fragor grandinum, procella turbinum, impetus tempestatum et fulgurum temperentur, infestaque tonitrua et ventorum flamina suspendantur, spiritus procellarum et aereae potestates prosternentur.* » Venetiis, apud Cominum de Tridino, 1572, c. 13v.

51. *Ibidem*, c. 14.

Chapitre III

1. F. Sacchetti, *Il Trecentonovelle* (les *Trois cents nouvelles*), sous la direction d'E. Faccioli, Turin, Einaudi, 1970, nouvelle CXV, p. 299-300.

2. *Palazzo Davanzati*, sous la direction de M. F. Todorow, Florence, Becocci, 1979, fig. 21, et p. 49; *Il museo di Palazzo Davanzati a Firenze*, sous la direction de L. Berti, Milan, Electa, s. d., planche XIV.

3. Ce codex, garni de force enluminures (Paris, BnF 1463), fut probablement transcrit en Ligurie par l'écrivain italien Rustichello de Pise qui composa en français le *Roman du roi Artus* et des chevaliers de la Table Ronde: *Il Romanzo arturiano di Rustichello da Pisa*, sous la direction de F. Cini, Pise, Cassa di Risparmio di Pisa, 1994. La miniature où figure le duel de Lancelot est au f. 60v.

4. Le gorgerin était la partie inférieure d'un casque servant à protéger le cou.

5. « Hue cocotte! » en toscan (*N.d.T.*).

6. Sacchetti, *Il Trecentonovelle*, *op. cit.*, nouvelle CXV, p. 302. Le geste de l'ânier rappelle celui de Vanni Fucci, *Enfer*, XXV, 1-3.

7. Le réaménagement urbain de Florence, capitale du XIXe siècle, eut pour conséquence, entre autres, la destruction totale d'un noyau de maisons du XIVe siècle – dont celle des Teri – qui se trouvaient dans le quartier du Vieux marché. Des fragments des fresques d'Iseult, conservés jusqu'en 1936 dans les dépôts du musée de San Marco à Florence, ont été depuis lors répartis entre plusieurs musées: C. Frugoni, « Le decorazioni murali come testimonianza di uno "status symbol" », in *Un palazzo, una città: il Palazzo Lanfranchi*, Pise, Pacini, 1980, p. 141-145, p. 144.

8. Peut-être par le ménestrel Antonio Pucci, 1310-1390: *Il museo di Palazzo Davanzati*, *op. cit.*, p. 14 et suivantes, et fig. 29, 30, 35, 36.

9. Juan Ruiz, archiprêtre de Hita, *Il libro del buon amore*, Utet, Turin 1983, p. 138. On ne sait presque rien de cet auteur, et les rares éléments que l'on connaisse nous proviennent de son œuvre, composée entre 1330 et 1343.

10. *Ibidem*, les cadeaux à la bergère, p. 181; à la montagnarde, p. 192; à la dame, p. 42.

11. Elle récitait ses prières suivant les heures canoniales: *Le mesnagier de Paris*, sous la direction de G. E. Brereton, Paris, Le Livre de Poche, 1994, livre I, chap. 4, 15, p. 144-145.

12. F. Sacchetti, *Nouvelles choisies*, nouvelle LXXXIV, traduction d'Alcide Bonneau, Paris, Isidore Liseux, 1879.

13. *Ibidem.*

14. L'histoire se termine bien pour l'amant qui, quoique découvert, parvient à s'échapper.

15. Selon Sacchetti, les femmes passaient « leurs journées sur les toits, les unes crêpant [leurs cheveux], les autres les aplatissant, les autres encore les décolorant, au point qu'elles meurent souvent de catarrhe [pulmonaire] ». *Ibidem*, nouvelle CLXXVIII.

16. À Sienne, à partir de 1262 les dimensions de ces étals ou établis furent soumises à des règles statutaires : D. Balestracci, G. Piccinni, *Siena nel Trecento. Assetto urbano e strutture edilizie*, Sienne, Edizioni Clusf, 1977, p. 46.

17. Aujourd'hui, les cordonniers réparent les chaussures, mais leur nom, en italien du moins (*calzolaio*, de *calza* : chaussette), dérive de la coutume médiévale qui consistait à coudre directement la semelle aux chaussettes. Outre ces chaussettes à semelles, les pieds pouvaient être protégés par des souliers ou des sabots.

18. *L'Umbria. Manuali per il territorio, Spoleto*, sous la direction de L. Gentili, L. Giacché, B. Ragni et B. Toscano, Rome, Edindustria, 1978, *terzo itinerario*, figures des p. 260-261, *Via del palazzo dei Duchi, le botteghe della « Stradetta »*.

19. Boccace, *Le Décaméron*, VI, 2, traduction de Francisque Reynard (1879), présentation et notes de Vittore Branca, Paris, Le Club français du livre, 1962, 2 vol.

20. Sacchetti, *Il Trecentonovelle, op. cit.*, nouvelle LXXVI.

21. F. Sacchetti, *Nouvelles choisies*, nouvelle CLI, traduction d'Alcide Bonneau, Paris, Isidore Liseux, 1879.

22. « Cette année-là [1384], au mois de décembre, le 6e jour, jour de saint Nicolas, le capitaine de la guerre d'Arezzo, messire Giovanni degli Obizzi, rentra à Florence, et à l'heure de la tierce, dans un grand concert de cloches et de trompettes, présenta au palais des Seigneurs, aux Dix du bailliage, l'emblème de la commune » : Marchionne di Coppo Stefani, *Cronaca fiorentina*, RIS, XXX, 1, rubrique 967, p. 431.

23. *Ibidem*, rubrique 824, p. 349.

24. L'« abbaye florentine » (*N.d.T.*).

25. G. Villani, *Nuova cronica*, édition critique sous la direction de G. Porta, Parme, Fond. P. Bembo, U. Guanda, 1991, livre IX, chap. 99, vol. II, p. 177.

26. Sacchetti, *Il Trecentonovelle*, *op. cit.*, nouvelle CXXXII.

27. 7,7 tonnes. Villani, *Nuova cronica*, livre X, chap. 158, *op. cit.*, vol. II, p. 356.

28. « Frammenti di statuti di Città di Castello 1261-1273 », sous la direction de G. Magherini-Graziani, *Bollettino della Deputazione di Storia Patria dell'Umbria*, XV (1909), p. 3-107, p. 42 : « *Ad tollendum* (sic) *dubietatem et differentiam inter diem et noctem Capitaneus populi teneatur et debeat quolibet sero semel pulsari facere tintinabulum populi, et postquam fuerit pulsatum nox intelligatur et ante quam pulsetur intelligatur dies.* » Cette citation fait partie du statut de 1261.

29. *Liber statutorum Civitatis Castelli*, imprimé à Città di Castello en 1538 par Antonio Mazzocchi et Nicola et Bartolomeo Gucci, c. 51r : « *Quod post tertium sonum campane que de sero pulsatur pro custodia civitatis, que campana quando pulsatur pro tertia vice pulsari debeat per campanarium tantum ut quilibet ad domum suam redire possit de quacumque partis civitatis in qua essent, et sonent tres motti sive retocchi post ipsum sonum, et postea quod nullus vadat per civitatem nec stet extra domum* » ; p. 57r : « *Quod quelibet persona coperiat ignem de bono copertorio aut extinguere debeat quolibet sero quando pulsatur campana grossa communis ad martellum quinque mottis* ».

30. *Ibidem*, p. 57v. En décembre 1344, à Florence, la cloche du peuple qui sonnait pour réunir le conseil fut transférée des créneaux du Palais des Prieurs à la tour, afin qu'on l'entendît mieux sur l'autre rive de l'Arno : on mit à sa place « la cloche qui provenait du château de Vernia, et l'on ordonna qu'elle ne sonnât que lorsqu'un incendie se déclarerait en ville pendant la nuit, afin qu'au son de celle-ci réagissent les maîtres et ceux qui ont pour mission d'éteindre le feu » : Villani, *Nuova cronica*, *op. cit.*, livre XIII, chap. 36, vol. III, p. 382.

31. Deux ou trois caisses, un matelas et un oreiller, un petit bassin rempli de vaisselle éparpillée par terre indiquent moins, symboliquement, les biens que l'on a mis en sûreté, qu'ils ne montrent, me semble-t-il, que l'incendie n'a presque rien épargné.

32. Gulielmi Durandi, *Rationale divinorum officiorum*, Venetiis, apud Cominum de Tridino, 1572, livre I, chap. 4, c. 14v. : « *Vero aliquo moriente campanae debent pulsari, ut populus hoc audiens oret pro illo.* »

33. Le puits de l'abîme (*puteus abyssi*) de l'*Apocalypse* (9,2).

34. Ces sculptures datent du dernier quart du XIIᵉ siècle selon J. Esch, *La chiesa di San Pietro a Spoleto*, Florence, Olschki, 1981, qui les analyse aux p. 100-101, fig. 56-57.

35. « Et l'horloge de la commune de Sienne fut réalisée à cette époque [1359] : elles coûta L. 858 et fut posée sur la tour de la place de la commune de Sienne : Bartalo Giardi en fut l'artisan » : *Cronaca senese* de Donato di Neri et de son fils Neri, RIS, XV, 6, p. 591. Cette chronique s'étend de 1352 à 1381.

36. *Statuti del castello di Corciano*, sous la direction de G. Scentoni, Pérouse, Cooperativa della Regione dell'Umbria, 1982, rubrique 29, p. 43.

37. Sacchetti, *Il Trecentonovelle*, *op. cit.*, nouvelle CXII.

38. L. Fiumi, *Gli statuti di Chianciano dell'anno 1287*, Orvieto, 1874, rubrique 277, p. 133 et rubrique 17 à la p. 17.

39. L. Zdekauer, *La vita pubblica dei Senesi nel Dugento*, Sienne, L. Lazzeri, 1897, p. 137.

40. *Temps de l'Église et temps du marchand* est l'heureux titre du premier article que Jacques Le Goff publia dans les *Annales* en 1960 (mai-juin, p. 417-433).

41. C. Frugoni, *Das Schachspiel in der Welt des Jacobus de Cessolis*, in *Das Schachbuch des Jacobus de Cessolis, codex Palatinus Latinus 961*, Stuttgart, Belser, 1988, p. 35-75, p. 52 et suivantes. Pour le texte, Jacobus de Cessolis, *Liber de moribus hominum ac officiis nobilium super ludo scaccorum,* il faut encore s'en remettre à l'ancienne édition de E. Köpke, Brandenburg, 1879 (« Mitteilungen aus den Handschriften der Ritter-Akademie zu Brandenburg a. H. », II, ajouté au XXIII Jahresbericht, Programm n° 59) ; je n'ai personnellement pas trouvé cette édition en Italie, mais uniquement à Wolfenbüttel. « *Sic autem fuit formatus schacus eos [ribaldos et lusores] repraesentans : nam homo fuit habens capellos hispidos et volutos, habens in manu dextra modicam pecuniam, in sinistra vero tres taxillos, et in corda, quam habet pro cingulo, pyxidem plenam litteris. In primo repraesentantur prodigi et dilapidatores rerum suarum, in secundo dilusores et meretricatores, in tertio cursores et portitores litterarum... Cursores et litterarum portitores iter coeptum expediant, ne moram contrahentes, mittentibus eos vel eis, ad quos mittuntur, ipsa mora inferant damnum. Saepe fit ut cursor praepeditus mora alius praeveniat, qui contraria praeferens is qui prevenire debuit praetensa causa seu lucri copia, aut accipiat victoriam aut interveniente pecunia lucrum in merca-tura perdat* » : Jacobus de Cessolis, Liber, *op. cit.*, p. 28 et 30.

42. Voir plus loin, à la page 127.

43. Texte publié en annexe (VI) par Zdekauer, *La vita pubblica*, *op. cit.*, p. 188-189 : « *Idcirco ego dictus sindicus, sindicatus nomine Comunis*

Senarum et pro Comuni Senarum vendo, do et concedo tibi, Iohannino Venture, populi Sancti Martini, integre totam spacçaturam atque letamen atque granellamen, quod fiet in Campo Fori Comunis Senarum et in silicibus que sunt circa dictum Campum [...]. Item vendo et concedo tibi, nomine antedicto, ius gridandi et baniendi omnes et singulos somarios, equos et alias res exmarritas, et omnes balias et festivitates et magistros et medicos, pro toto tempore supradicto [...]. Item do et concedo tibi licentiam retinendi in Campo predicto per totum dictum tempus unam troiam et quattuor porcellos, pro recolligendo et commedendo granellamine supradicto quod fiet in dicto Campo. »

44. Bibl. municipale de Città di Castello, *Riformanze*, vol. XXXIV, c. 31v, pour le 13 juin 1407 : « *Quod de cetero prior hospitalis sancti Antonii de Civitate Castelli possit licite et libere, sine pena retinere per civitatem extra domos hic inde eundo per civitatem duos porcos nutriendos pro pauperibus domini nostri Jesu Cristi* » ; Archives d'État de Gubbio, Fonds Com., *Riformanze*, vol. 14, f. 140r, pour le 23 décembre 1391 : « *Quod rector ecclesiae S. Antonii de Eugubio possit et sibi liceat mictere et retinere [...] unum porcellum* » et qu'il puisse « *ipsos porcellos in dictis castris retinendos signare in spatula dextra signo montis et Thau in auricula sinistra incisa, et cum campanella adposita ad auriculam dextram impune* ». L'Anonyme tessinois, à savoir Opicinus de Canistris, *Liber de laudibus civitatis Ticinensis*, RIS, XI, 1, p. 36, rappelle que, à Pavie, les moines de saint Antoine recevaient non seulement de l'argent et des aumônes de plusieurs types, mais encore « *porcos multos nutritos in publico* ». Quant à la lettre Tau (le T de l'alphabet grec et hébraïque), il représente la forme du bâton caractéristique de l'ermite ou la béquille des malades : *Porci e porcari nel Medioevo, paesaggio, economia, alimentazione*, sous la direction de M. Baruzzi et M. Montanari, Bologne, Cleb, 1981, p. 64.

45. *Ibidem*.

46. Sacchetti, *Il Trecentonovelle, op. cit.*, nouvelle LXXV.

47. *Ibidem*, nouvelle CX.

48. Boccace, *Le Décaméron*, Introduction à la Ire journée, traduction de Francisque Reynard (1879), éd. cit.

49. « On creusa près de chaque église, ou de la plupart, jusqu'au bord du fleuve, de vaste et sombres fosses, selon le nombre de personnes ; et ceux qui n'étaient guère riches, une fois la nuit tombée, portaient leurs morts sur les épaules et les jetaient dans cette fosse, ou bien payaient fort

cher pour le faire faire par quelqu'un d'autre. Le matin, on en trouvait un grand nombre dans la fosse ; on prenait alors de la terre et la leur jetait dessus ; et ensuite d'autres morts venaient par-dessus, et l'on remettait une petite couche de terre, comme quand on prépare des lasagnes avec des couches de fromage » : Marchionne di Coppo Stefani, *Cronaca fiorentina*, *op. cit.*, rubrique 634, p. 231.

50. Lors de l'examen de conscience que le vieux mari conseille de faire à sa jeune épouse, qui a péché par orgueil, il lui suggère d'admettre : « Je n'ai rien donné aux pauvres au nom de Dieu. Au contraire, j'étais remplie d'indignation et de mépris à leur égard parce qu'ils me paraissaient tous répugnants, empestés et malodorants, je ne les laissais pas s'approcher et m'enfuyais pour ne pas les voir » : *Le mesnagier de Paris*, *op. cit.*, livre 1, chap. 3, 39, p. 76-77.

51. « *Poiché prosperitate ci ha lasciati / O Morte, medicina d'ogni pena, / Dè vienci a dare omai l'ultima cena !* » (*N.d.T.*). C. Frugoni, « Altri luoghi, cercando il paradiso (il ciclo di Buffalmacco nel Camposanto di Pisa e la committenza domenicana) », *Annali della Scuola Normale Superiore di Pisa*, série III, vol. XVIII, 4 (1988, mais publié en 1990), p. 1557-1643, notamment p. 1577 et suivantes.

52. L'« *ultima cena* », le dernier repas en question, signifie aussi la Cène en italien (*N.d.T.*).

53. *El códice de Florencia de las Cantigas de Alfonso X el Sabio*, Madrid, Edilan, 1991, vol. I, p. 88 et vol. II, feuillet 88r.

54. [Giordano da Pisa], *Prediche inedite del B. Giordano da Rivalto dell'ordine de' Predicatori recitate in Firenze dal 1302 al 1305*, sous la direction d E. Narducci, Bologne, G. Romagnoli, 1867, prêche X, p. 53.

55. [Giordano da Pisa], *Prediche del B. Giordano da Rivalto dell'ordine de' Predicatori* (de 1304, de l'avent et du carême), sous la direction de M. D. Manni, Florence, G. Viviani, 1739, prêche XXXIII, p. 146.

56. Documents rapportés par P. Riché, D. Alexandre-Bidon, *L'Enfance au Moyen Âge*, Paris, Seuil, 1994, p. 177. J'ai vu dans ce livre les illustrations qui portent dans mon livre les nos 66, 89-91, 94, 95, 101, 103, 105-110, 114, 115, 117, 120, 121.

57. Cette fresque est conservée dans un état fragmentaire. Voir *Il museo del Bigallo a Firenze*, sous la direction de H. Kiel, Milan, Electa, 1977, p. 5, p. 120-121 et fig. 42-48.

58. C'est-à-dire le Palazzo Pubblico, sur la piazza del Campo, où siégeait la magistrature des Neuf.

59. G. Pinto, *Il libro del Biadaiolo. Carestie e annona a Firenze dalla metà del '200 al 1348*, Florence, Olschki, 1978, p. 320, c. 56v. À Florence, un cheval met la pagaille parmi les étals des vendeurs de draps de la via Calimala, puis parmi les marchands de blé et leurs bourriches à Orsanmichele ; dans la confusion générale, ce sont les aveugles qui en pâtissent : « Et ces aveugles, qui se trouvaient très souvent à l'endroit qu'on appelle le "Pilastro" [près d'Orsanmichele], ayant entendu ce vacarme, furent bousculés et piétinés, mais ne sachant pas d'où venait le bruit, ils brandissaient leurs bâtons, frappant les passants au hasard. La plupart de ces derniers, qui recevaient les coups, se retournaient contre eux sans savoir qu'il s'agissait d'aveugles. D'autres, qui savaient que c'étaient des aveugles, insultaient et rabrouaient tous ceux qui s'en prenaient aux aveugles, et ceux-ci réagissaient à leur tour contre leurs agresseurs. Et ainsi, ici et là, pour une raison ou pour une autre, tout le monde se mit à se donner des coups, formant des mêlées de tous les côtés » : Sacchetti, *Il Trecentonovelle, op. cit.,* nouvelle CLIX, p. 448-449. Il s'agit du passage d'une nouvelle et non, bien entendu, d'un fait divers, mais il est clair que l'auteur, qui écrit pour ses contemporains, devait décrire des situations tout à fait vraisemblables.

60. Littéralement : « Le Livre du marchand d'avoine » (*N.d.T.*).

61. Pinto, *Il libro del Biadaiolo, op. cit.*, p. 322, c. 59r.

62. « *Dominus ita dedit mihi fratri Francisco incipere faciendi poenitentiam : quia, cum essem in peccatis, nimis mihi videbatur amarum videre leprosos. Et ipse Dominus conduxit me inter illos et feci misericordiam cum illis. Et recedente me ab ipsis, id quod videatur mihi amarum, conversum fuit mihi in dulcedinem animi et corporis ; et postea parum steti et exivi de saeculo* » : *Testamentum* in *Sancti Patris Francisci Assisiensis Opuscula*, sous la direction de K. Esser, Grottaferrata (Rome), Coll. S. Bonaventurae, 1978, p. 307-317, p. 307-308.

63. Sacchetti, *Il Trecentonovelle*, traduction d'Alcide Bonneau, *op. cit.*, nouvelle CCVII, p. 632.

64. *Liber statutorum Civitatis Castelli, op. cit.*, c. 47r., peine encourue par le voleur : « *Fustigetur per Civitatem Castelli et ducatur ad petronem communis et ibidem cum ferro callido in guancea coquatur, et ligetur et moretur ibi saltem duabus horis.* » Toujours à Città di Castello, en 1399, on prescrit une peine fort semblable, par contumace, à un juif nommé Musetto, voleur originaire d'Ancône : Bibl. municipale de Città di Castello, *Riformanze, op. cit.*, vol. IX, p. 2a, c. 90r.

65. *Liber statutorum Civitatis Castelli, op. cit.*, c. 41v, peine encourue par le blasphémateur : « *Fustigetur per Civitatem Castelli a porta Sanctae Mariae Maioris usque ad portam Sancti Juliani* […] *cum tenaglis in lingua.* »

66. Peine encourue par le meurtrier : « *Traginetur per Civitatem ad caudam equi, muli vel asini et suspendatur per gulam ita quod penitus moriatur* », *ibidem*, c. 46v.

67. À Città di Castello, en 1397, on condamne par contumace « *Casciolum Rici de Civitate Castelli et porta S. Marie, hominem proditorem, coniuratorem, tractatorem, sediciosum, turbatorem popularis et pacifici status civitatis prefate, sollicitatorem, concitatorem sedicionum et tumultus* » ; au cas où on l'aurait pris, « *tanquam proditor ligetur ad caudam aselli et sic ligatus trahatur et trahi debeat per loca publica et consueta dicte Civitatis Castelli usque ad locum iustitie consuetum, ibique plantetur et plantari debeat cum capite deorsum et tantum tempore sic plantatus stare debeat quousque moriatur et penitus eius anima a corpo separetur* » : Bibl. municipale de Città di Castello, *Riformanze, op. cit.*, vol. IX, p. 2a, c. 39r, c. 42v.

68. Il s'agit de John Hawkwood, mort à Florence en 1394 : Sacchetti, *Il Trecentonovelle, op. cit.*, nouvelle CLXXXII, p. 528.

69. Zdekauer, *La vita pubblica, op. cit.*, p. 98-99. Le procès-verbal du Conseil est reproduit dans l'*Annexe* IV, p. 184-186. Pour une fois, c'est la modération qui l'emporta.

70. Paolo di Tommaso Montauri, *Cronaca senese, op. cit.*, p. 723, cité par Balestracci, Piccinni, *Siena nel Trecento, op. cit.*, p. 165.

71. « *Justicia facta de Thebaldo capitaneo Brixie* », est-il écrit sous le dessin qui s'y rapporte : *Il viaggio di Enrico VII in Italia*, sous la direction de M. Tosti-Croce, Città di Castello, Ministero per i Beni culturali, Edimond, 1993, fig. 13. Le manuscrit, commandé par le frère d'Henri VII, l'archevêque Baldovino di Treviri, fut sans doute exécuté entre 1340 et 1350 ; V. Kessel, *Il manoscritto del « viaggio a Roma », ibidem*, p. 13-28, p. 21, lequel, parmi les diverses dates proposées par les chercheurs précédents, préfère toutefois celle de 1330 environ, mais sans fournir d'arguments décisifs.

72. Frugoni, « Altri luoghi », art. cit., p. 1570.

73. J. Baschet, *Les Justices de l'au-delà. Les représentations de l'Enfer en France et en Italie (XIIe-XVe siècle)*, Rome, École française de Rome, 1993, p. 293 et suivantes.

74. Bernardino da Siena, *Le prediche volgari*, sous la direction de C. Cannarozzi, Pistoia, Pacinotti, 1934, vol. I, p. 244. Saint Bernardin aborde la même question avec quasiment les mêmes termes dans le carême florentin de 1425 : Bernardino da Siena, *Le prediche volgari*, Florence, Libreria Editrice Fiorentina, 1940, vol. IV, p. 226. Sur le détail de cette fresque, voir C. Frugoni, « La coppia infernale di Andrea Orcagna in Santa Croce a Firenze. Proposta per una possibile fonte della novella di Nastagio degli Onesti », *Studi sul Boccaccio*, XXVIII (2000), p. 99-104.

75. G. Ortalli, «... *Pingatur in Palatio...* ». *La pittura infamante nei secoli XII-XVI*, Rome, Jouvence, 1979 ; *Id.*, « La rappresentazione politica e i nuovi confini dell'immagine nel secolo XIII », in *L'Image. Fonctions et usages des images dans l'Occident médiéval*, Paris, Le Léopard d'or, 1996, p. 251-275.

76. Tous les moines n'étaient pas capables, comme saint Bernardin, d'adapter leur prêche aux attentes et à l'approbation de leur auditoire. Sacchetti décrit les exordes incertains d'un jeune moine de l'ordre des ermites de saint Augustin. Pendant le Carême, celui-ci prêchait le soir dans l'église de Santa Reparata à Florence ; à ses homélies, étant donné l'heure tardive, se rendaient, « une fois les ateliers fermés […], tous les pauvres ouvriers employés dans les manufactures de laine », ainsi que « les valets, les servantes et les domestiques ». Le moine insistait sur le péché d'usure qui conduit à la damnation quand, dans les ténèbres de l'église, on entendit quelqu'un éclater de rire (« comme étourdi à cause de l'obscurité, tout le monde cherchait d'où venait cette voix ») : « Je voudrais que vous vous rendiez compte que vos paroles sont vaines car tous ceux qui, sous vos yeux, assistent à votre prêche n'ont pas de quoi emprunter ni prêter, et moi le premier. Mais si vous pouvez nous réconforter sur la question de nos dettes et de l'argent que nous devons donner aux autres, je vous en prie, faites-le ; faute de quoi nous pourrions tous nous passer de votre prêche » : Sacchetti, *Il Trecentonovelle, op. cit.*, nouvelle C, p. 263-264.

77. « Saint Bernardin de Sienne prêche à Spello pendant tout le carême ; il sépare les hommes des femmes à l'église avec une toile ; il fonde la Compagnie du Nom de Jésus, et il lègue la couronne qu'il tenait à la main, où figurait le nom de Jésus, au couvent de Sant'Andrea » : M. Faloci Pulignani, « Le Cronache di Spello degli Olorini », *Bollettino della Deputazione di Storia Patria dell'Umbria*, XXIII (1918), p. 239-298, p. 283 pour le prêche de 1442. Cette chronique fut commencée par Giovanni Olorini, mort en 1388, et poursuivie par ses proches.

78. Bernardino da Siena, *Le prediche volgari*, vol. I, *op. cit.*, p. 245.

79. « *Itaque cum esset juvenis et laicus in domo patris sui, et sancti-tatis, ut dictum est, amator, forte quadam die audivit mimum cantando refe-rentem vitam et conversionem sancti Theobaldi et asperitatem vitam eius* » : E. Faral, *Les Jongleurs en France au Moyen Âge*, Paris, H. Champion, (1ʳᵉ éd. 1909) 1971, ap. III, n. 69b, da *Vita sancti Ayberti* (m. 1140), AA. SS., *Aprilis*, t. I, apud M. Cnobarum, Antverpiae 1675, p. 674, 5 ; pour de nombreux autres exemples : C. Frugoni, « La rappresentazione dei giul-lari nelle chiese fino al XII sec. », in *Il Contributo dei giullari alla dram-maturgia italiana delle origini*, Archives du IIᵉ Congrès d'étude, Viterbe, 17-19 juin 1977, Rome, Bulzoni, 1978, p. 113-134, p. 123-124.

80. C'est souvent la commune qui prend en charge les frais. Je lis dans les *Riformanze* de Città di Castello, *op. cit.*, vol. XXXVI, c. 129r le 23 août 1411 : « *Quod* […] *camerarius comunis de ipsius comunis pecunia det et solvat istis tubatoribus, menestreriis et ioculatoribus qui venerunt et hono-raverunt festum sanctorum Floridi et Amantii istas pecunias.* »

81. Une brasse = 5 pieds = 1,60 m (*N.d.T.*).

82. Sacchetti, *Il Trecentonovelle*, *op. cit.*, nouvelle LXIX, p. 175.

83. Selon Sacchetti, il faut empêcher de jouer aux dés ainsi que la « *zara* », « laquelle consiste à blasphémer contre Dieu, à dilapider les richesses, à associer l'orgueil à la colère, et, par avarice, à commettre des vols et des crimes, voire à tuer » ; et Sacchetti en arrive même à approuver le délit d'un homme qui, ayant tout perdu au jeu, assassine l'artisan qui fabriquait les dés : *ibidem*, nouvelle CXXII, p. 319-320.

84. Alors que Lancelot, fourbu après un tournoi, se reposait, « La ou il jut si povremant, / A tant ez vos un garnemant, / Un hiraut d'armes an chemise, / Qui an la taverne avoit mise / Sa cote avoec sa chauceüre, / Et vint nuz piez grant aleüre, / Desafublez contre le vant » : Chrétien de Troyes, *Lancelot ou le Chevalier de la charrette*, édition d'Alfred Foulet et Karl D. Uitti, Paris, 1989, p. 311. Dans un sonnet, *Tre cose solamente m'ènno in grado*, Cecco Angiolieri (1260-1311 ou 1313) célèbre une vie dissolue, qui exigerait beau-coup d'argent à disposition : « *Le quali posso non ben ben fornire,/ cioè la donna, la taverna e 'l dado :/ queste mi fanno 'l cuor lieto sentire. / Ma sì me le convene usar di rado / ché la mia borsa mi mett'al mentire…* »

85. *El códice de Florencia*, *op. cit.*, vol. I, p. 38-39 et vol. II, f. 20r.

86. « Aucun fainéant, ribaud, joueur ni tout autre individu malfamé n'est autorisé à jouer à n'importe quel jeu de dés et de tripot devant les églises de la ville à une distance de LX brasses » : Balestracci, Piccinni, *Siena nel Trecento*, *op. cit.*, p. 61.

87. A. Rizzi, *Ludus/ludere. Giocare in Italia alla fine del Medioevo*, Rome, Viella, 1995 ; *Gioco e giustizia nell'Italia di Comune*, sous la direction de G. Ortalli, Trévise-Rome, Benetton-Viella, 1993.

88. A. Settia, « La "battaglia" : un gioco violento fra permissività e interdizione », in *Gioco e giustizia, op. cit.*, p. 121-132 et Rizzi, *Ludus/ludere, op. cit.*, notamment p. 99-101, avec une riche bibliographie.

89. Je ne tiens pas compte ici des courses de chevaux (*palii*) en temps de guerre et de paix (sur l'origine et la signification desquelles, je renvoie au dernier chapitre du livre déjà cité d'A. Rizzi : « *Pro bravio sive palio currendo* » : *un gioco promosso nell'Italia dei Comuni*, p. 171-204) : les *palii* pacifiques sont d'ailleurs trop liés à des événements religieux ou politiques significatifs dans la mémoire citadine pour entrer dans le cadre de mon vagabondage dans une ville médiévale un jour comme les autres.

90. Frugoni, « La rappresentazione dei giullari », art. cit., p. 122-123.

91. *Ibidem* p. 123 et reproduction in *Encicl. Universale dell'Arte*, Venise, Istit. per la coll. cultur. Venezia-Roma, 1964, s.v. *scenografia*, de E. Povoledo, vol. XII, planche 153.

92. Marchionne di Coppo Stefani, *Cronaca fiorentina, op. cit.*, rubrique 777, p. 309.

93. Cette note de frais est très minutieuse : pour les chiffres exacts, cf. L. Zdekauer, *La vita privata dei Senesi nel Dugento*, Sienne, L. Lazzeri, 1897, annexe VII, p. 103-104.

94. C. Thomasset, « La natura della donna », in G. Duby et M. Perrot, *Storia delle donne*, vol. II, *Il Medioevo*, sous la direction de Ch. Klapisch-Zuber, Rome-Bari, Laterza, 1990, p. 56-87.

95. Le vair (du latin *varius*, « bigarré ») est le nom médiéval que l'on donnait au pelage d'un écureuil sibérien (correspondant à notre *petit-gris*) qui devient tout gris l'hiver, hormis sa poitrine, qui est blanche. Cette fourrure se présente comme une série d'écussons blancs sur fond gris.

96. *Gabbare* : berner, duper.

97. Sacchetti, *Il Trecentonovelle, op. cit.*, nouvelle CLV.

98. *Ibidem*, nouvelle CLV.

99. *Ibidem* ; le protagoniste de la nouvelle suivante, CLVI (*ibidem*), est un faux médecin : « Sous les dehors d'un médecin de la région de Ferrare, Messire Dolcibene rétablit dans sa position correcte la main d'une jeune fille, qui s'était retournée et luxée, et cela en s'asseyant brutalement dessus » : tel est le résumé qui précède la nouvelle. L'accoutrement

du médecin était si caractéristique que dans la nouvelle XLII (*ibidem*), Sacchetti peut se permettre de remarquer qu'un certain podestat portait « une houppelande avec des rabats sur le devant, dont la forme lui donnait plutôt un air de médecin que de chevalier ».

100. La conclusion du sonnet est la suivante : « Cela ne servit à rien [au diable] d'avoir les fioles / Des péchés mortels qui ramollissent l'homme. » L'histoire est racontée plus en détail dans le livre de D. Cavalca, *Volgarizzamento delle Vite de' SS. Padri*, Milan, Silvestri, 1830, p. 24-25 ; voir aussi : Frugoni, « Altri luoghi », art. cit., p. 1575.

101. La robe écarlate est caractéristique de ceux qui avaient le titre de docteur : cf. Boccace, *Decameron*, sous la direction de V. Branca, 2 vol., Turin, Einaudi, 1993, p. 984, n° 1 ; la fourrure de vair est également caractéristique du médecin.

102. Boccace, *Le Décaméron*, VIII, 9, traduction de Francisque Reynard (1879), *op. cit.*

103. *Ibidem*. Les gants et les vêtements longs sont des détails caractéristiques de l'habillement des docteurs.

104. P. Riché, D. Alexandre-Bidon, *L'Enfance au Moyen Âge*, *op. cit.*, p. 45 et 68.

105. Le *Carême,* sous les traits d'une guerrière à la tête d'une austère armée de poissons, triomphant de *Don Carnaval* et de son armée appétissante d'animaux exquis, est le sujet de *Le Combat de don Carnaval contre doña Carême et le triomphe de l'Amour* de Juan Ruiz, archiprêtre de Hita, dans son ouvrage, *El Libro de Buen Amor*, déjà cité, chap. XXIII, p. 204-249. Une correspondance soutenue en latin (seconde moitié du XIIe siècle) entre *Carême* et *Carnaval*, au sujet des mois qui reviennent à chacun, a été publiée par M. Feo, « Il carnevale dell'umanista », in *Tradizione classica e letteratura umanistica per Alessandro Perosa*, vol. I-II, Rome, Bulzoni, 1985, vol. I, p. 25-93.

106. Conservé au Kunsthistorisches Museum de Vienne.

107. « *Cum victi mures mustelarum exercitu / (historia quorum et in tabernis pingitur) / fugerent, et artos circum trepidarent cavos / aegre recepti tamen evaserunt necem* » : Phaedri Augusti liberti Fabularum Aesopiarum libri, livre IV, 6, *Pugna murium et mustelarum*. Je cite d'après *Fedro, Le favole*, texte latin en regard, traduction d'E. Bossi, Bologne, Zanichelli, 1963, p. 168-169. Les rats condottieri, gênés par les cimiers qui devaient les signaler à leurs soldats, ne parviennent pas à fuir aussi facilement qu'eux et sont dévorés par les belettes qui avaient déjà triomphé ; la

morale de Phèdre est la suivante : ce sont toujours les chefs qui pâtissent en premier de l'adversité.

108. Naturellement, après avoir dévoré les souris, la belette entre dans le poulailler et tue toutes les poules ; c'est pour cette raison que l'impitoyable paysan la condamnera à mort : *Esopo toscano dei frati e dei mercanti trecenteschi*, sous la direction de V. Branca, Venise, Marsilio, 1989, fable XL, p. 182-185.

109. Sur l'édition du petit poème de Théodore Prodrome, avec une traduction en allemand en regard et un commentaire intéressant : H. Hunger, *Der byzantinische Katz-Maüse-Krieg, Theodoros Prodromos Katomyomachia*, Graz-Vienne-Cologne, Böhlau, 1968 ; on pourra lire les vers sur la douleur funèbre du rat Creil et le récit de sa mort dans R. Cantarella, *Poeti bizantini*, Milan, Vita e pensiero, 1948, vol. II, p. 826-831.

110. H. Hunger (qui cite à son tour E. Weiss, le premier à évoquer la nouvelle de Boccace) analyse longuement le rapport entre la *Katomyomachia*, imitation de la *Batracomiomachia* pseudo-homérique, et la fresque de Pürgg dans *Der byzantinische Katz-Maüse-Krieg, op. cit.*, p. 68 et suivantes, en niant la connaissance de ce petit poème en Autriche, qu'on avait supposée en raison du mariage, à la moitié du XIIᵉ siècle, de Théodora, la nièce de l'empereur byzantin Manuel Comnène, avec le duc de Bamberg, Jasormirgott. Théodore Prodrome parle d'une seule chatte assaillie par de nombreux rats, bien que d'autres personnages soient des chats, mais qui ne prennent pas part au combat ; alors que dans la fresque de Pürgg, ce sont les très nombreux rats qui sont attaqués par une meute de chats. Hunger estime que le rapport tient plutôt au genre et il cite certaines miniatures à l'appui, dont une extraite d'un Livre d'or anglais du premier quart du XIVᵉ siècle (Londres, British Museum, Harleian, 6563, f. 72r), où un chat défend une tour en jetant des pierres sur des rats ; hormis un problème de dates, il me semble que cette miniature démontre précisément le contraire de ce que soutient Hunger. (La miniature est reproduite par L. M. C. Randall, *Images in the Margins of Gothic Manuscripts*, Berkeley-Los Angeles, University of California Press, 1966, fig. 99.) Je suis très reconnaissante à Claudio Ciociola de m'avoir indiqué les précieuses références bibliographiques relatives à la *Bataille des rats et des chats*. Sur la reproduction de la fresque de Pürgg, voir O. Demus, *Pittura murale romanica*, trad. it., Milan, Rusconi, 1969, fig. 236.

111. J. Puig y Cadafalch, A. de Folguera, J. Goday y Casals, *L'arquitectura romànica a Catalunya*, Barcelone, Institut d'Estudis catalans, 1909-1918, vol. I-III, vol. III, fig. 1072.

112. La plus ancienne estampe conservée date de 1521. Pour une recension de tous les témoins imprimés et pour l'édition critique du petit poème en question, voir M. Chiesa, in *Il Parnaso e la zucca. Testi e studi folenghiani*, sous la direction de M. Chiesa et S. Gatti, Alessandrie, Edizioni dell'Orso, 1995, p. 13-51 (aux p. 13-37 le texte du petit poème aux bons soins de M. Chiesa). Dans *Un anonimo raffinato per un letteratissimo poemetto popolareggiante*, *ibidem*, p. 103-118, p. 103, Chiesa signale la citation de Boccace, sans faire de déductions ultérieures ; pour avoir peut-être égaré certaines fiches, il oublie ce qu'il doit à Hunger, qu'il cite pourtant pour cette notice et pour beaucoup d'autres encore.

113. F. V. Essling, *Livres à figures vénitiens*, Paris, Olschki-H. Leclerc, 1909, vol. II, 2, p. 421, n° 2111 et p. 422, n° 2113 : dans la xylographie de la p. 421, n° 2111 (il s'agit de notre fig. 81), le chat ressemble à un sanglier.

114. Boccace, *Le Décaméron*, VIII, 9, traduction de Francisque Reynard (1879), éd. cit. Les médecins étaient en même temps apothicaires : non seulement ils prescrivaient les médicaments, mais les fabriquaient eux-mêmes.

115. Boccace évoque ici les *càlcole*, à savoir les planchettes sur lesquelles la tisseuse appuie les pieds. Ces planchettes sont attachées avec des cordes aux lisses (cordes retorses) du peigne. En abaissant et en levant alternativement les lisses, la tisseuse ouvre et ferme les mailles de la trame tandis que passe la navette qui forme l'étoffe.

116. Boccace, *Le Décaméron*, VIII, 9, éd. cit.

117. Francesco Alunno était le nom humaniste de Francesco del Bailo (Ferrare 1485 environ-Venise 1556) : grammairien et calligraphe, il composa les *Richessses de la langue vulgaire sur Boccace* (1543-51), un glossaire du *Décaméron*.

118. Cité par V. Branca, in Boccaccio, *Decameron*, VIII, 9, éd. cit., p. 999, n° 7.

119. Les cabinets et les fosses d'aisances n'étaient vidés que la nuit : à Sienne, on prescrivait que « personne ne fasse usage des fosses ou des cabinets d'aisances sinon la nuit après le troisième coup de la cloche de la commune » : *Il Costituto del Comune di Siena volgarizzato*, vol. II, d. V, r. CLX, p. 301, cité par Balestracci, Piccinni, *Siena nel Trecento*, *op. cit.*, p. 85. Mais les maisons les plus modestes n'avaient pas de cabinets de

toilette, comme on peut le déduire de la nouvelle de Sercambi dont le protagoniste, Bertoldo Adimari, « avait fait ses besoins » dans la chambre où il était malade : G. Sercambi, *Novelle*, sous la direction de G. Sinicropi, Rome-Bari, Laterza, 1972, « Scrittori d'Italia », nᵒˢ 250-251, vol. I, nouvelle XXIV, p. 121.

120. La façade de l'église démolie du monastère de Ripoli existe encore dans la Via della Scala. À Sienne, la rubrique du *Costituto* de 1262 (d. I, r. CCLXXVI, p. 109 : « *De sozzura non fienda prope ecclesias fratrum Minorum et Predicatorum in plateis et in viis* ») s'efforçait de faire respecter au moins certains lieux : Balestracci, Piccinni, *Siena nel Trecento, op. cit.*, p. 86.

121. « Si vous saviez ce que j'ai fait autrefois de nuit à Bologne, quand j'allais parfois avec mes camarades courir les femmes, vous seriez étonnés. Sur ma foi en Dieu, il y eut telle nuit où, une femme ne voulant pas venir avec nous – c'était une malheureuse et, qui pis est, pas plus haute que le coude – je lui donnai tout d'abord de grands coups de poing, puis l'ayant prise de force, je crois que je la portai plus d'un jet d'arbalète, et je fis tant qu'il fallut qu'elle vînt avec nous. » : Boccace, *Le Décaméron*, VIII, 9, éd. cit. Sur l'épisode de la grosse fourrure, voir plus loin à la p. 234 du texte.

122. « Et aussitôt que vous y serez monté, vous vous croiserez les mains sur la poitrine, sans toucher la bête » : *ibidem*, p. 1001. Les bras croisés sur la poitrine indiquent un respect bien élevé, un geste que l'on voit faire aux valets qui servent à la table du maître de maison. L'interdiction de toucher la monture empêchait le médecin de découvrir la supercherie. Ne pouvant s'agripper, Simone aurait d'autre part ressenti beaucoup plus les soubresauts et les secousses volontairement provoqués par Buffalmacco.

123. C'est-à-dire comme on la porterait aujourd'hui, selon une habitude qui dénote davantage l'ostentation que le besoin rationnel de se défendre du froid. Au Moyen Âge, la fourrure se portait d'ordinaire le poil contre la peau, comme une doublure très chaude.

124. Boccace, *Le Décaméron*, VIII, 9, éd. cit.

125. C'est là aussi l'*incipit* de la bataille française entre *Caresme* et *Charnage* : *Il Parnaso e la zucca, op. cit.*, p. 13.

126. « Gros Matou » en vénitien (*N.d.T.*).

127. *Ibidem*, strophes 1-3, p. 13-14.

128. « Celui-ci était tout armé de merde / parce qu'en s'échappant d'une cuisine, / il entra de peur dans un conduit / car dame Caterina le

poursuivait / qui pour lui avoir volé un jambon / voulait le punir avec un bâton : / et lui pour échapper à un tel malheur / abandonna le jambon mais se procura l'armure » : strophe 6. Le courage dont se vante Simone quand il va la nuit aux cabinets fait écho au grand courage de l'empereur Gatton qui aurait combattu « contre des dragons morts. / Et souvent avec excès et plaisir / sans s'en rendre compte faisait caca dans son lit » : strophe 16, *ibidem*, p. 18. De bout en bout le poème se déroule dans un lourd climat flatulent et scatologique, comme le récit de Buffalmacco lorsque « la comtesse de Civillari » entre en scène avec ses assistants. « Ô que de rots sonores ô que de pets / voyait-on aller à terre l'un après l'autre ! et que de paniers, qui étaient leurs casques, / et de vases de nuit voyait-on voler ! » : strophe 72, *ibidem*, p. 35. Quant au vaillant rat Gratugia [Râpe], il « grince, hurle, gémit, saute, frétille / et chie des étrons carrés de dépit » : strophe 24, *ibidem*, p. 21.

129. Je cite ici la strophe 32. Selon le *Vocabolario della Crusca*, « *Ingistara* » ou « *nguistara* » est synonyme de « *guastada* » (fiole). Sur la « *guastadetta* » de Mazzeo della Montagna, de Salerne, voir plus loin p. 146.

130. Sans l'anesthésie de l'opium.

131. Boccace, *Le Décaméron*, IV, 10, traduction de Francisque Reynard (1879), éd. cit.

132. *Ibidem*.

133. « *Expertus, ydoneus et praticus in arte medicine medicus fisicus qui, auctore Domino, sciat infirmitates curare corporeas et sanitates conservare* » : Bibl. municipale de Città di Castello, *Riformanze*, *op. cit.*, vol. IX, c. 75v, 8 juin 1374.

134. Née vers 1156, Bona eut une vie projetée tout entière vers l'extérieur, et elle vivait du travail de ses mains. Elle soigne les entorses et remet les luxations, voyage beaucoup, faisant de nombreux pèlerinages : deux fois à Jérusalem, neuf fois à Saint-Jacques-de-Compostelle et souvent à Rome. Lorsque son corps malade l'empêchera de quitter Pise, Bonne n'en continuera pas moins à voyager « par désir », se déplaçant en esprit. Je renvoie à mon article, « Santa Bona, pellegrina "per desiderio" », in *Gli universi del fantastico*, sous la direction de V. Branca et de C. Ossola, Florence, Vallecchi, 1988, p. 259-272.

135. *Ibidem*, p. 272.

136. Sous chaque épisode du cycle de saint François figure une inscription, aujourd'hui en grande partie fragmentaire. Je rapporte ici le texte d'après

la transcription et le complément de B. Marinangeli, « La serie di affreschi giotteschi rappresentanti la vita di S. Francesco nella Chiesa Superiore di Assisi », *Miscellanea Francescana*, XIII (1911), p. 97-112. Marinangeli avait lui-même tenu compte de la transcription des mots peints, déjà difficiles à lire à l'époque, et qui étaient l'œuvre d'un artiste anonyme du XVIIe siècle : *Descrizione della Basilica di San Francesco*, Assise, Bibl. municipale, fonds moderne, ms. 148, cc. 1-83. Le texte est retranscrit dans *La Basilica di San Francesco d'Assisi* de Ludovico da Pietralunga, introduction, notes et commentaire de P. Scarpellini, Canova, Trévise 1982, p. 121-122. Sur la correspondance des fresques avec le texte de la *Legenda maior* de saint Bonaventure de Bagnoregio, qui est devenue la biographie officielle de saint François à partir de 1266, voir : *Bonaventurae Legenda maior s. Francisci*, in *Analecta Franciscana*, X, Ex Typ. Collegii s. Bonaventurae, Ad Claras Aquas prope Florentiam 1926-1941, p. 557-652.

137. « *Beatus Franciscus Ioannem de civitate Ilerda, vulneratum ad mortem et a medicis desperatum, et se, dum vulneraretur, devote invocantem, statim perfectissime liberavit, sacris suis manibus ligaturas solvens et plagas suavissime tangens* » (= *Leg. maior, De miraculis*, I, 5).

138. Mais on aperçoit aussi des feuilles roulées et réunies en liasses, des bougies, des éponges. Les notaires allaient s'approvisionner chez l'apothicaire. Un notaire toujours distrait, n'ayant pas sous la main les instruments nécessaires pour rédiger un testament, perdit – raconte Sacchetti – l'occasion de faire une belle affaire. « Il songea à s'approvisionner pour très longtemps en encre, en feuilles de papier, en plumes et en plumiers garnis, afin qu'un cas semblable ne se reproduise plus. Il se rendit chez un apothicaire pour acheter un carnet de feuilles de papier, qu'il lia et serra bien, et fourra dans sa musette ; et il acheta un flacon rempli d'encre, qu'il suspendit à sa ceinture ; et enfin non pas une plume, mais un faisceau de plumes qu'il eut du mal à tailler correctement en une seule journée, et il les accrocha sur le côté dans un petit sac en cuir à épices » : Sacchetti, *Il Trecentonovelle, op. cit.*, nouvelle CLXIII. Le plumier (*pennaiolo*) se portait alors à la ceinture.

139. Souvent les malades faisaient le vœu d'offrir, s'ils guérissaient, l'effigie en cire de la partie de leur corps malade sur la tombe du saint invoqué.

140. Sacchetti, *Il Trecentonovelle, op. cit.*, nouvelle CIX.

141. *El códice de Florencia, op. cit.*, vol. I, f. 112r, vol. II, p. 104-105.

142. Boccace, *Le Décaméron*, IV, 1, traduction de Francisque Reynard (1879), éd. cit.

143. *Ibidem.*

144. *Ibidem*, X, 4.

145. Christine de Pisan, *Epistre d'Othéa*, Paris, BnF, ms. fr. 848, f. 19v, reproduit in C. Frugoni, « La donna nelle immagini, la donna immaginata », in Duby, Perrot, *Storia delle donne*, vol. II, *Il Medioevo*, *op. cit.*, p. 424-439, fig. 31. Rares furent les femmes qui eurent le droit d'exercer officiellement la profession de médecin, et encore plus rares celles qui furent acceptées dans les centres universitaires, comme à Paris, pour étudier la médecine : C. Opitz, « La vita quotidiana delle donne nel tardo Medioevo (1250-1500 », *ibidem*, p. 368-371.

146. Jean-Claude Schmitt, *Le saint lévrier. Guinefort, guérisseur d'enfants depuis le XIIIᵉ siècle*, Flammarion, Nouvelle édition augmentée, Paris 2004, p. 135-147.

147. Selon Pline, *Hist. Nat.*, VII, 7, Jules César « portait ce nom parce qu'on l'avait extrait à la naissance de l'utérus incisé de sa mère » (« *a caeso matris utero dictus* »).

148. Boccace, *Le Décaméron*, X, 4, traduction de Francisque Reynard (1879), éd. cit.

149. P. Riché, D. Alexandre-Bidon, *L'Enfance au Moyen Âge*, *op. cit.*, p. 85.

150. Il conviendrait de mettre en étroite corrélation avec ce problème la diffusion de la césarienne, toujours pratiquée sur la femme déjà morte, opération obligatoire à partir de la fin du XIIᵉ siècle et confirmée en 1310 au concile de Trèves : *ibidem*, p. 87.

151. C. Frugoni, « Le mistiche, le visioni e l'iconografia : rapporti ed influssi », in *Temi e problemi nella mistica femminile trecentesca*, Colloques du Centre d'études sur la spiritualité médiévale, XX, Todi, Accademia Tudertina, 1983, p. 139-144, p. 28.

Chapitre IV

1. « *Propter hoc nudus quidem naturalibus protectionibus, inermisque nascitur : in tantum, ut cum in aliis aliorum animantium primordiis laeta mater appareat natura, in homine solo videatur tristis noverca. Aliis quippe animantibus variae qualitatis tegumenta contradidit ; […] hominem tantum, ut diximus, nudum in nuda humo natali die abjicit, ad vagitus statim et ploratum, nullumque aliud tot animalium ad lacrymas, et has protinus,*

in lucem edidit [...]. *Deinde miserum hominem, ut in carcerem se datum intelligat, statim vincula excipiunt, et omnium membrorum nexus; praeter solum oculorum et oris officium, quod liberum permittitur ad lacrymas tantum et vagitus. Et hoc qui feliciter educatur, imperatoris vel regis filius. Iacet igitur vinctus pedibus et manibus flens animal suppliciis vitam auspicans, unam tantum ob culpam, quia natus est* » : Guillelmi Abbatis S. Theodorici *De natura corporis et animae*, livre II, PL CLXXX, col. 715 ; j'ai corrigé les fautes d'impression : « *homo natali* » et « *quia natum est* ». L'opinion de Guillaume de Saint-Thierry (XIIe siècle) est influencée par la vision pessimiste de l'Antiquité selon laquelle l'enfant est un être mauvais, dominé par ses instincts, semblable aux animaux ; saint Augustin brosse un tableau encore plus sombre parce qu'il voit dans le nouveau-né un pécheur en tant qu'héritier de la faute de ses ancêtres : P. Riché, D. Alexandre-Bidon, *L'Enfance au Moyen Âge*, Paris, Seuil, 1994, p. 22.

2. « *Beati qui crediderunt et non viderunt* » (*Jean*, 20, 29). Le sermon s'élargit ensuite pour débattre de questions de la vie matérielle, dans une perspective vigoureusement marchande, jusqu'au préjudice que cause le sommeil « qui vous ôte la moitié du temps ; car tant que l'on dort, on ne peut rien accomplir » : prêche X du 21 décembre de 1304 à Santa Reparata, [Giordano da Pisa], *Prediche del B. Giordano da Rivalto dell'ordine de' Predicatori* (de 1304, de l'Avent et du Carême), sous la direction de M. D. Manni, Florence, G. Viviani, 1739, p. 46.

3. F. Sacchetti, *Il Trecentonovelle*, sous la direction d'E. Faccioli, Turin, Einaudi, 1990, nouvelle CXV, p. 300.

4. Voir la documentation réunie par D. Balestracci, G. Piccinni, *Siena nel Trecento. Assetto urbano e strutture edilizie*, Sienne, Edizioni Clusf, 1977, p. 60. Toujours à Sienne, les autorités essayèrent d'isoler les prostituées et les malfaiteurs en ordonnant que personne ne leur loue de logements. L'existence des lupanars administrés par la commune était acceptée avec bienveillance par les autorités, qui déplacèrent celui qui se trouvait derrière le Palazzo Pubblico à un endroit plus à l'écart parce que dans le premier « les jeunes gens n'osent pas y aller de crainte qu'on les y voie » : *ibidem*, p. 61.

5. « *Domus et hedifitia que sunt iuxta viam a platea fratrum humiliatorum usque ad stratam et prope domos que fuerunt filiorum Vighilberti in tantum sunt basse et via in tantum arta per quam fratres ex inde cum cruce transeunt per aliquo mortuo sepeliendo oportet ipsos crucem flectere nec gentes per eam commode possint transire* » : *Statuto dei Viari*, 1, c. 4-5, *op. cit.* par Balestracci, Piccinni, *Siena nel Trecento, op. cit.*, p. 83.

6. *Il Costituto di Siena volgarizzato*, vol. II, d. III, r. CCLII, p. 111, *op. cit.* par Balestracci, Piccinni, *Siena nel Trecento, op. cit.*, p. 92.

7. N'oublions pas, chaque fois que nous apercevons, à Sienne par exemple, une série de trous dans un mur, de les remplir mentalement en y fixant des contrevents pareils à ceux que peignit Simone Martini! Naturellement, ces restaurations mentales doivent être faites avec un peu de discernement : dans ces trous se logeaient des charnières, mais aussi les poteaux des échafaudages ; une fois achevée la construction de l'édifice, les « *buche pontaie* », comme on appelait ces trous, n'étaient pas bouchés parce qu'ils pouvaient servir à nouveau. Au Moyen Âge, les échafaudages ne partaient pas du sol ; ils étaient toujours aériens ; il fallait par conséquent qu'ils s'appuient sur les parois en maçonnerie.

8. *Le mesnagier de Paris*, sous la direction de G. E. Brereton, Paris, Le Livre de Poche, 1994, livre I, chap. 7,5, p. 302-303.

9. P. Riché, D. Alexandre-Bidon, *L'Enfance au Moyen Âge, op. cit.*, p. 85.

10. *Ibidem*, p. 38. « Un enfant étant mort étouffé pendant la nuit aux côtés de sa mère, celle-ci le recommanda en larmes à la bienheureuse Françoise, laquelle, prise de compassion, une fois l'oraison faite, toucha l'enfant et il fut aussitôt ressuscité » : telle est la longue légende qui figure sous la fresque représentant ce miracle dans le cycle qui illustre les miracles de sainte Françoise Romaine (1384-1440). Ces fresques, dont Antoniazzo Romano est l'auteur, furent peintes à Rome en 1468 dans le monastère où la sainte femme avait donné naissance à une communauté de religieuses, les « Oblates de Marie » (aujourd'hui Monastère des Oblates de sainte Françoise Romaine, Tor de' Specchi). Voir G. Brizzi, « Contributo all'iconografia di Francesca Romana », in *Una santa tutta romana. Saggi e ricerche nel VI centenario della nascita di Francesca Bussa dei Ponziani (1384-1984)*, Monte Oliveto Maggiore (Sienne), L'Ulivo, 1984, p. 286.

11. « *Oppressisti infantem tuum sine voluntate tua aut pondere vestimentorum tuorum suffocasti, et hoc post baptismum factum fuerat?* » ; « *Invenisti infantem tuum iuxta te oppressum, ubi tu et vir tuus simul in lecto jacuistis, et non apparuit utrum a patre, seu a te, suffocatus esset, an propria morte defunctus esset?* », demande par exemple Burchard : Burchardi *Decretorum liber decimus nonus, De poenitentia*, livre XIX, PL CXL, col. 951-976, col. 975.

12. « *Considerans se non posse ambabus in lactis nutrimento sufficere, deliberavit alteram* [c'est-à-dire Jeanne, sa jumelle] *alteri nutrici*

committere, alteram [Catherine] *vero alendam proprio lacte retinere.* » Mais Jeanne, peu après avoir été baptisée, « *evolavit ad coelum* ». La mère déclare avoir accouché de vingt-cinq enfants et de n'avoir allaité aucun d'eux ; elle allaita Catherine parce que, exceptionnellement, dit-elle, elle n'était pas demeurée enceinte jusqu'à ce que le temps de l'allaitement fût achevé : *Vita s. Catherinae Senensis*, AA. SS., *Aprilis t.* III, apud. M. Cnobarum, Antverpiae 1675, p. 860.

13. P. Riché, D. Alexandre-Bidon, *L'Enfance au Moyen Âge*, *op. cit.*, p. 63.

14. Ces chiffres sont valables pour la Toscane : *ibidem*, p. 58.

15. *Ibidem*, p. 68.

16. Voir fig. 113.

17. Extraite de *L'Enfance au Moyen Âge* de D. Alexandre-Bidon et P. Riché, *op. cit.*, p. 79.

18. Parmi les détails de la fig. 107, on aperçoit une toupie à proximité de l'Enfant Jésus surveillé par sa mère qui lui tricote avec quatre aiguilles la « tunique sans coutures » d'après l'Évangile de Jean, 19, 23. Faire tricoter la Vierge est une idée brillante pour justifier le détail de l'enfant.

19. Jean Froissart, *L'Espinette amoureuse*, sous la direction d'A. Fourrier, Paris, Klincksieck, 1972, p. 53-55.

20. « *Statim de latere Crucifixi sanguis vivus fluxit et aqua in faciem eius et anteriorem cappae ipsius partem orantis, quemadmodum pueri cum cannula aquam projicere solent* » : AA. SS., Augusti t. IV, apud B. A. Vander Plassche, Antverpiae 1739, p. 719-737, p. 732.

21. Longin est le centurion aveugle des apocryphes *Acta Pilati* ; il recouvra la vue quand il fut touché par le sang et par l'eau qu'il avait fait lui-même jaillir en perçant de sa lance le flanc du Christ.

22. P. Riché, D. Alexandre-Bidon, *L'Enfance au Moyen Âge*, *op. cit.*, p. 13.

23. L'entreprise est reproduite par Riché et Alexandre-Bidon, *ibidem*, p. 69.

24. Il vécut en Angleterre au XIIᵉ siècle ; selon la légende, il serait mort à douze ans, victime des juifs : *De s. Willelmo puero martire*, AA. SS., *Martii t.* III, apud J. Meursium, Antverpiae 1668, p. 590 : « *Tandem apud Norwicum cuidam pellipario in arte illa traditur instruendus* ».

25. P. Riché, D. Alexandre-Bidon, *L'Enfance au Moyen Âge*, *op. cit.*, p. 162.

26. À la campagne, les enfants accompagnent leurs parents dans les travaux agricoles ; ils font paître les moutons ou les troupeaux de cochons. Pietro de' Crescenzi conseille de les employer à agiter constamment des épouvantails et des perches à sonnettes : Pietro de' Crescenzi, *Livre des profits champêtres*, Paris, BnF, Réserve des livres rares et précieux, 19, p. 30, *op. cit.* par P. Riché, D. Alexandre-Bidon, *L'Enfance au Moyen Âge*, *op. cit.*, p. 167. Le *Livre des profits champêtres* est la traduction en français du célèbre *Liber ruralium commodorum* écrit par Pietro de' Crescenzi en 1305.

27. P. Riché, D. Alexandre-Bidon, *L'Enfance au Moyen Âge, op. cit.*, p. 171.

28. Boccace, *Le Décaméron*, V, 7, traduction de Francisque Reynard (1879), *op. cit.*

29. P. Torriti, *La Pinacoteca nazionale di Siena, i dipinti dal XII al XV secolo*, Gênes, Sagep, 1977, p. 228-229 et fig. 269-270. Au centre du petit autel figure la Vierge avec l'Enfant, sur un trône, entre les anges et les saints Pierre, Paul, Nicolas et Jean-Baptiste ; sur le volet de gauche, la Nativité, et sur celui de droite, la Crucifixion. Les sujets sont ceux que l'on considérait d'ordinaire comme les plus à même de recevoir les réflexions pieuses de la dévotion domestique. À partir du xive siècle, des autels de petites dimensions commencent en effet à orner les pièces des particuliers, surtout les chambres à coucher.

30. Dans la littérature latine du Moyen Âge, les Arabes sont appelés « sarrasins » d'après la fausse étymologie de « descendants de Sarah », corrigée par la suite en « agaricins », « descendants d'Agar », puisque Ismaël, qui passe pour l'ancêtre des Arabes, fut engendré par Abraham et son esclave égyptienne Agar, et non par Abraham et son épouse Sarah. L'histoire d'Adéodat est racontée dans la *Légende dorée* de Jacques de Voragine selon deux versions : dans la première, Adéodat est un petit garçon ; dans la seconde, c'est un jeune homme originaire de Normandie. Iacopo da Varazze, *Legenda aurea*, chap. III, sous la direction d'A. et L. Vitale Brovarone, Turin, Einaudi, 1995, p. 26-33, p. 33 (dans l'édition sous la direction de Graesse, Osnabrück, Zeller, 1969, p. 22-29, p. 29).

31. L'enfant s'appelait Adéodat parce que son père, qui avait une dévotion pour le saint, croyait que Dieu le lui avait accordé par l'intercession de Nicolas. Le père avait également construit une chapelle en l'honneur de saint Nicolas dont il célébrait chaque année la fête.

32. Par rapport à celle du roi païen, la chambre des parents est légère-ment inclinée en avant et l'enfant se présente non seulement à l'étreinte de ses parents, mais aussi à nous, car il est plus proche de notre regard.

33. Jacques de Voragine, *La Légende dorée* (1261-1266), chap. III, traduction de T. de Wyzewa, Paris, Perrin et Cie, 1910, p. 18-27.

Chapitre V

1. Boccace, *Le Décaméron*, VIII, 9, traduction de Francisque Reynard (1879), présentation et notes de Vittore Branca, Paris, Le Club français du livre, 1962, 2 vol.

2. Un petit bijou du XIVe siècle, en forme de bouclier, sur lequel on peut lire : « A, B, C, c'est ma leçon », était de toute évidence destiné à un enfant français ; il est conservé au Victoria & Albert Museum de Londres : P. Riché, D. Alexandre-Bidon, *L'Enfance au Moyen Âge*, Paris, Seuil, 1994, p. 140-141, fig. à la p. 140.

3. G. Dalli Regoli, *Il maestro di Borsigliana. Un pittore del '400 in Alta Val di Serchio*, Lucques, Pacini-Fazzi, 1987. Une série d'exemples de tablettes de ce type a été réunie par D. Alexandre-Bidon, « La lettre volée. Apprendre à lire à l'enfant au Moyen Âge », *Annales*, XLIV, 2 (1989), n° 4, juillet-août, p. 953-992.

4. « *Audi, filia, et vide, et inclina aurem tuam,* / [*et obliviscere populum tuum et domum patris tui*] *et concupiscet rex decorem tuum* / [*quoniam ipse est Dominus Deus tuus*] » : repris in C. Frugoni, « La donna nelle immagini, la donna immaginata », in G. Duby, M. Perrot, *Storia delle donne*, vol. II, *Il Medioevo*, sous la direction de Ch. Klapisch-Zuber, Rome-Bari, Laterza, 1990, fig. 41.

5. « *Sancta Anna ora pro nobis.* » Dans le texte hébreu, les initiales des versets de ce psaume composent un acrostiche, fournissant ainsi dans l'ordre toutes les lettres de l'alphabet.

6. Conservé aux Musées royaux des Beaux-Arts de Bruxelles. D'après une tradition légendaire, sainte Anne se serait mariée trois fois. De son premier mari, Joachim, elle eut Marie, mère de Jésus. De son second mari, Cléophas, elle eut Marie de Cléophas, épouse d'Alphée, lesquels engen-drèrent Jacques le Mineur et futur apôtre, Joseph le juste, Simon et Judas. Sainte Anne se serait mariée une troisième fois avec Salomé, dont elle eut Marie Salomé, épouse de Zébédée. De ce couple naquirent Jacques le Majeur et futur apôtre et Jean, futur évangéliste.

7. Les parents de saint Gérard d'Aurillac (fin du ixe siècle) lui font apprendre à lire le *Psautier*, de même que ceux de saint Bard (xie siècle), qu'ils confient à une vieille femme « avec un *Psautier* pour qu'elle lui apprenne à lire ». Hildegarde de Bingen (xiie siècle) avouait son ignorance : elle n'avait rien étudié au-delà du *Psautier*, « comme le font les filles des nobles ». P. Riché, D. Alexandre-Bidon, *L'Enfance au Moyen Âge, op. cit.*, p. 141.

8. C'est ce qu'affirme le théologien et philosophe Jehan de Gerson à la fin du xive siècle dans son *ABC des simples gens* (*Œuvres complètes*, sous la direction de Mgr. Glorieux, Paris, 1986, vol. VII, p. 154), cité par P. Riché, D. Alexandre-Bidon, *L'Enfance au Moyen Âge, op. cit.*, p. 192.

9. C'est le fameux *Krumauer Bilder Codex*, qui porte le nom du couvent de frères mineurs d'où il provient, conservé à l'Österreichische Nationalbibliothek de Vienne (ms. 370). Le fac-similé a été réalisé sous la direction de G. Schmidt, avec une transcription et une traduction allemande de F. Unterkircher, Graz, Verlagsanstalt Graz, 1967.

10. « *Hic puella post quinque annos instruitur alfabetum et post hec psalterium.* »

11. « *Dum lavaretur puella, invenerunt aureas literas in pectore scriptas: "Diligo te sicut cor meum"* » : f. 132v, *Krumauer Bilder Codex, op. cit.*, p. 120.

12. Le stylet était une petite tige qui servait à écrire sur la tablette de cire : une extrémité était pointue pour graver la cire, et l'autre plate, pour racler la cire ou pour l'étaler.

13. La miniature est extraite d'un Pseudo-Matthieu du xiiie siècle, conservé à la BnF, ms. Lat. 2688, f. 36v, et repris par P. Riché, D. Alexandre-Bidon, *L'Enfance au Moyen Âge, op. cit.*, p. 130.

14. Boccace, *Le Décaméron*, IV, 1, éd. cit.

15. « *Semel in schola vapulaveram: schola autem non alia erat quam quoddam domus nostrae triclinium. Aliorum enim, quos aliquando docens acceperat, [magister] mei solius causa curas obmiserat. Sic enim, aucto quaestu et delatione honoris, prudens ab eo mater exegerat. Soluto igitur, vespertinis quibusdam horis, qualicunque illo studio, ad materna genua, graviter etiam praeter meritum caesus, accesseram. Quae cum an eo vapulassem die, ut erat solita, rogitare coepisset, et ego, ne magistrum detulisse viderer, factum omnino negarem, ipsa, vellem nollem, rejecta interula, quam subuculam, immo camisiam vocant, liventes attendit ulnulas, dorsiculi ex viminum illisione cutem ubique prominulam. Cumque meae teneritudini ad* »

nimium saeve illatum visceraliter doluisset, turbulenta et aestuans, et oculos moerore suffusa, "Nunquam" ait, "deinceps clericus fies, nec ut literas discas ulterius poenas lues!". Ad haec ego eam, cum qua poteram animadversione respiciens, "Si" inquam, "proinde mori contingeret, non desistam, quin literas discam et clericus fiam!" » : Guiberti abbatis Novigensis *De vita sua*, I, 6, texte en latin avec sa traduction en français en regard, sous la direction d'E. Labande, Paris, Les Belles Lettres, 1981, p. 38-41.

16. Voir p. 27.

17. La miniature du IXe siècle, extraite du *Peristephanon* de Prudence (Bern ; Burgerbibliothek, ms. 264b, f. 60v-61r), est reproduite par P. Riché, D. Alexandre-Bidon, *L'Enfance au Moyen Âge, op. cit.*, p. 206.

18. P. Riché, *Écoles et Enseignement dans le haut Moyen Âge*, Paris, Picard, 1989, p. 244.

19. Nos protagonistes étaient en revanche le loup, le chou et la chèvre.

20. « *Calculos in numero posui, et nigris pavimentum carbonibus depinxi, et ipso exemplo oculis subjecto, quae ampligonii, quae ortogonii, quae oxigonii, differentia esset, patenter demonstravi* » : Hugonis de Sancto Victore *Euditionis didascalicae* livre VI, 3, PL CLXXVI, col. 799.

Chapitre VI

1. Toutes les fileuses n'étaient pas nécessairement analphabètes. L'épouse d'un laineur savait parfaitement lire, au point de demander des ordres « par écrit » à son mari, qui avait la main leste. Cette femme « se levait toutes les nuits d'hiver de bon matin pour veiller et filer le fil du filoir », perturbant ainsi le sommeil du peintre Buffalmacco qui se couchait à cette heure-là après avoir peint toute la nuit. Seule une mince cloison de briques séparait la chambre du peintre et celle de la femme et le bruit des roues du filoir en action agaçait Buffalmacco. À l'aide d'une astuce ingénieuse, l'artiste parvint à dissuader le mari de demander autant de travail à sa pauvre épouse : F. Sacchetti, *Il Trecentonovelle*, sous la direction d'E. Faccioli, Turin, Einaudi, 1970, nouvelle CXCII.

2. Boccace, *Le Décaméron*, traduction de Francisque Reynard (1879), présentation et notes de Vittore Branca, Paris, Le Club français du livre, 1962, 2 vol., *Avant-propos*.

3. Giordano da Pisa, *Quaresimale fiorentino, 1305-1306*, édition critique sous la direction de C. Delcorno, Florence, Sansoni, 1974, p. 75.

On a introduit un commentaire à cet endroit : « Et le lecteur dit : "J'ai vu, moi, celui qui découvrit le premier [cet art] et le mit en œuvre, et je lui ai parlé". »

4. Boccace, *Le Décaméron*, V, 10, traduction de Francisque Reynard (1879), éd. cit.

Chapitre VII

Le « mesnagier de Paris » conseille de prendre de l'écorce de noyer, de la faire bouillir avec de la lessive pendant deux jours et une nuit, d'ajouter de l'urine, de la faire bouillir de nouveau et enfin de bien rincer l'écorce dans de l'eau propre. Il faut ensuite faire sécher très lentement l'écorce : une fois sèche, on doit la battre longtemps avec un maillet jusqu'à ce qu'elle prenne l'aspect d'une éponge. Pour faire du feu à l'aide du briquet, il suffit d'en prendre une quantité équivalente à un gros pois ; pour allumer les bougies, mieux vaut imprégner de soufre l'écorce de noyer préparée de la sorte : *Le mesnagier de Paris*, sous la direction de G. E. Brereton, Paris, Le Livre de Poche, 1994, livre II, chap. 5,348, p. 794-795.

2. Dans l'obscurité du palais du roi lombard Agilulf, le palefrenier amoureux se dirige de nuit vers la chambre de la reine : « Il fit un peu de feu avec la pierre et l'amadou qu'il portait, alluma sa lumière, et enveloppé hermétiquement dans son manteau, il s'en alla à la porte de la chambre » : Boccace, *Le Décaméron*, III, 2, traduction de Francisque Reynard (1879), éd. cit.

3. Pour faire part de ses projets à son bien-aimé, la malheureuse Ghismonda « écrivit une lettre, dans laquelle elle lui indiqua ce qu'il avait à faire le jour suivant, pour se trouver avec elle ; puis ayant mis cette lettre à l'intérieur d'une canne creuse, elle donna la canne à Guiscardo, en disant : "Tu en feras ce soir pour ta servante un soufflet avec lequel elle rallumera le feu" » : Boccace, *Le Décaméron*, IV, 1, éd. cit.

4. Voir chapitre VI, note 4 et p. 209.

5. Les *Douze proverbes* ont été peints chacun sur une assiette en bois ; on a assemblé ces assiettes par la suite pour former un unique tableau conservé aujourd'hui au musée Mayer van den Bergh d'Anvers. Le peintre reproduisit la même figure, mais sans légendes, dans le tableau des *Proverbes flamands* réalisé un an plus tard. Les *Proverbes flamands*, au nombre de

cent vingt-trois environ, composent le tableau grouillant de 1559, conservé au Staatliche Museum de Berlin.

6. *Le mesnagier de Paris, op. cit.*, livre II, chap. 3, 18, p. 458-459.

7. Les plafonds, les poutres, les solives, les charpentes, les planchers et les échelles étaient en tout cas en bois.

8. G. Sercambi, *Novelle*, sous la direction de G. Sinicropi, Rome-Bari, Laterza, 1972, « Scrittori d'Italia », n°s 250-251, vol. I, nouvelle X, p. 59, *op. cit.* par D. Balestracci, G. Piccinni, *Siena nel Trecento. Assetto urbano e strutture edilizie*, Sienne, Edizioni Clusf, 1977, p. 165.

9. Agnolo di Tura del Grasso, *Cronaca senese*, RIS, XV, 6, fascicule 5, p. 381, le documente pour 1320 : « On fit une grande fête et des feux de joie à de nombreux endroits et sur de nombreuses tours de Sienne, mais le soir, le vent soufflait si fort que la tour des Bandinelli prit feu, ainsi que d'autres tours comme la tour de l'Orsa, à savoir celle qui se dresse à côté de la tour des Mignanelli, qu'on appelle le Torione, et les cloches de la Municipalité étaient en flammes, la charpente de ces cloches brûla et elles tombèrent à l'intérieur de la tour, se cassant ou s'abîmant. » Paolo di Tommaso Montauri, *Cronaca senese*, RIS, XV, 6, fascicule 8, p. 741, rappelle qu'eut lieu en 1391 : « …une grande fête, vacarme, sons de cloches et danses, et le soir on fit des feux de joie sur les tours et les clochers », mais cette fois sans provoquer d'incendie.

10. Balestracci, Piccinni, *Siena nel Trecento, op. cit.*, p. 166, note 8.

11. *Il Costituto del Comune di Siena volgarizzato*, vol. II, d. V, r. CCCLXXIII, p. 392, *op. cit.* par Balestracci, Piccinni, *Siena nel Trecento, op. cit.*, p. 164.

12. Paolo di Tommaso Montauri, *Cronaca senese, op. cit.*, p. 774, cité par Balestracci, Piccinni, *Siena nel Trecento, op. cit.*, p. 168. Une série d'incendies à cadence rapprochée se déclarèrent tout au long de l'année 1347 à Florence ; l'un des plus graves fut causé, une fois encore, par l'activité des lainiers : « Et puis, le 8 août, le feu se déclara la nuit dans le quartier de San Martino, près d'Orto San Michele, dans des boutiques de lainiers, un chiffon réchauffé par la graisse et par la chaleur excessive ayant pris feu ; de là brûlèrent XVIII maisons, boutiques et entrepôts de lainiers, endommageant considérablement des draps et des étoffes de laine, ainsi que des outils et des meubles, sans compter les dégâts des maisons ; ce qui démontra l'influence de la planète Mars, du soleil et de Mercure qui se trouvaient dans le signe du Lion, qu'on attribua d'une manière en partie significative à notre ville de Florence, à moins que la cause ne fût le manque de surveillance du feu de la part de ceux qui

étaient censés le faire » : G. Villani, *Nuova cronica*, livre XIII, chap. 32, éd. critique sous la direction de G. Porta, Parme, Fond. P. Bembo, U. Guanda, 1991, vol. III, p. 376. Dans un autre passage analogue où il rapporte de très graves incendies qui éclatèrent à Florence tout au long de l'année 1332 (des maisons et des tours s'écroulèrent, faisant plusieurs victimes), le chroniqueur laisse entrevoir son solide bon sens : les feux s'étaient certes propagés à cause de la conjonction des astres, mais aussi « à cause du manque de prévoyance et de surveillance ; et c'est à cela surtout qu'il faut ajouter foi ». Les feux n'étaient pas seulement destructeurs : « Chaque fois qu'un feu se déclare, toute la ville est en émoi et tous les habitants sont à la fois alarmés et aux aguets » : *ibidem*, livre XI, chap. 207, vol. II, p. 771-772.

13. Le martyr fut brûlé à petit feu sur un gril.

14. Boccace, *Le Décaméron*, VI, 10, éd. cit.

15. F. Sacchetti, *Nouvelles choisies*, traduction d'Alcide Bonneau, Paris, Isidore Liseux, 1879, nouvelle XXXIV.

16. E. Cecchi, *Le scritte murali*, in *Palazzo Davanzati*, sous la direction de M. F. Todorow, Florence, Becocci, 1979, p. 58-62, p. 62.

17. Boccace, *Le Décaméron*, introduction à la nouvelle IX, 1, éd. cit..

18. *Il museo di Palazzo Davanzati a Firenze*, sous la direction de L. Berti, Milan, Electa, s. d., p. 11.

19. Archivio di Stato di Siena, *Consiglio generale*, 204, c. 130, pour le 10 septembre 1410 cité par Balestracci, Piccinni, *Siena nel Trecento*, *op. cit.*, p. 91.

20. Balestracci, Piccinni, *Siena nel Trecento*, *op. cit.*, p. 147.

21. *Le mesnagier de Paris*, *op. cit.*, livre I, chap. 7,1, p. 296-297.

22. *El códice de Florencia de las Cantigas de Alfonso X el Sabio*, Edilan, Madrid 1991, vol. I, p. 28, vol. II, f. 7r. Le jardin luxuriant, « clos tout à l'entour de cèdres et d'orangers », que décrit Boccace dans l'introduction de la troisième journée et qui semble s'inspirer de très près d'une tapisserie, avec ses herbes touffues et fleuries, peuplées de lapins et de daims, à l'ombre de ses vignes en treilles « annonçant force raisins », de ses jasmins et de ses roses, au milieu duquel se dresse une merveilleuse fontaine jaillissante, tient justement son charme principal à cette dernière : jeux d'eau, fraîcheur, ruisseaux et petits canaux traversent le pré pour se rejoindre et former une petite rivière qui alimente plus en aval deux moulins. Autour de cette fontaine, les jeunes gens déjeunent, chantent et dansent ; certains, séduits par la beauté du lieu, renoncent à leur sieste et se mettent « qui à lire

des romans, qui à jouer aux échecs, qui aux tables [un jeu avec des pions et des dés] ». Enfin, c'est encore autour de cette fontaine qu'ils commencent à raconter les nouvelles, après « s'être rafraîchi la figure avec de l'eau fraîche » : Boccace, *Le Décaméron, Introduction* à III, 1, éd. cit.

23. Boccace, *Le Décaméron, Conclusion* à la nouvelle VI, éd. cit.

24. *Ibidem* à la nouvelle II, 10, éd. cit.

25. L'astucieux palefrenier du roi Agilulf entre dans la chambre à coucher de la reine, mais avec les précautions requises, « après s'être lavé tout d'abord en un bain chaud, afin que l'odeur de l'écurie n'incommodât pas la reine ou ne la fît s'apercevoir de la ruse », *ibidem*, III, 2, éd. cit.

26. Cité par P. Riché, D. Alexandre-Bidon, *L'Enfance au Moyen Âge*, Seuil, Paris 1994, p. 63.

27. Boccace, *Le Décaméron*, II, 2, éd. cit.

28. Dans cette miniature, pour illustrer le concept de la juste température de l'eau, le dessinateur montre trois femmes nues qui viennent de déposer leurs vêtements et leur linge de corps à la traverse au-dessus de leurs têtes. L'une d'elles, déjà dans le baquet, aide sa compagne à y entrer : celle-ci prend son élan en s'appuyant sur un tabouret, alors que la troisième attend son tour.

29. Boccace, *Le Décaméron*, III, 6, éd. cit.

30. *Ibidem*, VIII, 10, éd. cit.

31. Un autre type d'eau distillée de fleurs d'oranger.

32. Boccace, *Le Décaméron*, VIII, 10, éd. cit.

33. Les traverses tenaient lieu d'armoires.

34. Boccace, *Le Décaméron*, VIII, 10, éd. cit.

35. *Ibidem,* II, 5, éd. cit.

36. *Ibidem.*

37. Villani, *Nouvelle chronique*, livre II, chap. 1, *op. cit.*, vol. I, p. 60-61.

38. Anonymi Ticinensis (Opicini de Canistris) *Liber de laudibus civitatis Ticinensis*, RIS, XI, 1, p. 20 : « *Totius civitatis tam strate, quam latrinarum cuniculi, quibus omnes domus habundant, tempore pluviali per subterraneas et profundas cloacas emondantur, que omnes cloace cum testudinibus quasi pulcra hedificia sunt sub terra et alicubi tam altas testudines habent, seu fornices, ut possit per eas equus cum sessore transire.* » Sur les « cochons de saint Antoine », voir chapitre III, note 44.

39. Boccace, *Le Décaméron*, VIII, 9, éd. cit.

40. *Le mesnagier de Paris*, *op. cit.*, livre I, chap. 9, 4-8, p. 403-407.

41. Boccace, *Le Décaméron*, III, 2, éd. cit.

42. « *Gallo canente spes redit* », dit un verset (extrait de l'hymne ambrosien : « *Aeterne rerum conditor* ») gravé autour de la figure du coq sculpté sur le chapiteau de la cathédrale de Todi (huitième colonne de gauche) du XIIIe siècle : cf. C. Grondona, *Todi, storica ed artistica*, Todi, Pro Todi Editrice, 1993, p. 108.

Références iconographiques

Paris, cliché Bibliothèque nationale de France : fig. 1, 3, 7, 28, 40, 41, 47, 65, 68, 75, 89, 95, 99, 100, 101, 110, 117, 120, 121, 126, 138, 139, 144, 145, 147, 150, 152.

Avec l'aimable autorisation du ninistère des Biens et des Activités culturels de la République italienne :

- Florence, Bibliothèque nationale centrale : fig. 2, 6, 24, 26, 52, 70, 88, 140 ;
- Sienne, Archives de l'État (autorisation n° 475 du 19 janvier 2002). Reproduction interdite. Tous droits réservés : fig. 5 ;
- Direction générale des biens architecturaux, du paysage, du patrimoine historique, artistique et démo-ethno-anthropologique de l'Ombrie, Pérouse : fig. 17 (cliché © De Agostini Picture Library / The Bridgeman Art Library) ;
- Direction générale du patrimoine historique, artistique et démo-ethno-anthropologique de Florence, Prato et Pistoia : fig. 27, 66, 133, 148 ;
- Rome, Bibliothèque Casanatense : fig. 37 ;
- Turin, Bibliothèque nationale universitaire : fig. 94 ;
- Direction générale du patrimoine historique, artistique et démo-ethno-anthropologique de Sienne et Grosseto : fig. 111-112.

Avec l'autorisation de la Municipalité de Sienne, Service culturel : fig. 16, 19, 22, 34, 131.

Paris, © The Bridgeman Art Library, fig. 4, 8, 14, 15, 18 (© Alinari / The Bridgeman Art Library), 20 (© Alinari / The Bridgeman Art Library), 21 (© Agostini Picture Library / The Bridgeman Art Library), 22 (© Alinari / The Bridgeman Art Library), 23, 32 (© Alinari / The Bridgeman Art Library), 34 (© Tarker / The Bridgeman Art Library), 48, 50, 53, 56, 58, (© Agostini Picture Library / The Bridgeman Art Library), 64 (© Agostini Picture Library / The Bridgeman Art Library), 86 (© Giraudon / The Bridgeman Art Library), 87 (© Giraudon / The Bridgeman Art Library), 105 (© Giraudon / The Bridgeman Art Library), 90 & 91 (© Archives Charmet / The Bridgeman Art Library), 96 (© Agostini Picture Library / The Bridgeman Art Library), 97 (© Agostini Picture Library / The Bridgeman Art Library), 98 (© Agostini Picture Library / The Bridgeman Art Library), 106 (© Archives Charmet / The Bridgeman Art Library), 113, 128, 130 (© Giraudon / The Bridgeman Art Library).

Florence, photo Scala : fig. 10, 29, 31, 38, 64, 67, 129, 134, 137.

Stuttgart, Württembergische Landesbibliothek : fig. 11.

Vienne, avec l'autorisation de l'Österreichische Nationalbibliothek : fig. 13, 36, 118, 124, 141, 146.

Photo Marco Grondona : fig. 25, 35, 153.

New York, The New York Public Library, Spencer Collection : fig. 30 (© New York Public Library, États-Unis / The Bridgeman Art Library), 123.

Lausanne, Musée cantonal des Beaux-Arts : fig. 33.

Dublin, avec l'autorisation du Board of Trinity College : fig. 39.

Berne, Cliché Burgerbibliothek : fig. 42.

Cité du Vatican, © Bibliothèque apostolique vaticane : fig. 46, 149 (© Giraudon / The Bridgeman Art Library).

Bruxelles, copyright Bibliothèque royale Albert Ier : fig. 49 (© The Bridgeman Art Library).

San Gimignano (Sienne), Musée municipal : fig. 51.

Avignon, Musée du Petit Palais : fig. 54, 55, 61.

Florence, Bibliothèque médicéenne laurentienne : fig. 57.

Agen, Bibliothèque municipale : fig. 59 (© The Bridgeman Art Library).

Coblence, LHAK Best. 1 C Nr. 1 fol. 13b : fig. 60.

Rome, photo Giorgio Migliorati : fig. 62.

Avec l'aimable autorisation de la Municipalité de Padoue – Chapelle des Scrovegni – Palazzo della Ragione : fig. 63 (© Alinari / The Bridgeman Art Library), 69.

Londres, British Library : fig. 71, 72, 73, 142 (© British Library Board. All Rights Reserved / The Bridgeman Art Library).

Cambridge, avec l'autorisation des Master & Fellows de Trinity College : fig. 74.

Avignon, Bibliothèque municipale : fig. 76.

Vienne, Kunsthistorisches Museum, BPK, Berlin, Dist. RMN-Grand Palais – © Hermann Buresch : fig. 79.

Avec l'autorisation des Ampliaciones y Reproducciones Mas (Arxiu Mas) : fig. 82, 122.

Propriété de la Bibliothèque ambrosienne. Tous droits réservés. Reproduction interdite : fig. 83.

Houston, Museum of Fine Arts : fig. 85 (© Museum of Fine Arts, Houston, Texas, États-Unis / Edith A. and Percy S. Straus Collection / The Bridgeman Art Library).

Londres, The National Gallery, Dist. RMN-Grand Palais – © National Gallery Photographic Department : fig. 92.

Berlin, © Bildarchiv Preußischer Kulturbesitz, Dist. RMN-Grand Palais – © Hermann Buresch : fig. 93.

New York, Art Resource/New York, Pierpont Morgan Library : fig. 103.

Modène, avec l'autorisation de la Bibliothèque Estense Universitaire : fig. 104.

Archives Alinari/Giraudon/Chantilly, Musée Condé : fig. 105 (© Giraudon / The Bridgeman Art Library).

Hambourg, Hamburger Kunsthalle, Allemagne : fig. 107 (© Bridgeman Art Library).

Strasbourg, Musée de l'Œuvre Notre-Dame : fig. 108.

Le Mans, Musée de Tessé : fig. 109 (© Giraudon / The Bridgeman Art Library).

Londres, V&A Picture Library : fig. 115.

Photo COO.BE.C. : fig. 119, 132.

Madrid, Musée national du Prado : fig. 125 (© Giraudon / The Bridgeman Art Library).

Prato, Musée municipal : fig. 127 (© The Bridgeman Art Library).

Besançon, Bibliothèques municipales : fig. 135.

Paris, Musée de Cluny-Musée national du Moyen Âge : fig. 136.

Liège, avec l'autorisation de la Bibliothèque générale de l'Université de Liège : fig. 143.

Paris, Photothèque de l'Assistance publique-Hôpitaux de Paris : fig. 151 (© Archives Charmet / The Bridgeman Art Library).

Documentation rédactionnelle : fig. 9, 12, 43, 44-45, 77, 78, 80, 81, 84, 87, 102, 114, 116.

INDEX DES NOMS

Abraham, 271.

Adam, 36, 44, 243, 259.

Adéodat, 183-184, 186, 271.

Adimari, Bertoldo, 264.

Agar, 271.

Agathe, sainte, 66-68, 248.

Agilulf, roi des Lombards, 237-238, 275, 278.

Agnès, la béguine, 214.

Agniolo di Ghino del Favilla, 115.

Agnolella, 247.

Agnolo di Tura del Grasso, 276.

Agostino Novello, bienheureux, 169-171.

Augustin, saint, 258, 268.

Aibert, saint, 119.

Alberti, Leon Battista, 72, 130, 244.

Albin, 234.

Alexandre-Bidon, D., 255, 261, 267, 270-274, 278.

Alphée, 272.

Alphonse X le Sage, roi de Castille et de León, 34-35, 40, 43, 65, 103, 124-125, 152, 227.

Alighieri, Dante, 69-70.

Alunno, Francesco (Francesco del Bailo), 142, 263.

Amant, saint, 259.

Ambroise, saint, 279.

Ambrogio di Baldese, 107-109, 111.

Amerigo, abbé, 183.

Andreuccio da Perugia, 231, 233.

Angiolieri, Cecco, 259.

Anne, sainte, 194, 272.

Anonyme tessinois, Opicinus de Canistris, 66, 234, 254.

Antoniazzo Romano (Antoniazzo Aquili), 174, 269.

Antoine, abbé, saint, 96, 99-100, 254, 278.

Artus, roi, 71, 250.

Baebler, J. J., 242.

Baldaccini, F., 245.

Baldovino, archevêque de Treviri, 257.

Balestracci, D., 243, 247, 251, 257, 259, 263-264, 268-269, 276-277.

Bandinelli, famille, 276.

Barbe, sainte, 204, 206.

Barberousse, v. Frédéric Barberousse.

Bard, saint, 273.

Barthélemy l'Anglais, 31-32, 178, 199.

Baruzzi, M., 254.

Baschet, J., 257.

Bienvenu, saint, 46.

Bernardino da Siena (Bernardino degli Albizzeschi), saint, 258.

Berti, L., 246, 250, 277.

Bezzola, G., 243.

Bianconi, Giacomo, 176.

Bindo di Diotisalvi, 50.
Blanchefleur, 229-231.
Bloch, M., 21, 241.
Boccace, 28, 52, 55, 76, 80, 83, 87, 700, 135, 137, 141-142, 145-146, 148, 156-157, 172, 183, 197, 203, 206, 208-209, 217, 223-224, 229, 232-234, 237-239, 242, 247, 251, 254, 261-267, 271-275, 277-278.
Boesflug, F., 246.
Bonne, sainte, 148.
Bonaventure de Bagnoregio, saint, 149, 266.
Bonfigli, Benedetto, 58-59.
Borgia, L., 244.
Bossi, E., 261.
Branca, V., 242, 247, 251, 261-263, 265, 272, 274-275.
Brandi, C., 246.
Braunfels, W., 244-245.
Brereton, G. E., 242, 250, 269, 275.
Brueghel, Pieter, l'Ancien, 136, 138, 214-215.
Brizzi, G., 269.
Bruno, peintre, 137, 142-144.
Brusato, Tebaldo, 114-115.
Buffalmacco, 102, 117, 135-137, 143-144, 189, 255, 264-265, 274.
Burchard de Worms, 175, 269.

Cannarozzi, C., 258.
Cantarella, R., 262.
Carisendi, Gentil, 157.
Carli, E., 244.
Charles VII, roi de France, 107.
Cassien d'Imola, saint, 200.
Catalana degli Alberti, 72.
Catalina, 157, 159, 162.
Catherine, 264.
Catherine de Sienne (Caterina di Jacopo Benincasa), sainte, 175.
Cavalca, Domenico, 135, 261.
Cavalcanti, Matteo di Cantino, 81.
Cecchi, E., 277.
César, Jules, 159, 161-162, 267.

Christophe, saint, 46-47, 49-53, 246.
Claire d'Assise, sainte, 148, 150.
Claire de Montefalco, sainte, 162.
Chiesa, M., 263.
Chrétien de Troyes, 259.
Christine de Pisan, 158, 267.
Cini, F., 250.
Ciociola, C., 262.
Cipolla, frère, 217.
Circé, magicienne, 158.
Cisti, 80-81, 87.
Civillari, comtesse de, 142, 144-145, 265.
Cléophas, 194, 272.
Collatin, 74.
Compagni, Dino, 39, 243.
Creil, 262.

Daddi, Bernardo, 53, 183, 186.
Dalli Regoli, G., 272.
Datini, Francesco, 183.
Davizzi, Francesco Tommaso, 51, 72.
Delcorno, C., 274.
Demus, O., 262.
De Vincentiis, A., 241.
Dolcibene, messire, 260.
Donato di Neri, 131, 253.
Dubuis, R., 242.
Duby, G., 260, 267, 272.
Durante, Guglielmo, 67.

Éloi, saint, 114-116.
Esch, J., 252.
Esculape, 158.
Esser, K., 256.
Essling, F. V. Masséna, prince de, 140, 263.
Étienne, saint, 161.

Faccioli, E., 250, 268, 274.
Faloci Pulignani, M., 258.
Faral, E., 259.
Feo, M., 261.
Ferrantino degli Argenti, 217.
Fine, sainte, 89, 92, 103.

Fleurdelys, 231.
Fiumi, L., 253.
Flores d'Arcais, F., 247.
Floride, saint, 259.
Folengo, Teofilo, 141, 144.
Folguera, A. de, 263.
Fourrier, A., 270.
Françoise Romaine (Francesca Bussa dei Ponziani), sainte, 174, 269.
Frandon, V., 243.
François d'Assise, saint, 105, 111-112, 149-150, 209, 265-266.
Frédéric de Hohenstaufen, *dit* Barberousse, empereur, 23.
Froissart, Jean, 176, 270.
Frova, C., 242.
Frugoni, A., 9, 241, 285, 290.
Frugoni, C., 244, 250, 253, 255, 257-261, 267, 272, 290

Gabbadeo, maître, 133-134.
Gabriel, archange, 195.
Galien, 135.
Gatti, S., 144, 263.
Gatton, 144, 265.
Gentile da Fabriano, 54, 56-57, 235, 237.
Gentili, L., 251.
Gérard d'Aurillac, saint, 273.
Geri, 80-81.
Gerson, Jehan de, 273.
Ghiberti, L., 248.
Ghismonda, 156-157, 197, 275.
Giacché, L., 251.
Giardi, Bartalo, 253.
Giordano da Pisa, 40, 66, 106, 164, 209, 244, 248, 255, 268, 274.
Giordano da Rivalto, *v*. Giordano da Pisa.
Georges, saint, 46, 206.
Giotto, 99, 116, 118, 121, 125.
Giovanni da Bologna, 51, 247.
Giovanni da Milano, 205, 208.
Giovanni degli Obizzi, 251.
Giovanni dell'Agnello, 85.
Giovannino di Ventura, 254.
Goday y Casals, J., 263.

Golla, maître, 217.
Graesse, Th., 246, 249, 271.
Gratugia, 265.
Grégoire de Tours, 241.
Grégoire IX, pape, 249.
Grondona, C., 249, 279.
Grondona, M., 245, 249, 282.
Gucci, B., 252.
Gucci, N., 252.
Guibert de Nogent, 197, 200.
Guillaume de Norwich, saint, 181.
Guillaume de Saint-Thierry, 268.
Guillaume II, roi de Sicile, *dit* le Bon, 183.
Guiscardo, 275.

Haccoude, Jean (John Hawkwood), 113, 257.
Helmold de Bosau (Lübeck), 23, 241.
Henri VII, empereur, 115, 244, 257.
Hildegarde de Bingen, 273.
Hippocrate, 135.
Hugues de Saint-Victor, 201.
Hunger, H., 262-263.

Ismaël, 271.
Iseult, 72, 250.

Jacques le Majeur, saint, 272.
Jacques le Mineur, saint, 272.
Jacques de Cessoles, 94.
Jacques de Voragine, 246, 272.
Jasormirgott, duc de Bamberg, 262.
Jean de Lérida, 150.
Jean, intendant, 214.
Jean-Baptiste, saint, 162, 271.
Jeanne, 269-270.
Joachim, saint, 272.
Joseph le juste, 272.
Joseph, saint, 167.
Judas, 272.
Julien, saint, 53-54, 228.
Julien de Médicis, 218-219

Kaftal, G., 247.
Kessel, V., 257.

Kiel, H., 255.
Klapisch-Zuber, Ch., 272.
Köpke, E., 253.

Labande, E., 274.
Lancelot, 70-71, 250, 259.
Landolfo Rufolo, 222.
Lappenberg, M., 241.
Laurent, saint, 106-108, 217.
Le Goff, J., 253.
Léonius, poète, 249.
Longin, 181, 270.
Lorenzetti, Ambrogio, 40-41, 58-63, 65, 77, 82, 181, 185-187, 215, 248.
Lossky, N., 246.
Lotharingius de Bartholomé, 249.
Louis IX, roi de France, saint, 154-155.
Lucifer, 159.
Lucrèce, 72, 74.
Ludovico da Pietralunga, 266.
Luttrell, Geoffrey, 128.
Lutz von Landau, 86, 88.

Macario, saint, 135.
Macrin, 234.
Magherini-Graziani, G., 245, 252.
Mages, rois, 23, 54, 56-57.
Maître de sant'Elsino, 163, 165.
Manni, M.D., 255, 268.
Manuel Ier Comnène, empereur, 262.
Marchionne di Coppo Stefani, 85-86, 100, 130, 243-244, 251, 255, 260.
Marie de Cléophas, fille de Cléophas, 194, 272.
Marie de France, 225.
Marie Salomé, 194, 272.
Marignolli, famille, 123.
Marinangeli, B., 266.
Marote, 154-156.
Martini, Simone, 50, 169-171, 173, 254, 269.
Masino de Sienne, 130-131.
Matteo di Cantino Cavalcanti, v. Cavalcanti
Mazzeo della Montagna, 145-146, 148, 265.
Mazzocchi, A., 252.

Memmi, Lippo, 50.
Merlin, 117.
Messini, A., 245.
Metsys, Quentin, 194.
Meyer von Knonau, G., 242.
Michel, archange, 91.
Mignanelli, famille, 276.
Milanesi, G., 246.
Mino, peintre, 50, 74-75.
Montanari, M., 254.
Morandi, U., 246.
Moreni, C., 244, 248.
Morisani, O., 248.
Moulinet, Jean, 181-182.
Mumford, L., 11, 241.
Musetto, juif, 256.

Narducci, E., 255.
Neroccio di Bartolomeo, 40-41.
Nicolò degli Alberti, 130.
Niccolò di Pietro Gerini, 92, 103, 109, 111, 114-115.
Niccolò di Tommaso, 51.
Nicolas, saint, 183-187, 235, 251, 271.
Nicolini, U., 244.

Olorini, G., 258.
Opicinus de Canistris (Anonyme tessinois), 66, 254.
Opitz, C., 267.
Orcagna, Andrea di Cione Arcangelo, dit l', 100-101, 118, 121, 258.
Ortalli, G., 258, 260.
Ossola, C., 265.

Paolo di Tommaso Montauri, 244, 257, 276.
Passera della Gherminella, 123.
Paul, saint, 24.
Perosa, A., 261.
Perrot, M., 260, 267, 272.
Peruzzi, famille, 11.
Phèdre, 138, 262.
Philippe, duc de Bourgogne, dit le Bon, 242.

Piccinni, G., 243, 247, 251, 257, 259, 263-264, 268-269, 276-277.
Pierre, saint, 46.
Pietro Boccamazza, 247.
Pietro de' Crescenzi, 271.
Pietruccio di Giacomo degli Unti, 249.
Pilate, 218, 221.
Pinto, G., 256.
Pline l'Ancien, 267.
Porta, G., 243, 251, 277.
Povoledo, E., 260.
Prudence, 237, 274.
Ptolémée de Lucques, 40.
Pucci, A., 250.
Puig y Cadafalch, J., 263.

Raban Maur, 39-40.
Ragni, B., 251.
Randall, L. M. C., 262.
Renaud de Dassel, 23.
Renauld d'Asti, 52, 55, 225.
Renauld des Trinci, 249.
Riché, P., 255, 261, 267-274, 278.
Rigaux, D., 246-247.
Rizzi, A., 260.
Roch, saint, 96.
Ruiz, Juan, 72, 250 , 261.
Rustichello de Pise, 71, 250.

Sacchetti, Franco, 74, 85-86, 93, 99, 112, 123-124, 133, 151, 217, 250-254, 256-261, 266, 268, 274, 277.
Salabaetto, 229-231.
Salomé, sage-femme, 162.
Salomé, époux de sainte Anne, 272.
Sano di Pietro, 119, 122.
Santi, F., 247.
Saracini, famille, 216.
Sarah, 271.
Scarpellini, P., 266.
Scentoni, G., 253.
Schmeidler, B., 241.
Schmidt, G., 273.
Schmitt, J.-C., 267.

Scotti, famille, 216.
Sébastien, saint, 96, 98.
Sercambi, Giovanni, 216, 264, 276.
Settia, A., 260.
Simon, 272.
Simone da Villa, 137, 141.
Sinicropi, G., 264, 276.
Szabó, T., 248.

Taddeo di Bartolo, 49-50.
Tancrède, 156.
Tebaldo Brusato, v. Brusato, Tebaldo.
Teri, famille, 72, 250.
Théobald, saint, 259.
Théodora, 262.
Théodore, 183.
Théodore Prodrome, 138, 262.
Thomas de Celano, 242.
Thomasset, C., 260.
Todorow, M. F., 250, 277.
Tommaso da Modena, 209-210.
Tornaquinci, famille, 134.
Torriti, P., 248, 271.
Toscano, B., 251.
Tosti-Croce, M., 257.
Tristan, 70-72.

Ugo di Provenza, 209-210.
Ulysse, 158.
Unterkircher, F., 273.

Vanni Fucci, 250.
Vauchez, A., 245.
Vighilberto, fils de, 268.
Villani, Giovanni, 39, 234, 243-244, 251-252, 277-278.
Vitale Brovarone, A. & L., 246, 249, 271.

Weiss, E., 262.

Zaccaria, G., 249.
Zdekauer, L., 244, 248, 253, 257, 260.
Zébédée, 272.
Zénon, saint, 46, 49.

TABLE DES MATIÈRES

Introduction *par Arsenio Frugoni* 9

I. Le temps du labeur, le temps de la mémoire 31

II. La route qui conduit à la ville. 39

III. À l'intérieur de la ville 69

IV. La vie des enfants 163

V. L'apprentissage des enfants 189

VI. La lecture à l'âge adulte 203

VII. La vie domestique 213

Notes 241

Références iconographiques 281

Index des noms 285

DANS LA MÊME COLLECTION

Focus sur l'histoire médiévale

Alain BOUREAU, *L'Événement sans fin. Récit et christianisme au Moyen Âge*

Une des originalités fortes du christianisme provient de ce qu'il se fonde plus sur les récits allégoriques (paraboles) et discordants (Évangiles) de l'Incarnation du Christ que sur des préceptes, des dogmes et des rites. Cet événement capital – la venue de Dieu sur Terre – mais fugitif à l'égard du temps historique doit s'installer dans la durée de l'Histoire. La construction du christianisme passe par l'élaboration de récits nouveaux (les hagiographies) capables à la fois de combler les messages incomplets du récit originel présenté comme véridique et d'intégrer les malheurs du temps. A. Boureau nous fait découvrir la prodigieuse invention narrative du christianisme, créateur d'un « art du récit ».

Alain BOUREAU, *Théologie, science et censure au XIIIe siècle. Le cas de Jean Peckham*

Que se passe-t-il au sein de l'université oxonienne du royaume d'Angleterre ? En 1286, la condamnation prononcée à Londres par Jean Peckham doit mettre fin aux thèses soutenues par les maîtres d'Oxford, portant essentiellement sur la nature du Christ mort et la remise en cause du thomisme. A. Boureau s'intéresse ici au personnage de Jean Peckham, théologien franciscain, archiépiscopal de Cantorbéry et homme fort savant en optique, prônant le retour à la doctrine de saint Augustin. Or, il se trouve que l'auteur de cette condamnation, qui remet en cause la pensée des grands maîtres, avait été au centre d'une affaire de dénonciation miraculeuse et publique : les ossements de l'évêque Thomas de Cantiloupe, mort en exil, avaient saigné en traversant la province du persécuteur. Grâce à une analyse minutieuse de la censure et de ses divers contextes, l'auteur lance des propositions nouvelles sur les pratiques ecclésiastiques et universitaires du Moyen Âge.

Alain BOUREAU, *La Loi du royaume. Les moines, le droit et la construction de la nation anglaise (XIe-XIIIe siècles)*

1066-1215 : en cent cinquante ans, l'Angleterre, envahie et divisée, se construit une identité nationale forte et se dote de la *Common law*. Au même moment, des hommes voués à fuir le monde séculier, les moines, constituent un important corpus de récits, de chroniques, de chartes, de traités, riches en éléments de doctrine et la pratique de la loi. La compétence exégétique, la nécessité d'opposer loi divine et loi humaine, la mobilité culturelle ont fait des moines les promoteurs de ce mouvement, qui pourrait expliquer la « renaissance du droit » au XIIᵉ siècle. Ce livre apporte une contribution à la compréhension de cette double particularité, puissamment originale, en entre-croisant l'histoire du monachisme et l'histoire juridique de l'Angleterre.

Alain BOUREAU, *La Religion de l'État. La construction de la République étatique dans le discours théologique de l'Occident médiéval (1250-1350)*

Le sort de l'Europe le montre : que reste-t-il des régions, de l'État-nation ? Bon nombre de décisions relèvent d'une législation européenne imposante et coûteuse, sans pour autant que l'Europe constitue une identité clairement définie dans l'esprit de chacun. Ce livre propose une thèse simple et surpre-nante : l'État-république, forme future et possible de l'État-nation, provient d'une idée qui serait née dans la pensée scolastique, vers 1250-1350. La *République étatique*, combinant l'universalisme du genre humain et du bien commun, eut la chance momentanée de correspondre à la fois à des incitations contextuelles et à des rêves doctrinaux formulés par la science scolastique. Cette orientation rencontra, dès la fin du siècle, des résistances diverses et rivales, avec la souveraineté affirmée et concurrente des institutions (Église, État). Mais l'efflorescence ne fut pas vaine et, au fil du temps, la pensée politique a été hantée par cette idée scolastique de la République.

Alain BOUREAU, *L'Empire du livre. Pour une histoire du savoir scolastique (1200-1380)*

Le livre, objet matériel qui donnait forme à la raison et aux textes, pénétra profondément le monde occidental au cours de la période scolastique, en se séparant du Livre et du Verbe. Ainsi naquit le savoir scolastique, devenu chose publique et noble. Il s'établit autour d'une communauté intellectuelle, qui était aussi une corporation sociale, maîtrisant les éléments religieux et ancestral : la Bible, les principes de la foi et la patristique. A. Boureau oppose la formation d'un langage rationnel dans la communauté scolastique au discours institutionnel qui se solidifia, et à la grande singularité d'une parole individuelle issue de la langue commune.

Alain BOUREAU, *De vagues individus. La condition humaine dans la pensée scolastique*

De quoi est-il question dans ce livre dont le titre inverse l'expression formulée jadis par Albert le Grand et Thomas d'Aquin ? Rien de moins que la notion de *personnalité*, des puissances de l'âme et de sa nature. En effet, au début du XIIIe siècle, l'homme médiéval se trouve, pour la première fois, face à deux systèmes de pensée complets et irréductibles : le christianisme et le modèle philosophique antique (Aristote, les stoïciens). En mettant en avant des questions complexes et essentielles comme celle de l'esprit et de l'âme, des liens entre l'âme et le sujet, de la notion de double (divin, angélique, féminin) aux travers des textes de Hugues de Saint-Victor et de Jean de La Rochelle, A. Boureau rend à la pensée scolastique sa condition humaine.

Alain BOUREAU, *L'Inconnu dans la maison. Richard de Mediavilla, les Franciscains et la Vierge Marie à la fin du XIIIe siècle*

Entre 1290 et 1300, la dévotion à la Vierge Marie a pris un tour nouveau en Occident. Traditionnellement attribuée à Duns Scot, la formulation du dogme de l'Immaculée Conception de Marie, vers 1298, aurait été, selon A. Boureau, préparée dès 1292, par Henri de Gand. Le présent livre insère entre ces deux moments l'évocation du miracle de Notre-Dame de Lorette et du transport surnaturel de la maison de la Vierge de Palestine en Occident, que l'on trouverait dans les Quodlibeta du franciscain Richard de Mediavilla. Ce dernier aurait raisonné sur ce miracle marial qui n'est pas mentionné avant la fin du XVe siècle. Ce qui implique que Mediavilla devient l'un des pionniers du grand tournant de la pensée qui apparaît chez Duns Scot comme chez Ockham et que les Quodlibeta, dans leur aspect pré-scotiste, offrent des jalons originaux en direction du nominalisme et d'un certain matérialisme.

Alain BOUREAU & Corinne PÉNEAU (sous la direction de), *Le Deuil du pouvoir. Essais sur l'abdication.*

Au début de 2013, deux abdications souveraines se sont produites : celle de Beatrix, reine des Pays-Bas, annoncée le 28 janvier et celle du pape Benoît XVI, proclamée le 11 février. L'actualité prenait en écharpe les huit siècles, de François d'Assise à Ch. de Gaulle, que nous parcourons ici. L'abdication, ce renoncement au pouvoir, constitue l'état pur d'un acte de volonté dans la sphère politique ou religieuse. Une instance souveraine, qui ne dépend de rien d'autre que de soi-même, décide de s'abolir. L'abdication apparaît alors non comme le simple abandon du pouvoir, mais comme un *acte de pouvoir* – celui de l'individu imposant son choix, se repliant sur son corps et abandonnant le corps politique – ou, du moins, comme une autre façon de le manipuler et de s'en saisir.

Arsenio FRUGONI, *Arnaud de Brescia dans les sources du XIIe siècle*

A. Frugoni reconstruit la vie du réformateur religieux Arnaud de Brescia en analysant minutieusement un corpus d'une dizaine de témoignages. Au travers de ce personnage clé, tant austère que passionné, A. Frugoni, avec élégance et style, met en relief les conflits religieux et politiques qui traversent le XIIe siècle : tension entre la papauté et l'Empire, émergence des Communautés italiennes, essor du christianisme évangélique. Mais plus encore. Dans une tentative exceptionnelle, il creuse la matière textuelle pour écarter toute version romantique, angélique ou démoniaque d'Arnaud de Brescia. Cet ouvrage, fréquemment cité dans le milieu des médiévistes, trouve aisément sa place parmi les bibliographies célèbres établies par les grands noms que sont E. Kantorowicz, P. Brown ou J. Le Goff.

Chiara FRUGONI, *Le Moyen Âge sur le bout du nez. Lunettes, boutons et autres inventions médiévales*

Que devons-nous au Moyen Âge ? De très nombreuses améliorations clame Ch. Frugoni et de lister non seulement les lunettes, le papier, la date de naissance du Christ, les banques, l'arbre généalogique, le nom des notes de musique mais encore les boutons de culottes et de pantalons, les cartes à jouer, les anesthésiants, le chat, les vitres, la fourchette, les pâtes alimentaires, le moulin, le fusil et le canon, la boussole, le purgatoire et le Père Noël. Non, le Moyen Âge n'est pas une période de ténèbres mais un temps de progrès et de jouissance. Cette kyrielle d'inventions, tant dans le domaine de l'esprit que de la culture matérielle, révèlent l'ingéniosité et la créativité des hommes de l'époque. C'est ce que démontre brillamment Ch. Frugoni dans ce livre richement illustré.

Joseph GOERING, *La Vierge et le Graal. Les origines d'une légende*

D'où vient le Graal, objet mystérieux sujet à bien des interrogations et des fantasmes ? Dans un travail passionnant et loin de toutes interprétations ésotériques, J. Goering convoque les principales sources littéraires (Chrétien de Troyes, Wolfram von Eschenbach, Robert de Boron, Hélinand de Froidmont) pour mieux les confronter et ainsi suivre la transformation d'un objet indéfini dit « graal » en coupe de la Dernière Cène. Pour expliquer l'origine de cette évolution, il analyse en détail les représentations picturales de la région de Saint-Clément de Tahull (Pyrénées espagnoles), sans équivalent pour l'époque, où est représentée la Vierge Marie tenant un récipient sacré. Comment la sphère littéraire des poètes du Nord, spécialistes des jeux de mots et des symboles, a-t-elle pu rencontrer la sphère artistique pyrénéenne? Il faut se diriger vers le personnage de Rotrou II, comte du Perche, homme en tout point admirable constituant la pièce maîtresse du dossier.

Peter LINEHAN, *Les Dames de Zamora. Secrets, stupre et pouvoirs dans l'Église espagnole du XIIIᵉ siècle*

Sur fond de querelles croissantes quant au rôle des ordres mendiants en Castille, le scandale éclata dans un couvent de sœurs, en juillet 1279, à la suite de la visite de l'évêque de Zamora qui se déclara scandalisé du relâchement de la discipline et des mœurs des nonnes. La communauté de Las Dueñas était alors profondément divisée entre les sœurs restées liées à l'évêque et à sa juridiction, et celles qui avaient optées pour « l'incorporation » avec les frères prêcheurs, les Dominicains. De ce dossier sulfureux de rébellion au sein d'un couvent, P. Linehan a tiré une étude fascinante des problèmes d'un monde religieux bouillonnant et de l'univers troublé des femmes cherchant leur voie dans un monde dominé par les hommes. Ce qui aurait pu n'être qu'une anecdote devient une plongée magistrale, éclairant de façon vivante et savoureuse les comportements et les sentiments de toute une société.

Einar MÁR JÓNSSON, *Le Miroir. Naissance d'un genre littéraire*

Objet précieux et richement décoré ou simple outil domestique, le miroir a toujours été étroitement associé à la galanterie, à la frivolité ou à l'érotisme. L'image d'une femme tenant son miroir à la main symbolise souvent, dans l'art et la littérature, la séduction, et aussi la vanité, le fluctuant et l'illusoire. Tombé en désuétude à la fin de l'Antiquité tardive, le miroir, comme les théories de la vision, se rencontre dans un contexte totalement différent au XIIIᵉ siècle. Il ne désigne plus seulement l'usage concret de l'objet mais des manuels de morale destinés à la fonction royale ou princière, des ouvrages de métaphores catoptriques (*Miroir des vierges*, *Miroir de l'Église*) qui ont intéressé l'ordre cistercien, vecteur actif de diffusion de ce nouveau genre littéraire.

Elsa MARMURSZTEJN, *L'Autorité des maîtres. Scolastique, normes et société au XIIIᵉ siècle*

La scolastique, on le sait, a mauvaise réputation. C'est pourtant dans l'université médiévale en général et à la faculté de théologie de Paris en particulier, au XIIIᵉ siècle, que se forgèrent et s'échangèrent les opinions savantes sur des questions d'actualité (vœu de religion, obligation de la dîme, devoir conjugal, fiscalité royale, légitime défense en cas de viol, etc.). Ces questions étaient débattues dans le cadre de disputes « extraordinaires », publiques et facultatives, appelées *Quodlibeta*. Leur ampleur et leur diversité, dans cet exercice oratoire difficile, suggèrent la compétence des maîtres à critiquer, à proposer, voire à juger en tous domaines. À partir de l'analyse des débats scolastiques, l'auteur montre comment les maîtres ont construit leur statut d'autorité et l'idée de leur propre nécessité sociale.

Pierre MARSONE, *La steppe et l'Empire. La formation de la dynastie Khitan (Liao). IVᵉ-Xᵉ siècle.*

Au Xᵉ siècle, alors que la dynastie des Tang s'effondre, les Khitan établissent aux marches septentrionales de la Chine, un empire immense qui constitue pendant plus de deux cents ans l'interface entre la Chine et l'Eurasie, au point qu'au XIIIᵉ siècle Marco Polo parlait encore de « Cathay ». La Steppe et l'Empire nous permet de suivre sur plus de cinq siècles les contacts tantôt violents tantôt harmonieux entre un peuple nomade et son voisin chinois, et d'entrevoir progressivement combien est parfois ténue la frontière entre un monde « civilisé » et ses « barbares ». Cette épopée nous conduit jusqu'à la création du « Grand Empire central des Khitan » sous la houlette du grand génie politique que fut Abaoji.

Robert Ian MOORE, *La Persécution. Sa formation en Europe (Xᵉ-XIIIᵉ siècles)*

Du Xᵉ au XIIIᵉ siècle, l'Europe s'est transformée en société de persécution. Cette période a ainsi vu, simultanément, la naissance des hérésies populaires et de l'Inquisition. Les diverses persécutions, inconnues dans les siècles précédents, sont l'expression unique d'une mutation profonde et dramatique de la société occidentale. Une violence délibérée et légitimée socialement commença à être dirigée par des institutions gouvernementales, judiciaires et civiles établies contre les groupes d'individus définis par la race (juifs), la religion (hérétiques), les mœurs (sodomites, prostituées). L'appartenance à l'un de ces groupes en vint à être considérée comme justifiant les attaques. R. Moore porte une attention toute particulière à ce phénomène de violence dans sa compréhension globale.

Donald MacGillivray NICOL, *Les derniers siècles de Byzance (1261-1453)*

L'Empire byzantin est le nom donné par les historiens à la partie orientale de l'Empire romain qui parvint au Vᵉ siècle à contenir les barbares. Il se développa autour de Constantinople pour devenir au Xᵉ et XIᵉ siècles la plus grande puissance civilisée du monde chrétien. Mais sa richesse suscita la convoitise des croisés qui s'emparèrent de sa capitale en 1204 et se partagèrent une grande partie de ses territoires jusqu'à la reconquête de Michel Paléologue en 1261. Ce livre raconte l'histoire mouvementée de l'Empire restauré, de 1261 jusqu'à la prise de la ville par les Ottomans en 1453. Il décrit les combats qu'il fut amené à livrer contre les Chrétiens d'Occident, contre le mercantilisme des républiques italiennes, contre la puissance montante des Turcs en Asie Mineure, contre l'expansion serbe dans les Balkans, tandis que les grandes familles intriguaient pour la possession du trône. Une histoire magistrale pleine de fureur et de bruits.

Youval ROTMAN, *Les Esclaves et l'esclavage. De la Méditerranée antique à la Méditerranée médiévale (VIe-XIe siècles)*

Le monde byzantin offre le cadre idéal pour une étude de l'esclavage en raison de la continuité avec l'Empire romain dont il se veut l'héritier et des grand bouleversements géopolitiques qui le secouent (conquête arabe, arrivée des Slaves en mer Noire). Partant des approches théoriques des Modernes, Y. Rotman analyse l'esclavage dans ses rapports avec des évolutions politiques, sociales, religieuses et culturelles durant les six siècles de transition de l'Antiquité tardive au Moyen Âge dans la Méditerranée orientale. Il récuse l'idée d'une définition économique de l'esclavage tout comme la désignation d'un État byzantin « esclavagiste » en l'absence de toute définition juridique de la liberté comme du statut de l'homme libre. C'est parce que s'opère un glissement de statut privé/public imposé par le pouvoir impérial et par l'Église que les rapports sociaux maître/esclave évoluent, l'esclave étant perçu comme un individu. Ce livre apporte une contribution neuve au débat sur l'esclavage antique et médiéval.

Steven RUNCIMAN, *Les Vêpres siciliennes. Une histoire du monde méditerranéen à la fin du XIIIe siècle*

L'épisode des Vêpres siciliennes est un moment-clef de l'histoire européenne. À la mort de l'empereur Frédéric II Hohenstaufen, la Curie romaine donne le royaume de Sicile au très pieux Charles d'Anjou. Mais l'installation des grands féodaux français et de leurs exactions suscitent colère et rancœur. Le lundi 30 mars 1282, les cloches des églises de Palerme appellent les fidèles aux vêpres. À ce signal, la foule se soulève et massacre tous les Français rencontrés et une partie des troupes royales. Le lendemain, la rébellion contre l'oppresseur angevin gagne Messine, Corleone puis peu après l'île toute entière. Révolte populaire, complot ourdi par la couronne d'Aragon ?

De ces Pâques sanglantes qui inspirèrent un opéra à Verdi, S. Runciman fait le point de départ d'une analyse aussi brillante que documentée du destin de la Sicile, de la géostratégie et de l'histoire de la Méditerranée médiévale.

Steven RUNCIMAN, *Le Schisme d'Orient. La papauté et les Églises d'Orient (XIe- XIIe siècles)*

On croit généralement que la séparation entre les Églises d'Orient et d'Occident se produisit en 1054 et eut pour causes des divergences d'ordre politique et doctrinal. S. Runciman, avec une grande clarté, démontre que le schisme fut en réalité le résultat d'un éloignement progressif, au cours des siècles précédents, des traditions et de l'idéologie des Chrétientés occidentale et orientale. L'invasion normande en Italie, l'aspiration hégémonique d'une papauté réformée au XIe siècle et la grande migration des croisades mirent soudain en lumière cette véritable et terrible séparation qui ne fut consommée qu'en 1204 avec le tragique épisode du sac de Constantinople par les croisés. Un exposé brillant, complet et détaillé de la rupture.

Joseph SHATZMILLER, *Shylock revu et corrigé. Les juifs, les chrétiens et le prêt d'argent dans la société médiévale*

L'image du prêteur d'argent juif, détestable et cruel, popularisé par le personnage de Shylock de Shakespeare en 1605, témoigne de l'emprise durable du portrait de l'usurier juif sur l'imaginaire européen. À côté d'expressions de ressentiments haineux et de frustrations populaires envers le prêteur juif se dessine néanmoins l'image du juif généreux et bienveillant. Ce retournement apparaît en détail dans les minutes du procès, tenu à Marseille en 1317, de Bondavin de Draguignan venu défendre sa réputation de prêteur d'argent. Il fit comparaître pour sa défense vingt-quatre témoins, tous chrétiens, qui confirmèrent l'estime dont il jouissait en ville. Se gardant de l'idéalisation du personnage de Bondavin, J. Shatzmiller, par cette affaire judiciaire, fournit une excellente occasion de revisiter les attitudes médiévales ambivalentes envers le crédit juif tout en ouvrant de nouvelles perspectives sur la situation du prêt à intérêt comme de la pensée économique de l'Occident médiéval.

Édouard WILL & Claude ORRIEUX, *« Prosélytisme juif » ? Histoire d'une erreur*

Le mythe du « prosélytisme juif », d'où serait issu le prosélytisme chrétien, s'est largement répandu de la fin de l'époque hellénistique jusqu'à Charlemagne, autorisant une concurrence entre juifs et chrétiens pour la conversion des païens. Erreur. Le mot n'existe pas dans les textes hébraïques et s'il existe des prosélytes qui rejoignent la religion juive, on ne trouve en aucun cas une volonté de convertir de la part des juifs. C'est Paul de Tarse, nouvellement converti, qui innovera totalement en pratiquant et en organisant le « prosélytisme », même si ce mot n'apparaît qu'au xviie siècle, à la fois en France et en Angleterre, pour gagner les milieux protestants des libéraux allemands un siècle plus tard. Ce livre, solidement argumenté, règle une fois pour toutes la question du « prosélytisme », erreur de l'histoire, délibérément utilisée à des fins de propagande.

Nicolas WEILL-PAROT, *Points aveugles de la nature. La rationalité scientifique médiévale face à l'occulte, l'attraction magnétique et l'horreur du vide (xiiie-milieu du xve siècle)*

Ce livre vise à mettre en évidence la profonde rationalité de la pensée scientifique scolastique du Moyen Âge – plus précisément du xiiie au milieu du xve siècle –, voire son véritable rationalisme, à partir de l'étude détaillée, articulée et comparée de trois questions qui furent autant de défis pour elle : l'occulte naturel, c'est-à-dire les propriétés occultes par lesquelles on expliquait des phénomènes inexplicables par l'agencement des qualités premières (chaud, froid, sec et humide), l'attraction magnétique qui semblait contrarier l'axiome aristotélicien selon lequel, dans tout mouvement, ce qui meut et ce qui est mû sont en contact, et l'« horreur du vide » qui faisait que la nature était amenée à contredire ses processus ordinaires pour éviter toute formation de vide dans un monde qu'Aristote avait voulu plein. L'ouvrage, en analysant un grand nombre de sources, souvent inédites, en particulier des commentaires à la *Physique* d'Aristote, souhaite ainsi apporter une contribution à la fois à l'histoire de la raison et à celle du concept de nature.

Retrouvez l'ensemble des titres de la collection Histoire
sur www.lesbelleslettres.com

Ce volume,
le cent vingt-troisième
de la collection « Histoire »
publié aux Éditions Les Belles Lettres,
a été achevé d'imprimer
en décembre 2013
sur les presses
de l'imprimerie SEPEC
01960 Péronnas – France

Impression & brochage sepec *- France*
Numéro d'impression : 05425131203 - Dépôt légal : janvier 2014
Numéro d'éditeur : 7749

IMPRIM'VERT®

PEFC 10-31-1470 / **Certifié PEFC** / Ce produit est issu de forêts gérées durablement et de sources contrôlées. / pefc-france.org